Effektiv Perl programmieren

Professionelle Programmierung

Joseph N. Hall
Randal L. Schwartz

Effektiv Perl programmieren

Deutsche Übersetzung von Frank Wegmann
und André Halama

An imprint of Addison Wesley Longman, Inc.
Bonn • Reading, Massachusetts • Menlo Park, California • New York • Harlow, England
Don Mills, Ontario • Sydney • Mexico City • Madrid • Amsterdam

Die Deutsche Bibliothek – CIP-Einheitsaufnahme

Hall, Joseph N.:
Effektiv Perl programmieren / Joseph N. Hall ; Randal L. Schwartz. -
Bonn ; Reading, Mass. [u.a.] : Addison-Wesley-Longman, 1998
  (Professionelle Programmierung)
  ISBN 3-8273-1406-2

© 1998 Addison Wesley Longman Verlag GmbH, 1. Auflage 1998

Die amerikanische Originalaugabe trägt den Titel:
Effective Perl Programming. Writing Better Programs with Perl.
ISBN 0-201-41975-0

© Copyright 1998 By Addison-Wesley Publishing Company

Übersetzung: Frank Wegmann, André Halama
Lektorat: Susanne Spitzer und Annette Baumhof, München
Satz: Reemers EDV-Satz, Krefeld. Gesetzt aus der Palatino 9,5 Punkt
Belichtung, Druck und Bindung: Kösel GmbH, Kempten
Produktion: TYP*isch* Müller, München
Umschlaggestaltung: vierviertel, gestaltung, Köln

Das verwendete Papier ist aus chlorfrei gebleichten Rohstoffen hergestellt und alterungsbeständig. Die Produktion erfolgt mit Hilfe umweltschonender Technologien und unter strengsten Auflagen in einem geschlossenen Wasserkreislauf unter Wiederverwertung unbedruckter, zurückgeführter Papiere.

Text, Abbildungen und Programme wurden mit größter Sorgfalt erarbeitet. Verlag, Übersetzer und Autoren können jedoch für eventuell verbliebene fehlerhafte Angaben und deren Folgen weder eine juristische Verantwortung noch irgendeine Haftung übernehmen.
Die vorliegende Publikation ist urheberrechtlich geschützt. Alle Rechte vorbehalten. Kein Teil dieses Buches darf ohne schriftliche Genehmigung des Verlages in irgendeiner Form durch Fotokopie, Mikrofilm oder andere Verfahren reproduziert oder in eine für Maschinen, insbesondere Datenverarbeitungsanlagen, verwendbare Sprache übertragen werden. Auch die Rechte der Wiedergabe durch Vortrag, Funk und Fernsehen sind vorbehalten.
Die in diesem Buch erwähnten Software- und Hardwarebezeichnungen sind in den meisten Fällen auch eingetragene Markenzeichen und unterliegen als solche den gesetzlichen Bestimmungen.

Für meine Mutter Judy, in Liebe – all
diese Bücher waren für etwas gut.

Und für Donna –
in Erwartung vieler weiterer Vulkantage.

Inhaltsverzeichnis

Vorwort der Übersetzer		**XI**
Grußwort		**XIII**
Vorwort		**XV**
Danksagungen		**XVII**
Einleitung		**1**
Grundlagen		**11**
1	Lernen Sie Ihre Namensräume kennen	12
2	Vermeiden Sie die Benutzung von Slices, wenn Sie ein Element möchten	14
3	Weisen Sie nicht undef zu, wenn Sie eine leere Liste haben möchten	18
4	Zeichenkettenvergleiche und numerische Vergleiche sind verschieden	21
5	Denken Sie daran, daß 0 und "" false sind	23
6	Verstehen Sie die Umwandlungen zwischen Zeichenketten und Zahlen	25
Idiomatisches Perl		**27**
7	Verwenden Sie $_ für elegante Lösungen	30
8	Merken Sie sich die anderen Default-Argumente: @_, @ARGV, STDIN	32
9	Merken Sie sich geläufige Abkürzungen und Marotten der Syntax	34
10	Vermeiden Sie die übermäßige Verwendung reservierter Zeichen	40
11	Denken Sie auch an andere Möglichkeiten zum Einlesen aus einem Datenstrom	42
12	Verwenden Sie foreach, map und grep in angemessener Weise	45
13	Setzen Sie nicht die falschen Anführungszeichen	49
14	Lernen Sie die Myriaden von Sortiermöglichkeiten	52

Reguläre Ausdrücke   **61**

15   Merken Sie sich die Präzedenz der Operatoren
für reguläre Ausdrücke   62
16   Verwenden Sie den Speicher für reguläre Ausdrücke   66
17   Seien Sie nicht gierig, wo Geiz das Beste ist   76
18   Denken Sie daran, daß Leerraum keine Wortgrenze ist   81
19   Verwenden Sie split für Klarheit, unpack für Effizienz   84
20   Vermeiden Sie die Benutzung regulärer Ausdrücke für
einfache Zeichenkettenoperationen   87
21   Machen Sie reguläre Ausdrücke lesbar   90
22   Machen Sie reguläre Ausdrücke effizient   94

Subroutinen   **101**

23   Der Unterschied zwischen my und local   101
24   Verwenden Sie nicht unnötig @_ direkt   110
25   Verwenden Sie wantarray für Subroutinen, die Listen zurückgeben   113
26   Übergeben Sie Referenzen statt Kopien   115
27   Nutzen Sie Hashes zur Übergabe benannter Parameter   121
28   Benutzen Sie Prototypen zum Parsen spezieller Argumente   125
29   Verwenden Sie Subroutinen zur Erzeugung anderer Subroutinen   128

Referenzen   **133**

30   Verstehen Sie Referenzen und deren Syntax   134
31   Erzeugung von Listen von Listen mit Referenzen   142
32   Verwechseln Sie anonyme Arrays nicht mit Listenliteralen   145
33   Bilden Sie C-artige structs mit anonymen Hashes   148
34   Seien Sie vorsichtig mit zirkulären Datenstrukturen   150
35   Benutzen Sie map und grep zur Manipulation
komplexer Datenstrukturen   154

Debugging   **159**

36   Aktivieren Sie statische und/oder Laufzeitüberprüfungen   161
37   Verwenden Sie die Module zum Debugging und
zum Erstellen von Profilen   170
38   Lernen Sie den Umgang mit einer Debug-Version von Perl   176
39   Testen Sie, indem Sie den Debugger als Perl-»Shell« verwenden   181
40   Behandeln Sie nicht zu viele Fehler auf einmal   184

Verwendung von Paketen und Modulen **189**

41 Erfinden Sie das Rad nicht neu – verwenden Sie Perl-Module 189
42 Verstehen Sie Pakete und Module 194
43 Stellen Sie sicher, daß Perl die von Ihnen verwendeten Module finden kann 198
44 Verwenden Sie `perldoc`, um die Dokumentation für installierte Module zu extrahieren 202

Erstellung von Paketen und Modulen **205**

45 Verwenden Sie `h2xs` zur Generierung von Modulschablonen 205
46 Einbettung von Dokumentation mit POD 212
47 Verwenden Sie XS für Low-Level-Schnittstellen und/oder zur Geschwindigkeit 218
48 Reichen Sie Ihre nützlichen Module beim CPAN ein 225

Objektorientierte Programmierung **229**

49 Prüfen Sie die Verwendung der objektorientierten Programmierung in Perl 231
50 Vererbung von Methoden in Perl 238
51 Vererben Sie Daten explizit 244
52 Erzeugen Sie unsichtbare Schnittstellen mit gebundenen Variablen 247

Vermischtes **253**

53 Benutzen Sie `pack` und `unpack` zur Datenschieberei 253
54 Lernen Sie, wie und wann man `eval`, `require` und `do` benutzt 258
55 Lernen Sie, wann man Netzwerkcode schreibt und wann nicht 265
56 Denken Sie an die Dateitestoperatoren 273
57 Greifen Sie mit Typeglobs auf die Symboltabelle zu 274
58 Benutzen Sie `@{[...]}` oder einen gebundenen Hash zur Auswertung von Ausdrücken in Zeichenketten 276
59 Mit BEGIN initialisieren, mit END abschließen 279
60 Einige interessante Perl-Einzeiler 283

Anhang A: `sprintf` 289
   Spezifikatoren zur Umwandlung für `sprintf` 290

Anhang B: Informationsquellen zu Perl **293**

Stichwortverzeichnis **295**

Vorwort der Übersetzer

Das vorliegende Buch richtet sich an Leser, die bereits Erfahrung im Umgang mit Perl gesammelt haben. Manche, speziell im lokalen Gültigkeitsbereich von Perl vorkommende Begriffe (mit ihren Kurzformen) wie etwa Globref haben wir in ihrer Originalform belassen, da ihre Übertragung ins Deutsche nur durch lange Umschreibungen wiedergegeben werden könnte, und die Verwendung deutscher Kurzformen ausscheidet, weil sie nicht etabliert sind (und nicht etabliert werden können).

An einigen Stellen machen wir in extra gekennzeichneten Fußnoten oder in Klammern eigene Anmerkungen zu Übersetzungsaspekten. Ansonsten sind nach üblicher Konvention Kommentare und Zeichenkettenliterale übersetzt worden – mit Ausnahme der sehr wenigen Stellen, an denen Literale in Zusammenhang mit regulären Ausdrükken nicht sinnvoll übertragen werden konnten. Sollten uns hier trotz sorgfältiger Durchsicht Fehler unterlaufen sein, gehen sie voll und ganz auf unser Konto. Errata sind über die Web-Seiten zu dieser deutschen Ausgabe des Buches bei Addison Wesley Longman Deutschland unter `http://www.addison-wesley.de` verfügbar.

Anmerkungen und Kritik zur vorliegenden Übersetzung sind willkommen und können an den Verlag unter der Adresse `programming@addison-wesley.de` gerichtet werden.

Wir danken Susanne Spitzer und Annette Baumhof von der »Münchener Dependance« des Verlags für die wie immer unkomplizierte und erfreuliche Zusammenarbeit.

André Halama
Frank Wegmann

Bottrop und Witten

Im Mai 1998

Grußwort

Ich habe nicht Englisch durch Lesen des Wörterbuches gelernt oder indem ich nach Lektüre von Fibeln wie »See Dick Run« zu lesen aufgehört hätte. Genausowenig lerne ich eine neue Computersprache, wenn ich mich einfach mit dem Referenzmaterial oder den verfügbaren Tutorien hinsetze. Um eine Computersprache wirklich zu *kennen* und sie fließend zu verwenden, muß ich mich auf die nächste Wissensstufe begeben. Dazu muß ich lernen, wie Leute die Sprache verwenden, wenn sie sie auf die beste und effizienteste Art einsetzen.

Effektiv Perl programmieren repräsentiert einen guten, soliden Querschnitt der besten und effizientesten Möglichkeiten, die extrem populäre Sprache Perl zu verwenden – eingeteilt und dargeboten in gut verdaulichen Häppchen. Dieses Buch ergänzt hervorragend meine beiden Perl-Bestseller – das maßgebliche Referenzhandbuch und den hochgelobten Einführungsband –, indem es die »nächste Ebene« der Informationen füllt. Sie werden sehen, daß das hier versammelte Material einfach zu lesen ist und ordentlich das darlegt, was Sie wissen müssen, um über die Grundlagen von Perl hinauszukommen.

Joseph Hall hat mit mir zusammen als erfolgreicher Perl-Dozent und Entwickler hochqualitativer Kursmaterialien gearbeitet. Mit diesem Buch beweist er auch, daß er ein kompetenter und gut zu lesender Autor ist, und es ehrt mich, mit ihm zu arbeiten. Ich wünsche Ihnen viele produktive Stunden mit Perl, die durch die Lektüre dieses Buchs hoffentlich noch bereichert werden.

Randal L. Schwartz   Portland, Oregon
Mitautor von *Programmieren mit Perl* und *Einführung in Perl*

Vorwort

Ich habe immer viel C und C++ programmiert. Mein letztes großes Projekt vor meinem Vollzeit-Einstieg in die Welt von Perl war eine interpretierte Sprache, die unter anderem Diagramme zeichnete, Wahrscheinlichkeiten berechnete und ganze FrameMaker-Bücher generierte. Sie umfaßte über 50.000 Zeilen von plattformunabhängigem C++ und wies allerhand interessante interne Merkmale auf. Dieses Projekt hat Spaß gemacht. Ich brauchte allerdings auch zwei Jahre, um es zu schreiben.

Es scheint mir, als bräuchten die interessantesten Projekte in C und/oder C++ Monate oder Jahre bis zur Fertigstellung. Es scheint mir aber auch, daß eine Menge anfangs banaler und uninteressanter Ideen in dreimonatigen Projekten interessant *werden*, wenn sie in einer gewöhnlichen Hochsprache ausgedrückt werden.

Dies ist einer der Gründe, warum mich Perl ursprünglich interessierte. Ich hatte gehört, daß Perl eine ausgezeichnete Skriptsprache mit mächtigen Möglichkeiten zur Behandlung von Zeichenketten, regulären Ausdrücken und mit Merkmalen zur Prozeßsteuerung war. Ich lernte Perl und lernte, es zu mögen, als ich einem Projekt zugeteilt wurde, in dem die meiste Arbeit darin bestand, Textdateien umherzuschaufeln. In kürzester Zeit befand ich mich in einer Lage, in der ich Stunden damit verbrachte, Perl-Programme zu schreiben, für die ich in einer anderen Sprache Tage oder Wochen gebraucht hätte.

An wen richtet sich dieses Buch?

Effektiv Perl programmieren ist ein Buch der Ratschläge und Beispiele. Es entstand aus meiner Erfahrung als Perl-Programmierer und – besonders – als Perl-Dozent. Das Buch ist für Leser geeignet, die ein grundlegendes Verständnis von Perl besitzen und einige Monate praktischer Programmiererfahrung mit ihr vorweisen können. Da *Effektiv Perl programmieren* ein Führer und kein Handbuch ist, sollten Leser ein umfassendes Referenzwerk zur Hand haben. Ich empfehle entweder die Manualseiten zu Perl (in vielen Formen frei erhältlich, unter anderem unter Unix und in HTML) oder *Programmieren mit Perl*.

Obwohl ich eine Menge Unix-basierter Beispiele in diesem Buch verwende, ist das meiste nicht auf Unix beschränkt. Ich überlegte mir auch Win32 Perl- und MacPerl-Beispiele einzubringen, letztendlich entschied ich aber, daß das Buch einheitlicher und konsistenter wäre, wenn ich nicht von Perls »nativem« Betriebssystem abweichen würde. Ich ermutige Entwickler, die nicht unter Unix arbeiten, *Effektiv Perl programmieren* zu lesen oder zumindest einmal ernsthaft hineinzuschauen.

Wie und warum ich dieses Buch schrieb

Ich wollte immer Schriftsteller sein. In meiner Kindheit war ich von Science Fiction besessen. Ständig las ich, manchmal sogar drei Taschenbücher am Tag, und immer wieder schrieb ich selbst einige (schlechte) Geschichten. 1985 nahm ich am Clarion Science Fiction Writers' Workshop in East Lansing, Michigan teil. Danach verbrachte ich ungefähr ein Jahr damit, hin und wieder an Kurzgeschichten zu arbeiten, habe aber nie irgendwelche Erzählliteratur veröffentlicht. (Bis jetzt jedenfalls!)

Als ich mich später auf eine Karriere in der Softwarebranche konzentrierte, traf ich Randal Schwartz. Ich verpflichtete ihn als Auftragnehmer bei einem Ingenieursprojekt und arbeitete mehr als ein Jahr lang mit ihm. Schließlich verließ er uns, um seine gesamte Zeit in das Lehren von Perl zu investieren. Nach einiger Zeit tat ich das auch.

Im Mai 1996 unterhielt ich mich mit Keith Wollman bei einer Entwicklerkonferenz in San Jose. Als wir auf das Thema Perl zu sprechen kamen, fragte er mich, was ich von einem Buch mit dem Titel *Effective Perl* halten würde. Mir gefiel der Gedanke. Scott Meyers' *Effective C++* war eines meiner Lieblingsbücher über C++, und die Serie auf Perl auszuweiten, wäre offensichtlich sehr sinnvoll. Keiths Idee wollte mir nicht aus dem Kopf gehen. Mit einiger Hilfe von Randal arbeitete ich einen Entwurf für das Buch aus, den Addison-Wesley annahm.

Der Rest – nun, das war der lustigere Teil. Ich verbrachte viele 12-Stunden-Tage und Nächte mit FrameMaker vor dem Bildschirm, stellte viele ärgerliche Fragen auf der Perl 5-Portierer-Liste, schickte viele Berichte über Fehler an dieselbe Liste, sah Dutzende von Büchern und Gebrauchsanleitungen durch, schrieb viele, viele kleine Häppchen Perl-Code und trank viele, viele Dosen Diät-Coca Cola und Diät-Pepsi. Ich hatte sogar ab und zu eine Erleuchtung, da ich sehr grundlegende Dinge über Perl herausfand, von denen mir nie bewußt war, daß sie mir fehlten. Nach einiger Zeit wurde daraus ein Manuskript.

Dieses Buch ist mein Versuch, etwas von dem Spaß und der Stimulation mit Ihnen zu teilen, die ich während des Erlernens der Mächtigkeit von Perl erfuhr. Ich schätze es sehr, daß Sie sich die Zeit nehmen, es zu lesen, und hoffe, daß Sie es nützlich und unterhaltsam finden.

Joseph N. Hall   Chandler, Arizona

Danksagungen

Es war schwierig, dieses Buch zu schreiben. Ich glaube, daß ich es mir zum größten Teil selbst schwergemacht habe – es wäre aber wesentlich schwieriger gewesen, hätte ich nicht die Unterstützung einer Reihe von Programmierern, Autoren, Lektoren und anderen Profis gehabt, von denen viele ihre Zeit unentgeltlich zur Verfügung gestellt haben oder zu extrem unangemessenen Preisen, die man genausogut als unentgeltlich bezeichnen könnte. Jedem, der mich bei meinen Bemühungen unterstützt hat, gebührt meine Anerkennung und herzlichster Dank.

Chip Salzenberg und Andreas »MakeMaker« König sorgten für die hilfreiche und rechtzeitige Behebung einiger Fehler und Fehlverhalten von Perl, die das Manuskript komplizierter gemacht hätten. Chip kann man nicht genug loben. Durch ihn mußte ich wenig Zeit an den Perl-Quelltext verschwenden. Vor ihm habe ich großen Respekt.

Viele andere Mitglieder der Perl 5-Portierer Liste trugen auf die eine oder andere Weise, entweder direkt oder indirekt, zu diesem Buch bei. Zu den am offensichtlichsten hilfreichen und erleuchtenden zähle ich Jeffrey Friedl, Chaim Frenkel, Tom Phoenix, Jon Orwant, Charlie Stross und Tom Christiansen.

Randal Schwartz, Autor, Dozent und »Ein Perl Hacker wie jeder andere« steuerte einige Abschnitte zu diesem Buch bei und war mein primärer technischer Rezensent. Wenn Sie irgendwelche Fehler finden, mailen Sie sie *ihm*. (Kleiner Scherz). Die Arbeit mit Randal hat mich eine gewaltige Menge über Perl gelehrt, und seine Bücher und USENET-Artikel haben zahllosen anderen Programmierern beigebracht, wie man in Perl coole Dinge schreibt. Vielen Dank an Randal, der für dieses Buch einiges an Zeit und Ideen aufgebracht hat.

Vielen Dank auch an Larry Wall, den liebenswerten und gebildeten Schöpfer von Perl, der Fragen beantwortet hat und zu vielen Themen nützliche Kommentare abgegeben hat.

Ich bin sehr glücklich, mit Addison-Wesley an diesem Projekt gearbeitet zu haben. Jede meiner Kontaktpersonen war freundlich und hat auf eine bedeutende Weise zur Entwicklung dieses Buches beigetragen. Insbesondere möchte ich Kim Fryer, Ben Ryan, Carol Nelson, Keith Wollman, Elizabeth Spainhour, Tracy Russ und Mike Hendrickson danken. Vielen Dank auch an das ausgezeichnete Produktionsteam, besonders an Ann Knight, Regina Knox und Roberta Clark, die eine komplexe Aufgabe in kurzer Zeit erledigt haben und mir inzwischen bewiesen haben, daß die Redaktion und das Korrekturlesen nicht allzu traumatisch sein müssen.

Einige andere Leute haben mit Kommentaren, Inspiration und/oder moralischer Unterstützung zu diesem Buch beigetragen. Meine Freunde Nick Orlans, Chris Ice und Alan Piszcz haben sich durch mehrere überarbeitete Versionen des unvollständigen Manuskripts gearbeitet. Meine derzeitigen und früheren Arbeitgeber – Charlie Horton, Patrick Reilly und Larry Zimmerman – waren eine ständige Quelle der Stimulation und Ermutigung.

Obwohl ich dieses Buch aus dem Nichts geschrieben habe, finden sich natürlich einige Parallelen zur Beschreibung von Perl in den Manualseiten genauso wie zu *Programming Perl*. Viele Wege führen nach Rom. Ich habe versucht, originell und kreativ zu sein, aber in einigen Fällen war es schwierig, von der ursprünglichen Beschreibung der Sprache abzuweichen.

Vielen Dank an Jeff Gong, der The Phone Company[1] genervt und damit die T1-Verbindung aufrecht erhalten hat. Jeff weiß wirklich, wie man seine Kunden bei Laune hält.

Vielen Dank auch dem Golfsport, der meine geistige Gesundheit erhalten hat und mir ein Ventil für meinen Frust bot. Es macht Spaß, den kleinen Ball rollen zu lassen. Dank an *Master of Orion* und *Civilization II* aus ziemlich den gleichen Gründen.

Vor allem aber muß ich Donna, meiner Seelenverwandten, Verlobten und auch verdammt guten Programmiererin danken. Dieses Buch wäre ohne ihre unerschöpfliche Unterstützung, Geduld und Liebe nie entstanden.

---

1. Schauen Sie sich den Film »... jagt Dr. Sheefer« (im Original *The President's Analyst*) an, wenn Sie das nicht verstehen.

Einleitung

»Die Grundlagen einer Programmiersprache zu erlernen ist eine Sache: zu lernen, wie man in dieser Sprache effektive Programme entwirft und erstellt ist etwas vollkommen anderes.« Was Scott Meyers in der Einleitung zu *Effektiv C++ programmieren* schrieb, gilt genauso für Perl.

Perl ist eine *very high level language* – eine VHLL für Abkürzungsfetischisten. Sie vereinigt Funktionalität auf hoher Ebene wie reguläre Ausdrücke, Netzwerkeigenschaften und Prozeßverwaltung mit einer kontextsensitiven Grammatik, die auf gewisse Art »menschlicher« als die anderer Programmiersprachen ist. Perl ist eine bessere Textverarbeitungssprache als alle anderen vielgenutzten Programmiersprachen oder vielleicht jeder anderen Programmiersprache, Punkt. Perl stellt für Unix-Administratoren ein unglaublich effektives Werkzeug zum Erstellen von Skripten dar und ist weltweit die erste Wahl für Leute, die unter Unix CGI-Skripte schreiben. Darüber hinaus unterstützt Perl objektorientierte Programmierung, modulare Software, plattformübergreifende Entwicklung, Einbettung und Erweiterbarkeit.

Über Perl gibt es eine Menge zu lernen.

Haben Sie erst einmal ein Einführungsbuch zu Perl durchgearbeitet oder einen Kurs besucht, dann haben Sie gelernt, das zu schreiben, was Larry Wall, der Entwickler von Perl, liebevoll als »Babysprache« bezeichnet. Perls Babysprache ist einfach, direkt und ausführlich. Das ist nicht schlimm – Sie *dürfen und werden dazu ermutigt,* in jedem Stil zu schreiben, der Ihnen behagt.

Vielleicht kommen Sie aber an einen Punkt, an dem Sie über das einfache, direkte und wortreiche Perl hinaus eine eigene präzise Handschrift entwickeln möchten. Dieses Buch ist für Leute geschrieben, die genau diesen Weg gehen wollen. *Effektiv Perl programmieren* bemüht sich, Ihnen beizubringen, was Sie wissen müssen, um ein gewandter und ausdrucksstarker Perl-Programmierer zu werden. Dieses Buch wird Ihnen viele unterschiedliche Arten von Hinweisen geben, um Sie auf Ihrem Weg zu begleiten.

- **Wissen oder vielleicht »Perl-Trivialitäten«.** Viele verschiedene komplexe Aufgaben in Perl wurden oder können auf extrem einfache Anweisungen reduziert werden. Ein Großteil des Lernprozesses zur effektiven Perl-Programmierung besteht darin, sich einen angemessenen Erfahrungs- und Wissensvorrat darüber anzulegen, wie man es »richtig« macht. Kennen Sie erst einmal gute Lösungen, können Sie diese auf Ihre eigenen Probleme anwenden. Wenn Sie darüber hinaus erst einmal wissen, wie gute Lösungen aussehen, können Sie Ihre eigenen entwickeln und ihre »Korrektheit« genau einschätzen.

- **Wie man Probleme löst.** Vielleicht haben Sie aus Ihrer Arbeit mit anderen Programmiersprachen bereits gute analytische Fähigkeiten und/oder Fertigkeiten im Debugging erworben. Dieses Buch wird Ihnen beibringen, wie Sie mit Perl Ihre Probleme in den Griff bekommen, indem es Ihnen viele Probleme und ihre Lösungen in Perl vorführt. Es wird Sie auch lehren, wie Sie die Probleme, die Perl Ihnen bereitet, in den Griff bekommen, indem es Ihnen zeigt, wie Sie Ihre Programme effizient debuggen und sie so verbessern.

- **Stil.** Dieses Buch wird Ihnen hauptsächlich anhand von Beispielen einen idiomatischen Perl-Stil beibringen. Sie werden lernen, wie man Perl knapper und eleganter schreibt. Ist Präzision nicht Ihr Ziel, lernen Sie zumindest, wie man gewisse ungeschickte Konstruktionen vermeidet. Sie werden auch lernen, Ihre eigenen Leistungen und die anderer Leute zu beurteilen.

- **Wie man sich weiterentwickelt.** Dieses Buch umfaßt knapp dreihundert Seiten. Obwohl dieses Buch vorgibt, sich mit fortgeschrittenem bis anspruchsvollem Perl zu befassen, wird nicht allzuviel anspruchsvolles Perl tatsächlich zwischen seinen Buchdeckeln Platz haben. Ein echtes Kompendium für anspruchsvolles Perl würde Tausende von Seiten einnehmen. In diesem Buch geht es in Wirklichkeit darum, wie Sie sich selbst zu einem anspruchsvollen Perl-*Programmierer* entwickeln, wie Sie die Mittel für diese Entwicklung finden, wie Sie Ihre Lernprozesse und Experimente strukturieren und wie Sie erkennen, daß Sie sich entwickelt haben.

Dieses Buch soll Denkanstöße geben. In vielen Beispielen gilt es, die Feinheiten zu beachten. Alles wirklich Knifflige wird erklärt, doch viele einfache, aber nicht immer offensichtliche Dinge bleiben unkommentiert stehen. Seien Sie nicht besorgt, wenn Sie über etwas länger nachdenken müssen. Perl ist eine idiosynkratische Sprache und unterscheidet sich auf vielfältige Weise von anderen Programmiersprachen. Denken Sie daran, daß sich Gewandtheit und Stil nur durch Übung und Nachdenken einstellen und daß der Lernprozeß harte Arbeit ist, die aber dennoch unterhaltsam und gewinnbringend ist.

Die Welt von Perl

Perl ist eine bemerkenswerte Sprache. Meiner Meinung nach ist sie die bis jetzt erfolgreichste modulare Programmierumgebung. In der Tat sind Perls Module dasjenige Konzept in der Software-Welt, welches den sagenumwobenen »Software ICs«[2] am nächsten kommt. Dafür gibt es viele Gründe: Einer der wichtigsten ist ein zentralisiertes, koordiniertes Lager für Module, das Comprehensive Perl Archive Network (CPAN), welches die vergeudete Energie für konkurrierende, inkompatible Implementierungen von Funktionalität reduziert (siehe auch Anhang B, »Informationsquellen zu Perl«).

Perl besitzt minimalistische, aber ausreichende modulare und auch zur objektorientierten Programmierung geeignete Grundstrukturen. Der Mangel an umfassenden Eigenschaften zur Zugriffskontrolle in dieser Sprache ermöglicht das Schreiben von Quelltext mit ungewöhnlichen Merkmalen in einer natürlichen, knappen Form. Es scheint ein Naturgesetz der Software zu sein, daß die nützlichsten Eigenschaften zugleich jene sind, die am schlechtesten in bestehende Grundstrukturen passen. Ich glaube, daß Perls abgespeckter Ansatz für »Regeln und Vorschriften« dieses Gesetz effektiv untergräbt.

Perl bietet eine hervorragende plattformübergreifende Kompatibilität. Es ist ein ausgezeichnetes Werkzeug zur Erstellung von Skripten zur Systemadministration unter Unix, da es die Unterschiede zwischen den verschiedenen Unix-Versionen im größtmöglichen Umfang verbirgt. Kann man plattformübergreifende Kommandozeilen-Skripte schreiben? Ja, aber mit großen Schwierigkeiten. Die meisten Normalsterblichen sollten so etwas nicht versuchen. Kann man plattformübergreifende Perl-Skripte schreiben? Ja, ganz einfach. Perl läßt sich ziemlich gut zwischen seinem Geburtsort Unix und anderen Plattformen, wie dem Macintosh, Windows 9x und Windows NT portieren.

Als Perl-Programmierer können Sie auf eine der weltbesten Unterstützungen zählen. Sie haben vollständigen Zugriff auf den Quelltext für alle benutzten Module, genauso wie auf den kompletten Quelltext der eigentlichen Sprache. Wenn die Fehlersuche im Quelltext nicht Ihr Ding ist, haben Sie über das USENET im Internet 24 Stunden am Tag, an 7 Tagen der Woche die Möglichkeit, online Unterstützung zu bekommen. Entspricht kostenlose Unterstützung nicht Ihrem Stil, können Sie auch kommerzielle Unterstützung einkaufen.

Schließlich haben Sie eine Sprache, die es wagt, anders zu sein. In einer Zeit, in der die meisten Programmiersprachen mit Blick auf Strenge entworfen werden, ist Perl gewandt. Bestenfalls tut Perl, wenn die Möglichkeit mehrerer unterschiedlicher Inter-

---

2. Dieser Ausdruck wurde von Brad Cox und Lamar Ledbetter geprägt – in ihrem klassischen Artikel mit demselben Titel, der in der Juni-Ausgabe 1985 von *Byte* erschien.

pretationen besteht, das, was Sie *beabsichtigt* haben. Das ist vielleicht ein beängstigender Gedanke, doch glaube ich, daß es ein Anzeichen für echten Fortschritt in der Informatik darstellt, etwas, das über bloße Zyklen, Plattenplatz und RAM hinaus geht.

Terminologie

Im allgemeinen ist die in Perl verwendete Terminologie von der zur Beschreibung anderer Programmiersprachen verwendeten gar nicht so verschieden. Dennoch gibt es einige Ausdrücke mit recht eigentümlicher Bedeutung. Darüber hinaus sind in der Entwicklung von Perl einige Ausdrücke aus der Mode gekommen, und neue Terminologie ist hinzugekommen. An dieser Stelle möchte ich ein paar der kleinlicheren Einträge im Perl-Glossar erläutern.

Die Ausdrücke *Array* und *Liste* haben in Perl präzise Bedeutungen. Dennoch sind diese Bedeutungen nur jenen Leuten wirklich klar, die mit den Interna von Perl ein wenig vertraut sind, und es kommt nicht oft vor, daß die Unterschiede auf der Hand liegen. Im Grunde ist in Perl ein Array eine Datenstruktur mit mehr oder weniger permanent reserviertem Speicher, mit dem ein Name verknüpft sein kann oder auch nicht. Eine Liste hingegen ist ein Haufen von Werten auf dem Laufzeitstack. Perl konvertiert Listen und Arrays ohne Unterschied hin und her. Ein Array, der in einem Listenkontext verwendet wird, wird zu einer Werteliste; eine Liste, die einer Arrayvariablen zugeordnet wird, wird ein Array. Der Unterschied wird nur in einer begrenzten Anzahl von Situationen sichtbar. Man kann z. B. nicht die pop-Anweisung auf eine Liste anwenden.

Assoziatives Array ist ein veralteter Ausdruck, der vor Perl 5 verwendet wurde. Als Perl 5 aufkam, wurden die Perl-Illuminaten dieses komplizierte, aus sieben Silben zusammengesetzte Wort leid und ersetzten es durch das viel knappere *Hash*. Einen Bedeutungsunterschied gibt es nicht.

Ein *Operator* ist in Perl ein syntaktisches Konstrukt ohne runde Klammern. (Aber die Argumente für einen Operator dürfen natürlich in runden Klammern eingeschlossen werden.) Ein *Listenoperator* ist ein Bezeichner, dem eine durch Kommata getrennte Liste von Elementen folgt:

```
print "Hallo", chr(44)," Welt!\n";        print ist ein Listenoperator.
```

Eine *Funktion* ist in Perl ein Bezeichner, dem durch ein Paar runde Klammern vollständig eingeschlossene Argumente folgen:

```
print ("Hallo", chr(44), " Welt!\n");     print ist auch eine Funktion.
```

Nun, Sie werden sicherlich eine gewisse Ähnlichkeit zwischen Listenoperatoren und Funktionen bemerkt haben. In Perl gibt es keinen weiteren Unterschied als die verwendete Syntax. Im allgemeinen werde ich den Ausdruck »Operator« verwenden, wenn ich mich auf perleigene Anweisungen wie `print` und `open` beziehe, verwende aber manchmal auch *Funktion*. Es gibt aber keinen bestimmten Bedeutungsunterschied.

Die richtige Art, sich auf eine in Perl geschriebenes Subroutine zu beziehen, ist, nun, *Subroutine*. Natürlich kommen auch *Funktion*, *Operator* und sogar *Prozedur* als annehmbare wörtliche Ersetzungen in Frage.

Obwohl der Ausdruck *Methode* ausführlich in Artikel 49 behandelt wird, sollte ich ihn hier kurz erläutern. Perls Methoden sind in Wirklichkeit Subroutinen – geschrieben, um gewissen Konventionen zu gehorchen, die von Perl weder gefordert noch erkannt werden. Trotzdem hat Perl eine besondere *Syntax zum Methodenaufruf* (engl. *method call syntax*), die zur Unterstützung objektorientierter Programmierung verwendet wird. Eine gute Möglichkeit, den (ansonsten schwer faßbaren) Unterschied zu erklären, besteht darin, festzustellen, daß eine Methode eine Subroutine ist, die durch eine Syntax zum Methodenaufruf angesprochen werden soll.

Ein Perl-*Bezeichner* ist ein »C-Symbol« – ein Buchstabe oder Unterstrich gefolgt von null oder mehreren Buchstaben, Ziffern oder Unterstrichen. Man verwendet Bezeichner zur Benennung von *Perl-Variablen*. Perl-Variablen sind mit den richtigen reservierten Zeichen kombinierte Bezeichner, z. B. `$a` oder `&func`.

Obwohl es strenggenommen nicht mit der Verwendung der Perl-Interna in Einklang steht, werde ich den Ausdruck *Schlüsselwort* verwenden, um mich auf die geringe Anzahl von Bezeichnern in Perl zu beziehen, die unverwechselbare syntaktische Bedeutungen besitzen, z. B. `if` und `while`. Andere Bezeichner wie `print` und `oct`, die gewöhnliche Funktionen oder Operatoren-Syntax besitzen, werden, wenn überhaupt, *built-ins* genannt.

Ein *L-Wert* (engl. *lvalue*) ist ein Wert, der auf der linken Seite einer Zuweisung stehen kann. Dies ist die übliche Bedeutung dieses Ausdrucks; allerdings gibt es einige ungewöhnliche Konstrukte, die in Perl als L-Werte fungieren können, z. B. der `substr`-Operator.

Eine Variable in einer *lokalen Umgebung zu verwenden* (engl. *localize*), bedeutet, für sie einen gesonderten Gültigkeitsbereich zu erzeugen, der bis zum Ende des einschließenden Blocks oder der Datei besteht. Spezielle Variablen müssen mit dem `local`-Operator in eine lokale Umgebung gebracht werden.[3] Einfache Variablen können entweder mit `my` oder `local` in einer lokalen Umgebung verwendet werden (siehe Artikel 23). Ich werde »mit `my` in eine lokale Umgebung einbinden« verwenden, wenn es einen Unterschied macht.

---

3. Zukünftige Versionen von Perl werden möglicherweise die Fähigkeit besitzen, spezielle Variablen auf andere Art in einer lokalen Umgebung zu verwenden, wahrscheinlich mit `my`.

Notation

In diesem Buch verwende ich zur Veranschaulichung von Datenstrukturen meine »PEGS« (PErl Graphik-Strukturen)-Notation. Sie sollte größtenteils selbsterklärend sein, hier aber eine kurze Übersicht.

Skalare Werte werden durch ein einzelnes rechteckiges Kästchen dargestellt:

```
3.1416
```

Variablen sind Werte mit Namen. Namen stehen in einem seitwärts gerichteten »Pfahl« über dem Wert. Kästchen können mit dem internen Perl-Datentyp[4] und mit der Zugriffssyntax auf diesen Wert versehen werden:

```
GV    a
SV    3.1416    $a
```

Arrays und Listen besitzen dieselbe graphische Darstellung. Sie sehen wie ein Stapel mit Werten aus, der oben einen breiten Balken hat:

```
H
He
Li
```

Hashes sehen aus wie ein Stapel von Namen neben einem Stapel von Werten:

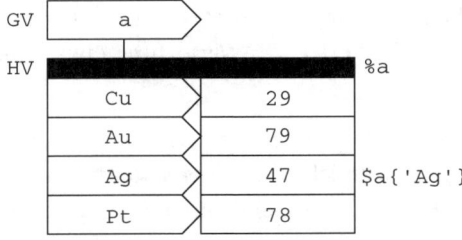

---

4. Zum Beispiel GV oder SV. Wenn Sie nicht wissen, was das bedeutet, müssen Sie sich wahrscheinlich auch nicht darum kümmern.

Referenzen werden wie LISP-Diagramme aus der guten alten Zeit mit Punkten und Pfeilen gezeichnet:

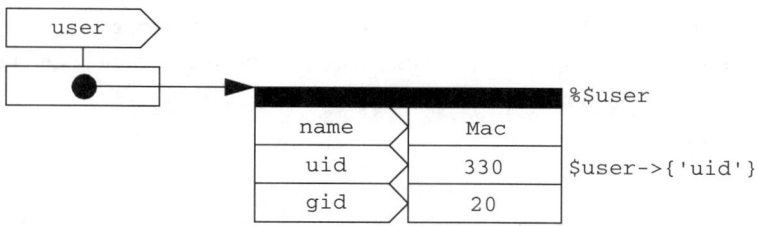

Soviel zu den Grundlagen. PEGS sind eigentlich nicht sehr kompliziert, wenn Sie aber mehr wissen wollen, schauen Sie sich die offizielle PEGS-Webseite unter http://www.effectiveperl.com/pegs/ an.

Perl-Stil

Ein Teil dessen, was Sie aus diesem Buch lernen sollen, ist das Gefühl für guten Perl-Stil. Stil ist natürlich eine Sache von Vorlieben und kann diskutiert werden. Ich will nicht so tun, als kenne ich »den einzig wahren Stil« oder wollte ihn vorführen, ich hoffe aber den Lesern ein Beispiel für zeitgemäßen, effizienten, »effektiven« Perl-Stil zu zeigen.

Die Tatsache, daß Quelltext in einem Buch erscheint, betrifft seinen Stil in gewisser Weise. Beispiele dürfen nicht zu lang oder langweilig sein – jedes muß ohne unnötiges Brimborium ein oder zwei spezielle Punkte beleuchten. Daher werden Sie das Folgende feststellen:

- Ich verwende nicht use English. Das ist für dieses kleine Buch einfach zu weitschweifig. Darüber hinaus ist English unter Perl-Programmierern nicht die allgemeine Praxis, und Skripten, die use English verwenden, verlieren gehörig an Geschwindigkeit. Das soll nicht heißen, daß English nicht nützlich ist, sondern nur, daß Sie es hier nicht sehen werden.

- Nicht alles läuft unter -w oder use strict unproblematisch (siehe Artikel 36). Ich rate *allen* Perl-Programmierern, regelmäßig sowohl von -w als auch von use strict Gebrauch zu machen. Dennoch macht das Schreiben von my($this, $that) am Anfang der Beispiele diese nicht besser lesbar, und gerade auf die Lesbarkeit kommt es hier an.

- Im allgemeinen reduziere ich reservierte Zeichen auf ein Minimum (siehe Artikel 10). Perl 4-Veteranen finden den Mangel an Klammern vielleicht entnervend, aber man gewöhnt sich daran.
- Zu guter Letzt versuche ich die Beispiele sinnvoll zu gestalten. Nicht jedes Beispiel wird ein nützliches Programm sein, aber ich habe versucht, so viele Quelltexte wie möglich aus dem echten Leben zu verwenden.

Aufbau

Die ersten beiden Kapitel präsentieren Material mit ansteigender Komplexität. Ansonsten springt das Buch sehr oft herum. Verwenden Sie das Inhaltsverzeichnis und den Index und haben Sie eine gute Perl-Referenz (die Manualseiten oder *Programmieren mit Perl*) zur Hand.

Die Formatierung der Beispiele in diesem Buch ist nicht sonderlich geheimnisvoll, ich sollte aber einige Dinge erwähnen. Quelltextausschnitte und kurze Beispiele erscheinen mitten im Text:

```
print "Dies ist ein Beispiel.\n";            Dies ist ein Kommentar.
```

Längere oder besonders wichtige Beispiele erscheinen zwischen Linien:

■ **Wichtige Beispiele sind eingerahmt.**

Beachten Sie folgenden Quelltext.
```
print "Dies ist ein wichtiges Beispiel!\n";   Dies ist noch ein Kommentar.
```

Quadrate ■ weisen auf gute Vorgehensweisen hin oder *wie man's machen sollte*. Invertierte Dreiecke ▼ weisen auf schlechte Vorgehensweisen hin oder, *wie man's nicht macht*. Punkte • weisen auf allgemeines Material hin.

In einigen Fällen schlage ich die Ausführung eines Beispielprogramms vor. Wenn ich keinen besonderen Namen angebe, heißt das Programm `tryme`. Tastatureingaben (Dinge, die Sie eintippen sollen) erscheinen in **fettem Schreibmaschinen-Zeichensatz**. Kommandozeilen beginnen mit einer %-Eingabeaufforderung:

```
print "Gib die magische Zahl ein: ";
if (<> == 7) {
  print "Der Zaubermodus ist an!\n";
} else {
  print "Nichts passiert.\n";
}
```

```
% tryme
Gib die magische Zahl ein: 7
Der Zaubermodus ist an!
```

Wie Sie uns erreichen

Obwohl ich denke, daß es ein ziemlich gutes Buch geworden ist, bin ich mir sicher, daß es auf die eine oder andere Art verbessert werden könnte. Wenn Sie Fehler finden, wäre ich Ihnen dankbar, wenn Sie mir diese unter bookbugs@effectiveperl.com melden würden. Verbesserungsvorschläge, neues Material oder andere Arten, Themen zu behandeln (für eine andere Auflage oder vielleicht ein neues Buch), können an suggestions@effectiveperl.com geschickt werden. Die nächste Auflage wird jeden »Mitarbeiter«, der zuerst einen bestimmten Fehler findet oder neues Material vorschlägt, namentlich erwähnen.

Errata und anderes interessantes Material werden auf der *Effektiv Perl programmieren* Website unter http://www.effectiveperl.com veröffentlicht.

Grundlagen

Wenn Sie schon Erfahrung mit anderen Sprachen haben, aber Perl für Sie neu ist, entdecken Sie sicherlich immer noch Eigenarten von Perl. Dieser Abschnitt behandelt einige dieser Eigenheiten. Insbesondere widmet er sich jenen Eigenarten, welche neuen Perl-Programmierern, die noch auf andere Sprachen eingestellt sind, das Leben schwermachen.

Zum Beispiel sollten Sie schon wissen, daß Variablen in Perl im allgemeinen aus bestimmten Zeichen wie $ oder @ bestehen, gefolgt von einem Bezeichner. Aber wissen Sie auch, ob verschiedene Variablentypen mit demselben Namen, wie z. B. $a und @a, vollkommen unabhängig voneinander sind? Sie sind es – siehe Artikel 1.

Sie sollten wissen, daß @a ein Array ist, aber kennen Sie den Unterschied zwischen $a[$i] und @a[$i]? Letzteres ist ein *Slice* – siehe Artikel 2.

Sie sollten wissen, daß die Zahl 0 *false* ist und daß die leere Zeichenkette "" *false* ist, aber wissen Sie, ob die aus einem Leerzeichen bestehende Zeichenkette " " *false* ist? Sie ist *true* – siehe Artikel 5.

Sind Sie ein erfahrener Perl-Programmierer, werden diese ersten Artikel größtenteils Wiederholung für Sie sein. Allerdings finden Sie vielleicht einige interessante Details gegen Ende einiger Artikel in diesem Abschnitt.

Artikel 1

Lernen Sie Ihre Namensräume kennen

In Perl gibt es sieben verschiedene Arten von Variablen oder variablenartigen Dingen: Skalare Variablen, Arrayvariablen, Hashvariablen, Namen von Subroutinen, Formatnamen, Zugriffskennungen von Dateien (engl. *file handles*) und Verzeichnissen (engl. *directory handles*).

Jede dieser verschiedenen Variablenarten hat ihren eigenen *Namensraum*. Verändert man den Wert einer Variablenart, betrifft das in keiner Weise den Wert einer anderen Variablenart mit demselben Namen. Zum Beispiel ist die skalare Variable $a unabhängig von der Array-Variablen @a:

```
$a = 42;                    Setze den Skalar $a = 42.
@a = (1, 2, 3);             @a = (1,2,3), aber $a ist immer noch 42.
```

Außerdem definiert in einem Perl-Programm jedes Paket (siehe Artikel 42) seine eigene Menge von Namensräumen. Beispielsweise ist $a im Paket main unabhängig von $a im Paket foo:

```
$a = 1;                     Angenommen, wir fangen im Paket main an, setze
                            den Skalar $main::a = 1.
package foo;                Das voreingestellte Paket ist nun foo.
$a = 3.1416;                $foo::a ist 3.1416; $main::a ist immer noch 1.
```

Wie Perl muß man sowohl auf die rechte als auch auf die linke Seite eines Bezeichners schauen, um zu bestimmen, auf welche Variablenart sich der Bezeichner bezieht. Die Syntax für den Zugriff auf Elemente aus Arrays und Hashes fängt z. B. mit $ an, nicht mit @ oder %. Das $ bedeutet, daß das Ergebnis ein skalarer Wert ist und nicht, daß man sich auf eine skalare Variable bezieht:

```
$a = 1;                     Setze den Skalar $a = 1.
@a = (1, 2, 3);             Setze das Array @a = (1,2,3).
%a = ('a' => 97, 'b' => 98); Belege den Hash %a.
$a[3] = 4;                  $a ist immer noch 1; @a ist nun (1,2,3,4).
$a{'c'} = 99;               $a, @a immer noch gleich; %a hat
                            jetzt drei Schlüssel-Wert-Paare.
```

Nicht allen variablenartigen Dingen werden in Perl besondere Zeichen vorangestellt. Den Namen von Subroutinen kann ein & vorangestellt werden, im allgemeinen kann es aber ausgelassen werden. In einigen Fällen können auch Klammern um die Argumente von Subroutinen ausgelassen werden:

Lernen Sie Ihre Namensräume kennen

```
sub hi {
  $name = shift; "Hi, $name\n"
}
print &hi("Fred");
print hi("Fred");

print hi "Fred";
```

Eine Subroutine mit der Bezeichnung hi.

Die »althergebrachte« Syntax.
Dem hi *nachgestellte Klammern bewirken, daß es als Name einer Subroutine erkannt wird.*
Klammern können auch weggelassen werden, wenn hi *vor seiner Verwendung im Quelltext definiert wird (siehe Artikel 10).*

Zugriffskennungen vor Dateien und Verzeichnissen sowie Formatnamen werden keine besonderen Zeichen vorangestellt, werden aber im Kontext erkannt:

Die folgende Dateizugriffskennung, der Formatname und die Verzeichniszugriffskennung sind voneinander unabhängig, obwohl sie alle denselben Namen TEST tragen.

```
open TEST, ">$$.test";

print TEST "Testdaten\r";
format TEST =
@<<<<<<<<<<<< @<<<< @<<<<
$name, $lo, $hi
.
opendir TEST, ".";
```

Öffne die Dateizugriffskennung namens TEST.
Ausgabe an die Dateizugriffskennung TEST.

Format mit der Bezeichnung TEST.

Verzeichniszugriffskennung mit der Bezeichnung TEST.

Es ist nicht notwendigerweise schlechter Programmierstil, wenn man die Vorteile unabhängiger Namensräume in Perl nutzt, indem man zwei verschiedenen *Arten* von Variablen denselben Namen gibt. Manchmal scheint es gerade das Vernünftigste zu sein:

```
@who =
  grep { /\bjoebloe\b/ } `who`;
foreach $who (@who) {
  # ... mach etwas mit $who
}
```

@who *enthält eine Ausgabe des* who-*Befehls, eine Zeile pro Element.*
Durchlaufe jede Zeile der Ausgabe unter Verwendung der Variable $who.

Artikel 2

Vermeiden Sie die Benutzung von Slices, wenn Sie ein Element möchten

Ist `@a[1]` ein Arrayelement? Oder ein Arrayslice?

Es ist ein *Slice*.

Für Leute, die gerade mit dem Erlernen von Perl angefangen haben, gehört der Unterschied zwischen Arrayelementen und Arrayslices zu den Punkten, die der Intuition widersprechen. Auch wenn man den Unterschied kennt, gibt man leicht @ anstatt $ ein.

Ein Einführungsbuch oder -kurs über Perl beginnt üblicherweise mit der Erklärung, daß die Namen skalarer Variablen mit $ und die Namen von Arrayvariablen mit @ anfangen. Dies ist natürlich eine grobe Vereinfachung, die im nächsten Schritt der Einführung korrigiert wird, wenn man lernt, daß man beim Zugriff auf das Element $n eines Arrays @a die Syntax $a[$n] und nicht @a[$n] verwendet. Das mag eigenartig erscheinen. Dennoch *ist* das eine konsistente Syntax. Skalare *Werte*, nicht Variablen, fangen mit $ an, selbst wenn diese Werte aus einem Array oder einem Hash stammen.

Daher bedeutet `@a[$n]` nicht Element $n des Arrays @a. Vielmehr ist dies etwas anderes, das man *Slice* (dt. Ausschnitt) nennt. Ein Slice ist eine verkürzte Schreibweise für eine Liste von Elementen:

```
@giant = qw(fee fie foe fum);        @giant ist ('fee', 'fie', 'foe', 'fum').
@queue = ($giant[1], $giant[2]);     @queue ist ('fie', 'foe').
@queue = @giant[1, 2];               Dasselbe mit einem Slice.
@fifo = (1, 2);                      Nochmal dasselbe unter Verwendung einer Werteliste
@queue = @giant[@fifo];              in einem Array.
```

Ein Slice hat dieselben Eigenschaften wie eine Liste von Variablennamen. Man kann ihn sogar auf der linken Seite eines Zuweisungsausdrucks verwenden oder an anderen Stellen, an denen ein L-Wert verlangt wird:

```
($giant[1], $giant[2]) =             @giant ist ('fee', 'tweedle', 'dee', 'fum').
  ("tweedle", "dee");
@giant[1, 2] = ("tweedle", "dee");   Dasselbe mit Zuweisung an einen Slice.
```

Nun ist `@a[1]` genauso ein Slice wie `@a[1, 2]`, `@a[2, 10]`, `@a[5, 3, 1]`, `@a[3..7]`, und so weiter. `@a[1]` ist eine *Liste*, kein skalarer Wert. Es ist eine Liste mit einem Element.

Diese *einelementigen Slices* sind etwas, worauf Sie achtgeben sollten. Wenn sie nicht vernünftig angewendet werden, sind sie gefährliche Biester. In einem skalaren Kontext verwendet, gibt ein Slice seinen letzten Wert zurück, wodurch einelementige Slices *in manchen Fällen* wie skalare Werte funktionieren. Ein Beispiel:

`$jolly = @giant[3];`	`$jolly = 'fum'`, *aber aus dem falschen Grund.*

Wahrscheinlich war hier `$jolly = $giant[3]` intendiert. Der einelementige Slice `@giant[3]` ist immer noch auf eine Art in Ordnung, da `@giant[3]` in einem skalaren Kontext zu seinem letzten (und in diesem Fall einzigen) Element `$giant[3]` ausgewertet wird.

Obwohl einelementige Slices auf der rechten Seite einer Zuweisung fast so funktionieren wie Arrayelemente, verhalten sie sich auf der linken Seite einer Zuweisung anders. Da ein einelementiger Slice eine Liste ist, ist eine Zuweisung an einen einelementigen Slice eine Listenzuweisung, und somit wird die rechte Seite der Zuweisung *in einem Listenkontext* ausgewertet. Die unbeabsichtigte Auswertung eines Operators in einem Listenkontext kann dramatische (und unglückliche) Ergebnisse hervorrufen. Ein gutes Beispiel ist der Zeileneingabe-Operator, *<Dateizugriffskennung>*:

▼ **Benutzen Sie auf der linken Seite einer Zuweisung keine einelementigen Slices.**

Beabsichtigt war `$info[0] = <STDIN>`.	
`@info[0] = <STDIN>;`	*UPS!* `<STDIN>` *in einem Listenkontext!*
`($info[0]) = <STDIN>;`	*Dasselbe Problem ohne Slice.*

Es liest alle Zeilen aus der Standardeingabe, weist die erste Zeile dem Element 0 von `@info` zu und ignoriert den Rest! Die Zuweisung von `<STDIN>` an `@info[3]` sorgt dafür, daß `<STDIN>` in einem Listenkontext ausgewertet wird. In einem Listenkontext liest `<STDIN>` alle Zeilen aus der Standardeingabe ein und gibt sie als Liste zurück.

Ein weiterer Unterschied zwischen Slices und Elementen ist der, daß der Ausdruck in den Klammern eines Elementzugriffs in einem skalaren Kontext ausgewertet wird, wohingegen Slices in einem Listenkontext ausgewertet werden. Dies führt uns zu einem weiteren Beispiel seltsamen Verhaltens, das schwieriger zu erklären ist:

▼ **Verwechseln Sie nicht Slices und Elemente.**

Angenommen, Sie wollen eine zusätzliche Zeile, die `'EOF'` *enthält, an das Ende des Arrays* `@text` *anfügen. Sie könnten dies als* `$text[@text] = 'EOF'` *schreiben. Schreiben Sie aber statt dessen nicht* `@text[@text]`.	
`chomp (@text = <STDIN>);`	*Lies Zeilen in* `@text` *ein. So weit, so gut.*
`@text[@text] = 'EOF';`	*Schwerer Fehler! Siehe unten.*

Das Array `@text` innerhalb der Klammern wird in einem Listenkontext interpretiert. In einem skalaren Kontext gibt es die Anzahl der Elemente in `@text` zurück, aber in einem Listenkontext liefert es den eigentlichen Inhalt des Arrays zurück. Das Ergebnis ist ein Slice mit so vielen Elementen, wie es Zeilen gibt.

Die Inhalte der Zeilen werden als ganzzahlige Indizes interpretiert – sind sie Text, dann wird sich wahrscheinlich herausstellen, daß sie alle Null sind, so daß der Slice so aussehen wird: @text[0, 0, 0, 0, 0, …]. Danach wird dem ersten Element des Slices 'EOF' und dem ganzen Rest undef zugewiesen, was bedeutet, daß diese Aktion wahrscheinlich einfach das erste Element von @text mit undef überschreiben wird und den Rest in Ruhe läßt.

Ein schöner Schlamassel!

Gewöhnen Sie sich an, in Ihren Programmen nach einelementigen Slices wie @a[0] zu suchen. Einelementige Slices sind in der Regel nicht das, was man haben möchte (obwohl sie für Tricks ab und zu ganz brauchbar sind), und ein einelementiger Slice auf der linken Seite einer Zuweisung ist fast mit Sicherheit falsch. Die Kommandozeilen-Option -w (siehe Artikel 36) wird viele der verdächtigen Verwendungen von Slices kennzeichnen.

Slicing mit Spaß und Nutzen

Perl-Anfänger werden Slices im allgemeinen nicht (mit Absicht) verwenden, es sei denn, sie wollen Elemente aus einem Ergebnis auswählen:

($uid, $gid) = (stat $file)[4, 5];   *Hole die Benutzer- und Gruppenidentifikation aus dem Ergebnis von* stat $file.
$last = (sort @list)[-1];   *Finde dasjenige Element aus* @list, *das in der ASCII-Reihenfolge zuletzt kommt (ineffizient bei langer* @list*).*
$field_two = (split /:/)[1];   *Hole das zweite Element des Ergebnisses des an* : *aufgespaltenen* $_.

Dennoch kann man Slices zu interessanten (und seltsamen) Zwecken verwenden. Zum Beispiel:

@list[5..9] = reverse @list[5..9];   *Kehre in* @list *die Elemente 5 bis 9 um.*
@list[reverse 5..9] = @list[5..9];   *Das geht auf mehr als eine Weise.*

Sie sind bei der Vertauschung zweier Elemente praktisch:

@a[$n, $m] = @a[$m, $n];   *Vertausche* $a[$m] *mit* $a[$n].
@item{'alt', 'neu'} =
  @item{'neu', 'alt'};   *Vertausche* $item{alt} *mit* $item{neu}.

Slices werden auch zum Sortieren verwendet (siehe Artikel 14):

- **Benutzen Sie Slices zur Neuordnung von Arrays.**

Gegeben seien zwei parallele Arrays @uid *und* @name. *Dieses Beispiel sortiert* @name *den numerischen Inhalten von* @uid *entsprechend.*

`@name = @name[`
` sort {$uid[$a] <=> $uid[$b]}`
`0..$#name`
`];`
	Sort indiziert 0..$#name *in Übereinstimmung mit* @uid *und verwendet das Ergebnis zur Neuordnung von* @name.

Man kann Hash-Slices verwenden, um Hashes aus zwei Listen zu erzeugen, um den Inhalt eines Hashes über einen anderen zu legen oder um einen Hash von einem anderen zu »subtrahieren«:

- **Benutzen Sie Slices zur Erzeugung und Manipulation von Hashes.**

`@char_num{'A'..'Z'} = 1..26;`	*Erzeuge einen Hash mit den Schlüsseln* 'A'..'Z' *und den Werten* 1..26.
`@old{keys %new} = values %new;`	*Lege die Inhalte von* %new *über* %old.
`%old = (%old, %new);`	*Eine weitere (wahrscheinlich weniger effiziente) Variante.*
`delete @name{keys %invalid};`	*»Subtrahiere« Elemente aus* %invalid *von* %name.

`foreach $key (keys %invalid) {`
`  delete $name{$key};`
`}`
	Eine andere, ausführlichere Variante.

Artikel 3

Weisen Sie nicht undef zu, wenn Sie eine leere Liste haben möchten

Nicht initialisierte skalare Variablen haben in Perl den Wert undef. Durch Zuweisung von undef oder Benutzung des undef-Operators kann man skalare Variablen in ihren ursprünglichen Zustand zurücksetzen:

$toast = undef;	*Es ist Toast.*
undef $history;	*Es ist Geschichte.*

Allerdings haben nichtinitialisierte Arrayvariablen den Wert (), die leere Liste. Weist man einer Arrayvariablen undef zu, bekommt man in Wirklichkeit eine Liste mit einem Element, das undef enthält:

▼ **Weisen Sie einer Arrayvariable kein undef zu.**

@still_going = undef;	*FALSCH – @still_going = (undef).*
if (@still_going) { ... }	*Daher ist dies TRUE.*

Die einfachste Möglichkeit, dies zu vermeiden, besteht darin, Arrayvariablen die leere Liste () zuzuweisen, wenn man diese löschen möchte. Man kann auch das undef-Verb verwenden:

@going_gone = ();	*@going_gone = leere Liste, also ist*
if (@going_gone) { ... }	*scalar(@going_gone) = 0 = FALSE.*
undef @going_gone;	*Nun ist sie wirklich weg.*
if (defined(@going_gone)) { ... }	*FALSE*

Der defined-Operator stellt die einzige Möglichkeit dar, undef von 0 und der leeren Zeichenkette '' zu unterscheiden. Der defined-Operator funktioniert mit jedem Wert – in früheren Versionen von Perl funktionierte er nur mit L-Werten, dies ist aber nicht mehr der Fall.

if (defined($a)) { ... }	*WAHR, wenn $a nicht undef ist.*
if (defined(0)) { ... }	*WAHR; Fehler in Perl 4.*
if (defined(@a)) { ... }	*WAHR, wenn @a initialisiert ist.*
if (defined(())) { ... }	*WAHR; Fehler in Perl 4.*

Man kann undef einem Element eines Arrays zuweisen:

$puka[3] = undef;	*»Puka« ist Hawaiianisch für »Loch«.*
@puka[1, 5, 7] = ();	*Erzeuge weitere Löcher.*
@puka[0..99] = ();	*100 Kopien von undef.*

Man beachte, daß undef ein vollkommen vernünftiger Elementwert ist. Man kann ein Array nicht durch Zuweisung von undef-Werten an die Elemente am Arrayende verkürzen. Um ein Array tatsächlich zu verkürzen, ohne ihm einen ganz neuen Wert zuzuweisen, muß eine Zuweisung an $#array_name erfolgen oder einer der Arrayoperatoren wie splice oder pop verwendet werden.

`@a = 1 .. 10;`	*@a hat 10 Elemente.*
`$a[9] = undef;`	*@a hat immer noch 10.*
`print scalar(@a), "\n";`	*"10" – (1..9, undef)*
`$val = pop @a;`	*@a hat jetzt 9 Elemente: (1..9).*
`print scalar(@a), "\n";`	*"9" – (1..9)*
`splice @a, -2;`	*Splice der letzten 2 Elemente.*
`print scalar(@a), "\n";`	*"7" – (1..7)*
`$#a = 4;`	*Verkürze @a auf 5 Elemente.*
`print scalar(@a), "\n";`	*"5" – (1..5)*

Hashes und undef

Die obigen Bemerkungen gelten auch für Hashes. Genauso wie bei Arrays kann man einen Hash nicht durch Zuweisung von undef in den Zustand undef bringen. Tatsächlich führt die Zuweisung einer Liste mit einer ungeraden Anzahl von Elementen an ein Hash zu einer Warnung (zumindest in neueren Perl-Versionen). Man kann die leere Liste () zuweisen, um einen leeren Hash zu erzeugen, oder den undef-Operator verwenden, um den Hash in einen ursprünglichen Zustand zurückzuversetzen.

`%gone = ();`	*%gone enthält nun keine Schlüssel.*
`if (keys %gone) { ... }`	*FALSE*
`%nuked = (U => '235', Fu => 238);`	*%nuked hat zwei Schlüssel-Wert-Paare.*
`undef %nuked;`	*Hab' es »genuked« – vollständig verschwunden.*
`if (keys %nuked) { ... }`	*FALSE*
`if (defined %nuked) { ... }`	*Auch FALSE, da %nuked vollständig verschwunden ist.*

Genauso wie Arrays kann man ein Hash nicht verkürzen oder Elemente aus einem Hash durch Zuweisung von undef-Werten entfernen. Zur Entfernung von Hashelementen muß man den delete-Operator verwenden. Der delete-Operator kann sowohl auf Hash-Slices als auch auf einzelne Elemente angewendet werden:

■ **Benutzen Sie** delete **zur Entfernung von Schlüssel-Wert-Paaren aus Hashes.**

```%spacers = (```
``` Ehemann => "george", Ehefrau => "jane",```
``` Tochter => "judy", Sohn => "elroy"```
```);```
	Einige Beispieldaten.

```delete $spacers{'Ehemann'};```
```if (exists $spacers{'Ehemann'}) {```
```... }```
	Ehemann/george *ist verschwunden FALSE*

```delete @spacers{'Tochter', 'Sohn'};```	Tochter/judy *und* Sohn/elroy *sind verschwunden.*

Artikel 4

Zeichenkettenvergleiche und numerische Vergleiche sind verschieden

Perl besitzt zwei völlig unterschiedliche Mengen von Vergleichsoperatoren, eine zum Vergleich von Zeichenketten und eine zum Vergleich von Zahlen. Es lohnt sich, den Unterschied zu kennen und sie auseinanderhalten zu können, denn die Verwendung des falschen Vergleichsoperators kann eine schwer aufzuspürende Fehlerquelle sein.

Die Operatoren, die man zum Vergleich von Zeichenketten verwendet, bestehen aus Buchstaben und sehen wie Wörter aus oder wie FORTRAN. Zeichenketten werden gemäß ASCII verglichen – d. h., durch Vergleich der ASCII-Werte der Zeichen in den Zeichenketten, einschließlich ihrer Groß- oder Kleinschreibung, Leerzeichen und so weiter:

```
'a' lt 'b'                  TRUE
'a' eq 'A'                  FALSE – Großschreibung.
"joseph" eq "joseph "       FALSE – Leerzeichen gelten.
"H" cmp "He"                -1 – cmp-Operator.
```

Der cmp-Operator führt einen Zeichenkettenvergleich durch und liefert -1, 0, oder 1 zurück, je nachdem, ob sein linkes Argument kleiner als, gleich oder größer als das rechte Argument ist. Das ist besonders beim Sortieren sehr nützlich (siehe Artikel 14).

Numerische Vergleichsoperatoren bestehen aus besonderen Zeichen und sehen wie Algebra oder wie C aus:

```
0 < 5                       TRUE
10 == 10.0                  TRUE
10 <=> 9.5                  1 – »Raumschiff«-Operator.
```

Der *Raumschiff-Operator* <=>[5] verhält sich wie cmp, nur daß er seine Argumente numerisch vergleicht.

Operatoren zum Zeichenkettenvergleich sollten nicht zum Vergleich von Zahlen verwendet werden, da sie Zahlen nicht korrekt miteinander vergleichen. (Es sei denn, Ihre Definition von »korrekt« stellt "10" vor "2".) Dasselbe gilt für die Verwendung von numerischen Operatoren für den Vergleich von Zeichenketten:

```
'10' gt '2'                 FALSE – '1' wird vor '2' eingeordnet.
"10.0" eq "10"              FALSE – unterschiedliche Zeichenketten.
'abc' == 'def'              TRUE – beide sehen für == wie 0 aus.
```

---

5. Ist es der Flieger von Darth Vader? Oder eine Sternenbasis aus den alten zeichenbasierten Raumschiff Enterprise-Spielen? Das bleibt Ihnen überlassen.

Dies führt zu einem Fehler folgender Art:

▼ **Vergleichen Sie Zeichenketten nicht mit numerischen Operatoren oder umgekehrt.**

```
$hacker = 'joebloe';
if ($user == $hacker) {

  deny_access();
}
```
FALSE – == auf Zeichenketten angewendet.
Huch – die meisten Zeichenketten sehen für == nach 0
aus, also kommt niemand rein.

Der sort-Operator in Perl verwendet als Default den Zeichenkettenvergleich. Verwenden Sie zur Sortierung von Zahlen nicht den Zeichenkettenvergleich! In Artikel 14 erfahren Sie mehr über Sortierungen.

Artikel 5

Denken Sie daran, daß 0 und " " false sind

Da numerische Daten und Zeichenkettendaten in Perl denselben skalaren Datentyp haben und weil Boolesche Operationen auf jeden skalaren Wert angewendet werden können, muß in Perl die Überprüfung auf logische Wahrheit sowohl für Zahlen als auch für Zeichenketten funktionieren.

Der grundlegende Test ist dieser: *0 und die leere Zeichenkette sind false*. Alles andere ist *true*.

Genauer gesagt, wird eine Anzahl in einem »Booleschen Kontext« (ein Ausdruck, der manchmal benutzt wird, um Bedingungen in Ausdrücken zur Ablaufsteuerung zu bezeichnen, der ?:-Operator, ||, && etc.) verwendet, dann wird sie zuerst in eine Zeichenkette umgewandelt (siehe Artikel 6). Das Ergebnis dieser Zeichenkette wird dann überprüft. Ist das Ergebnis eine leere Zeichenkette oder eine, die genau aus dem einzelnen Zeichen "0" besteht, dann ist das Ergebnis *false*. Andernfalls ist das Ergebnis *true*. Man beachte, daß diese Regel bedeutet, daß undef als *false* ausgewertet wird, da es für alles außer dem defined-Operator immer wie 0 oder wie die leere Zeichenkette aussieht. Im allgemeinen funktioniert das sehr gut. Wenn Probleme auftreten, resultieren sie normalerweise aus der Überprüfung, ob eine Anzahl *false* ist, wenn in Wirklichkeit auf undef überprüft werden sollte:

▼ Testen Sie nicht auf false, wenn Sie eigentlich auf undef testen sollten

while ($file = <*>) {
  do_something($file);
}
	FALSE – was ist mit einer Datei mit der Bezeichnung "0"?

Der Code in diesem Beispiel funktioniert *fast* immer richtig. Bei jedem Schleifendurchlauf erzeugt der Dateiglob <*> einen weiteren Dateinamen aus dem aktuellen Verzeichnis, mit dem $file belegt wird. Sind alle Dateinamen im Verzeichnis aufgezählt worden, gibt <*> den Wert undef zurück, welcher die leere Zeichenkette und somit *false* zu sein scheint und den Abbruch der while-Schleife veranlaßt.

Es gibt allerdings ein Problem. Existiert im aktuellen Verzeichnis eine Datei mit der Bezeichnung 0, scheint auch sie *false* zu sein und läßt die Schleife zu früh abbrechen. Um dies zu vermeiden, benutzt man den defined-Operator, da er besonders auf undef überprüft:

■ **Benutzen Sie den defined-Operator, um auf undef zu testen.**

`while (defined($file = <*>)) {`
  `do_something($file);`
`}`
	KORREKT – die Schleife bricht jetzt erst dann ab,
	wenn <*> den Wert undef zurückliefert.

Möchte man überprüfen, ob ein Element in einem Hash vorhanden ist, muß man vielleicht auch eine andere Strategie anwenden. undef ist in einem Hash ein völlig akzeptabler Wert:

Angenommen, %hash sei zu Anfang undefiniert.

`if ($hash{'foo'}) { ... }`	*FALSE*
`if (defined($hash{'foo'})) { ... }`	*Auch FALSE.*
`$hash{'foo'} = undef;`	*Weise einen undef-Wert zu.*
`if (defined($hash{'foo'})) { ... }`	*Immer noch FALSE.*
`print keys %hash;`	`('foo')`

Der exists-Operator kann feststellen, ob ein bestimmter Schlüssel vorhanden ist, selbst wenn der dazugehörige Wert im Hash undef ist:

Fortstzung von oben:

`if (exists($hash{'foo'})) { ... }`	*TRUE*

Artikel 6

Verstehen Sie die Umwandlungen zwischen Zeichenketten und Zahlen

Skalare Variablen in Perl können entweder Zeichenkettendaten oder numerische Daten enthalten. Sie können auch beide gleichzeitig enthalten, normalerweise als Ergebnis einer Umwandlung von Zeichenkettendaten in eine Zahl oder umgekehrt.

Perl wandelt Werte automatisch von einer numerischen in eine Zeichenkettendarstellung um oder umgekehrt, wie es gerade verlangt wird. Erscheint z. B. eine Zeichenkette bei einem numerischen Operator wie +, wandelt Perl den Zeichenkettenwert in eine Zahl um, bevor es mit der arithmethischen Operation fortfährt. Oder, wenn eine Zahl das Objekt eines Mustervergleichs (engl. *pattern match*) ist, wandelt Perl die Zahl zuerst in eine Zeichenkette um. Stellen, an denen Zeichenketten erwartet werden, nennt man *Zeichenkettenkontexte* und Stellen, an denen Zahlen erwartet werden, heißen *numerische Kontexte*. Diese schönen Ausdrücke sollte man kennen, obwohl wir sie in diesem Buch nicht sehr oft verwenden werden, da es nur selten einen wirklichen Unterschied zwischen ihnen gibt.

Die Funktion zur Umwandlung von Zahlen in Zeichenketten ist sprintf() aus der C-Standardbibliothek, mit dem Format "%.15g" oder etwas Vergleichbarem.[6] Sie können dieses Format durch Änderung der speziellen Variablen $# modifizieren, doch von der Verwendung von $# wird abgeraten. Benutzen Sie in Perl für ein bestimmtes Format sprintf:

```
$n = sprintf "%10.4e", 3.1415927;    "3.1416e+00"
```

Die Funktion zur Umwandlung von Zeichenketten in Zahlen ist atof() aus der C-Standardbibliothek. Führender Leerraum wird ignoriert. Die Umwandlung verwendet den ersten führenden Teil der Zeichenkette, der nach einer Zahl aussieht, der Rest wird ignoriert. Alles, was nicht wie eine Zahl aussieht, wird nach Null umgewandelt. Zum Beispiel:

```
$n = 0 + "123";            123
$n = 0 + "123abc";         Auch 123 – Alles Nachfolgende wird ignoriert.
                           Auch 123 – Das erste Zeichen ist ein
$n = 0 + "\n123";          Leerraumzeichen.
                           0 – Keine Zahl am Anfang.
$n = 0 + "a123";
```

---

6. Na ja, so etwa. Perl zieht die Verwendung von gconvert() vor. Das ist einer der Gründe, warum man nicht länger mit $# Schindluder treiben sollte.

Der Umwandlungsprozeß *erkennt nicht* oktal oder hexadezimal. Verwenden Sie zur Umwandlung oktaler oder hexadezimaler Zeichenketten den oct-Operator:

```
$n = 0 + "0x123";
```
0 – Sieht wie die Zahl 0 aus.

```
$n = 0 + oct("0x123");
```
291 – oct wandelt oktale und hexadezimale Zeichenketten nach dezimal um.

```
print "mode (octal): ";
```
Eingabeaufforderung für Zugriffsrechte.

```
chmod <STDIN>, $file;
```
FALSCH – Zeichenkette aus STDIN *nach dezimal umgewandelt, nicht oktal.*

```
print "mode (octal): ";
```
Eingabeaufforderung für Zugriffsrechte.

```
chmod oct(<STDIN>), $file;
```
RICHTIG – Zeichenkette nach oktal umgewandelt.

Wird eine Zahl automatisch in eine Zeichenkette umgewandelt oder umgekehrt, bleiben beide Repräsentationen bestehen, und zwar so lange, bis der Wert der Variablen geändert wird.

Normalerweise ist es egal, ob eine Variable eine Zeichenkette oder einen numerischen Wert enthält, dennoch macht es manchmal einen Unterschied. Zum Beispiel bearbeiten die numerischen Operatoren bitweise den ganzen numerischen Wert, wenn sie auf eine Zahl angewendet werden, aber zeichenweise, wenn sie auf eine Zeichenkette angewendet werden:

```
$a = 123;
$b = 234;
$c = $a & $b;
```
Zahl 106
```
$a = "$a";
$b = "$b";
$d = $a & $b;
```
Zeichenkette "020"

Zum Schluß haben wir noch die Fehlervariable $! als Beispiel einer Variable mit einer »magischen« Eigenschaft. Sie gibt den Wert der Systemvariablen errno zurück, wenn sie in einem numerischen Kontext verwendet wird, aber die Zeichenkette der perror()-Funktion (oder etwas Ähnliches auf Ihrer Plattform) in einem Zeichenkettenkontext:

```
open FH, "";
```
Ungültiger Dateiname; sollte einen Fehler auslösen.
```
print "$!\n";
```
"No such file or directory"
```
print 0 + $!, "\n";
```
"2" *(oder so etwas)*

Idiomatisches Perl

Perl ist eine von einem Linguisten entworfene Sprache, und genauso wie andere menschliche Sprachen ist Perl eine Sprache mit feststehenden Wendungen.

Was ich *idiomatisches Perl* nenne, ist die Mischung aus Eleganz und Gewohnheit, die Perl-Programmierer auf natürliche Art erwerben oder die sich hoffentlich beim Großteil durch Erfahrung und Experimente einstellt. Was nun genau idiomatisch und was eine reine Sache des Stils oder der Meinung ist, bleibt zu diskutieren. Es gibt viele verschiedene Möglichkeiten, sowohl einfache als auch komplexe Algorithmen in Perl auszudrücken. Allerdings sind einige Möglichkeiten deutlich »richtiger« als andere.

Perl ist kaum je die erste Sprache, die ein Programmierer erlernt. Neue Perl-Programmierer sind gewöhnlich schon mit der Programmiersprache C oder mit der Programmierung von Shell-Skripten oder beidem vertraut. Vielleicht kennen sie sich auch mit anderen Programmiersprachen aus. Da Perl einen Großteil seiner charakteristischen Syntax und Funktionalität aus anderen weit verbreiteten Sprachen ableitet, unterliegt ein Anfänger zuerst der Versuchung, Perl auf eine Art zu schreiben, die er von seiner gewohnten Umgebung her kennt:

```
$n = $#ary;
for ($i = 0; $i <= $n; $i++) {
   $sum += $ary[$i];
}
```
Summiere alle Elemente von @ary unter Verwendung von Indizes – wie in C.

Oder vielleicht:

```
while ($val = shift @ary) {
   $sum += $val;
}
```
Summiere alle 11 Elemente von @ary – ein Ansatz aus der Shell-Programmierung, bei dem @ary leer bleibt.

Beide Ansätze funktionieren, aber keiner der beiden ist sonderlich präzise oder effizient. Die Indizierungsoperation im ersten Beispiel ist langsam und unnötig, und in der zweiten Version bleibt @ary leer, was nicht unbedingt wünschenswert ist. Der idiomatische Ansatz ist:

```
foreach (@ary) {
    $sum += $_;
}
```
Summiere alle Elemente von @ary – der Perl-Ansatz.

Idiom und Konvention sind in Perl sehr wichtig. In einfachen Sprachen wie C und der Bourne- oder C-Shell sind sie weniger wichtig. Bei der C-Programmierung muß man nicht allzuviele Kniffe lernen. (Sie denken jetzt vielleicht, daß ich verrückt bin, so etwas zu sagen – wenn Sie sich allerdings in der Programmier-Abteilung Ihrer Buchhandlung umschauen, werden Sie feststellen, daß alle Bücher, die sich damit beschäftigen, wie man mit C kluge Dinge anstellt, ziemlich dünn sind. Es sind die Bücher über C++, die dick sind.) Und obwohl es viele Einzelheiten über die Shell-Programmierung zu lernen gibt, ist ein gründliches Einführungswerk über Shell-Programmierung ein dünner Band.

Nicht so in Perl.

Perl ist eine ausdrucksstarke und oft knappe Sprache. Die Sprache wurde so entworfen, daß häufig gebrauchte Konstrukte sehr kompakt geschrieben werden können. Hochentwickelte Perl-Eigenschaften wie <>, reguläre Ausdrücke und grep sind besonders mächtig. Beispiele:

```
($a, $b) = ($b, $a);
```
Vertausche $a und $b.

```
print sort <>;
```
Lies Zeilen aus Dateien oder der Standardeingabe ein und gib sie in sortierter Reihenfolge aus.

```
print grep /\bjoebloe\b/, <>;
```
Gib alle Zeilen aus, die das Wort joebloe enthalten.

```
@div5 = grep { not $_ % 5 } @n;
```
Kopiere alle Zahlen, die in @n ohne Rest durch 5 teilbar sind, nach @div5.

```
$bin_addr = pack 'C4',
    split /\./, $str_addr;
```
Eine Möglichkeit "123.234.0.1" in den ganzzahligen Wert 0x7bea0001 umzuwandeln.

Alle diese Beispiele können auch anders geschrieben werden, sind sie aber im Stil einer anderen Sprache geschrieben, wird das Ergebnis länger und weniger effizient sein. Sie könnten die Funktionalität von <> explizit in Perl reproduzieren, aber das Ergebnis wäre ein ziemlich langes Perl-Programm, das den eigentlich »interessanten« Teil des Programms verschleiern würde. Das resultierende Programm wäre aufgrund seiner Länge und seiner größeren Komplexität auch schwieriger von Fehlern zu bereinigen und zu pflegen.

Bis zu einem gewissen Grade überschneiden sich Idiom und Stil. Einige feststehende Wendungen wie print sort <> sind unantastbar, aber es gibt sicherlich Grauzonen:

```
foreach $key (sort keys %h) {
    print "$key: $h{$key}\n";
}
```
Gib die Schlüssel-Wert-Paare von %h aus, eines pro Zeile.

```
print map "$_: $h{$_}\n",
    sort keys %h;
```
Eine weitere Möglichkeit zur Ausgabe von Schlüssel-Wert-Paaren.

Das erste der obigen Beispiele ist sehr einfaches Perl. Es ist effizient und lesbar und verwendet nur Grundeigenschaften der Sprache. Das zweite Beispiel ist kürzer und besitzt, wie einige vielleicht meinen, einen höheren »Cool-Faktor«, da es den flotten `map`-Operator und einen Listenkontext anstelle der banalen `foreach`-Schleife aus dem ersten Beispiel benutzt. Allerdings sollten Sie an sich selbst und Ihr potentielles Publikum denken, bevor Sie Quelltext wie das zweite Beispiel der Nachwelt hinterlassen, da er auf jeden Fall undurchsichtiger (aber nicht *so* schwer verständlich) und vielleicht sogar weniger effizient ist.

Jeder Perl-Programmierer muß eine gewisse Anzahl grundlegender Wendungen beherrschen und sollte wenigstens lernen, einige andere zu erkennen. Programmierer sollten immer solche Idiome verwenden, die effizienten, präzisen und lesbaren Quelltext hervorbringen. Andere, komplexere Wendungen mögen angemessener sein oder auch nicht, abhängig vom Programmierer, dem Publikum, und der Art des zu schreibenden Programms.

In diesem Abschnitt (haben Sie sich schon gefragt, wann wir endlich anfangen würden?) schauen wir uns einige Perl-Idiome an. Die einfacheren müssen Sie auf jeden Fall lernen und verwenden. Darüber hinaus müssen Sie das Für und Wider zwischen »einfach« und »flott« abwägen.

Wie Ihr Perl aussieht, hängt ganz von Ihnen ab. Sie können sehr einfaches Perl schreiben, wenn Sie wollen. Einfaches Perl zu schreiben ist wie ein Hausbau, bei dem man sich entscheidet, möglichst viel aus Fertigteilen zu bauen. Es funktioniert, es ist einfach, es ist ein bißchen glanzlos, und es ist schwierig, komplizierte Formen herzustellen.

Andererseits wollen Sie vielleicht versuchen, all die flotten Möglichkeiten zu verwenden, die Perl Ihnen bietet. Um die Analogie weiterzuführen: vielleicht sind Sie eher der Typ Häuslebauer, der mehr Zeit im Baumarkt mit dem Bestaunen von Elektrowerkzeugen verbringt, als daß er auf der Baustelle auf Nägeln rumhämmert. Vielleicht wollen Sie die coolsten Merkmale unter Verwendung der neuesten Technologie schaffen. Das geht in Ordnung, solange Sie sich merken, daß man manchmal nur einen Hammer braucht.

Oder Sie finden sich nach einiger Zeit irgendwo dazwischen wieder.

Manchmal brauchen Sie `s/\G0/ /g`,[7] und manchmal brauchen Sie nur `$a = $b`.

---

7. Dieses kleine Schmuckstück wird in Artikel 60 erläutert.

Artikel 7

Verwenden Sie $_ für elegante Lösungen

»Dollar underscore«, oder $_: entweder lieben Sie es oder Sie hassen es. Auf jeden Fall müssen Sie es verstehen, wenn Sie ein fähiger Perl-Programmierer werden wollen.

$_ ist ein Default-Argument für viele Operatoren und auch für einige Kontrollstrukturen. Hier sind einige Beispiele:

- **$_ als Default-Argument**

`print $_;`	Ausgabe
`print;`	*Dasselbe.*
`print "Hab's gefunden" if $_ =~ /Rosebud/;`	*Übereinstimmungen und Ersetzungen.*
`print "Hab's gefunden" if /Rosebud/;`	*Dasselbe.*
`$mod_time = -M $_;`	*Die meisten Tests auf Dateizugriffskennungen. – Dasselbe.*
`$mod_time = -M;`	
`foreach $_ (@list) { &do_something($_) }`	*foreach*
`foreach (@list) { &do_something($_) }`	*Dasselbe.*
`while (defined($_ = <STDIN>)) { print $_ }`	*while; ein Sonderfall.*
`while (<STDIN>) { print }`	*Dasselbe.*

Das letzte Beispiel stellt den Sonderfall dar, in dem die Verwendung des Zeileneingabe-Operators <*Dateizugriffskennung*> als einzige Bedingung einer `while`-Schleife eine Abkürzung für das Einlesen einer Zeile aus der Datei nach $_ ist, bis das Ende der Datei erreicht wurde.

Dies ist keinesfalls eine erschöpfende Liste. Weitere Informationen finden Sie in der Online-Dokumentation oder Ihrer umfassenden Lieblings-Perl Referenz.

$_ ist eine normale skalare Variable – meistens. Sie können sie verwenden, sie ausgeben, ihren Wert verändern und so weiter, ganz als wäre sie ein gewöhnlicher Skalar. Dennoch gibt es einige Dinge, die man beachten sollte.

$_ und das Paket main

$_ ist immer im Paket `main`. Das trifft sogar dann zu, oder gerade dann, wenn man in einem anderen Paket ist:

`package foo;`	
`$_ = "OK\n";`	*Das bedeutet immer noch* `$main::_`*.*
`package main;`	
`print;`	*Gibt* `OK` *aus.*

In der Tat haben alle speziellen Variablen ($-Zeichen) diese Eigenschaft. Man kann natürlich eine Variable wie $foo::_ verwenden; sie hat aber keine besonderen Eigenschaften und ist nicht »das« $_.

Lokales $_

$_ kann nur in einer lokalen Umgebung verwendet werden, wenn man local benutzt. my darf man dazu nicht verwenden. Das Folgende funktioniert nicht, egal wo oder wie Sie es versuchen:

my $_; *UNGÜLTIG*

Programmierstil und $_

Seltsamerweise wird man $_ nicht oft sehen, wenn man es benutzt:

```
while (<>) {                    Zähle alle Wörter mit 5 Buchstaben.
  for (split) {
    $w5++ if /^\w{5}$/
  }
}
@small_txt = grep              Finde alle Dateien mit der Endung .txt, die kürzer
  { /\.txt$/ and (-s) < 5000 }  als 5.000 Bytes sind.
    @files;
```

Einige Perl-Programmierer meinen, daß $_ mehr zur Verwirrung als zur Eleganz beiträgt. Ich habe ein Buch in meinem Regal, das folgender Meinung ist: »Viele Perl-Programmierer schreiben Programme, in denen sich Verweise auf $_ wie unsichtbare Fäden durch ihre Programme ziehen. Programme, die von $_ übermäßigen Gebrauch machen, sind schwer zu lesen und einfacher zu knacken als Programme, die explizit auf skalare Variablen verweisen, die man selbst benannt hat.« Das ist für mich nur schwer zu akzeptieren. Ist:

```
while (defined ($line = <STDIN>)) {
  print $line if $line =~ /Perl/
}
```

wirklich besser als dies?

```
while (<STDIN>) { print if /Perl/ }
```

Das müssen Sie selbst entscheiden.

Artikel 8

Merken Sie sich die anderen Default-Argumente: @_, @ARGV, STDIN

$_ ist nicht das einzige Default-Argument in Perl. Es gibt noch einige andere.

@_ als Default

Innerhalb einer Subroutine verwendet shift @_ als Default-Argument:

```
sub foo {                       $x erhält das erste Argument.
  my $x = shift;
```

Eine interessante Marotte in der Perl-Syntax taucht auf, wenn man versucht, ein durch Referenz übergebenes Arrayargument mit shift zu schieben:

```
bar(\@bletch);                  Übergebe die Referenz von @bletch an die Subroutine
                                &bar.

sub bar {
  my @a = @{shift};             Dies ist die Variable @shift.
```

Man muß etwas anderes in die Klammern setzen, damit Perl weiß, daß der Bezeichner kein Variablenname ist:

```
my @a = @{shift()};             Meine bevorzugte Form.

my @a = @{+shift};              Funktioniert, sieht für mich aber seltsam aus.
```

@ARGV als Default

Auf der anderen Seite verwendet shift außerhalb einer Subroutine @ARGV als Default:

```
while ($_ = shift) {            @ARGV wird als Default verschoben.
  if (/^-(.*)/) {
    process_option($1);         Bei Beginn mit - verarbeite Option.
  } else {                      Andernfalls ist es eine Datei.
    process_file($_);
  }
}
```

Der shift-Operator verwendet immer das @_ oder @ARGV aus main, selbst wenn das Defaultpaket nicht main ist.

STDIN als Default

Anders als der Rest der Dateitestoperatoren (engl. *file test operators*), die $_ als Default benutzen, verwendet der -t-Operator die Dateizugriffskennung STDIN als Default. -t überprüft wie die isatty()-Funktion unter Unix eine Dateizugriffskennung, um zu bestimmen, ob die Dateizugriffskennung interaktiv ist, d. h., ob die Eingabe von einem Menschen kommt, der sie über eine Tastatur eintippt:

```
print "Sie leben!" if -t STDIN;     Sprechen wir mit einem Menschen?
print "Sie leben!" if -t;           Dasselbe.
```

Abhängig von der Interaktivität verwendet man den -t-Operator, um die Modifizierung des Programmverhaltens zu unterstützen. Sie können z. B. -t in einem CGI-Skript verwenden, um es in einem besonderen Debuggingmodus zu starten, wenn das Skript aus der Kommandozeile heraus ausgeführt wird.

Artikel 9

Merken Sie sich geläufige Abkürzungen und Marotten der Syntax

Perl ist eine »menschliche« Sprache, da sie eine sehr kontextabhängige Syntax besitzt. Das kann man ausnutzen, indem man Dinge ausläßt, die vom Interpreter sowieso angenommen werden, wie z. B. Default-Argumente, $_ und optionale reservierte Zeichen. Perl findet im jeweiligen Kontext heraus, was wirklich gemeint ist. (Normalerweise.)

Perl ist eine extreme Hochsprache mit einer außerordentlich reichhaltigen und mannigfaltigen Syntax, nur passen manchmal die unterschiedlichen syntaktischen Merkmale nicht so gut zueinander, wie sie eigentlich könnten. In einigen Fällen müssen Sie Perl unterstützen, indem Sie sich auf die eine oder andere Art mit einem syntaktischen Gimmick behelfen. In diesem Zusammenhang nun einige Vorschläge und einige Dinge, auf die Sie achten sollten.

Verwenden Sie for anstatt foreach

Das Schlüsselwort `for` ist eigentlich ein Synonym für das Schlüsselwort `foreach` und umgekehrt. Die beiden sind völlig austauschbar. Deshalb sieht man oft:

```
for (<*.c>) {
   $bytes += -s
}
```
Eigentlich eine `foreach`*-Schleife, welche die Größen der* .c*-Dateien aufsummiert.*

Und umgekehrt:

```
foreach ($i = 0; $i < 10; $i++) {
   print $i * $i, "\n";
}
```
Seltsam, aber eigentlich eine `for`*-Schleife, die die ersten 10 Quadratzahlen ausgibt.*

Perl entscheidet, welche Art von Schleife Sie geschrieben haben, indem es sich etwas anderes als das Schlüsselwort anschaut. (Ich denke, das ist irgendwie offensichtlich.) Die Ersetzung von `for` anstelle von `foreach` ist eine ziemlich harmlose, häufig angewandte Abkürzung von bodenständigeren Perl-Programmierern – ich hab's hier und dort in diesem Buch selbst getan.

Vertauschen Sie Werte mit Listenzuweisungen

Perl besitzt keinen besonderen »Vertauschungsoperator«, man kann aber immer eine Listenzuweisung mit derselben Wirkung verwenden:

```
($b, $a) = ($a, $b);            Vertausche $a mit $b.
($c, $a, $b) = ($a, $b, $c);    Tausche $a, $b und $c durch.
```

Slices stellen eine praktische Syntax zur Permutation von Arrayinhalten dar:

```
@a[1, 3, 5] = @a[5, 3, 1];              Stelle einige Elemente um.
@a[map { $_ * 2 + 1, $_ * 2 }           Vertausche ungerade mit geraden Elementen von @a.
   0 .. ($#a / 2)] = @a;
```

Erzwingen Sie einen Listenkontext mit [...] oder (...)[...], wenn nötig

In einigen Fällen muß man vielleicht die Auswertung eines Ausdrucks in einem Listenkontext erzwingen. Möchte man z. B. eine Zeichenkette aus einem Speicher für reguläre Ausdrücke aufspalten, könnte man zuerst Folgendes schreiben:

```
($str) = /([^:]*)/;             Spalte $_ mit + bis :.
@words = split /\+/, $str;
```

Um dies in einem einzigen Ausdruck ohne das temporäre $str zu verwenden, muß man sich mit Tricks behelfen, da der Mustervergleich nicht die richtige Art von Wert in dem durch split erzwungenen skalaren Kontext zurückgeben würde:

```
@words =                        Das Innere des Slices eines Literals ist
  split /\+/, (/([^:]*)/)[0];   ein Arraykontext, also funktioniert dies.
@words =                        Ein weiterer funktionierender Ansatz.
  split /\+/, join '', /([^:]*)/;
```

Möchte man in einem Schritt ein Listenliteral referenzieren, dann benutzt man den Konstruktor für anonyme Arrays [...]. Wird der Referenzoperator \ auf ein Listenliteral angewandt, erzeugt er in Wirklichkeit eine Liste von Referenzen und keine Referenz auf eine Liste. (Fragen Sie mich nicht warum – das war mir nie so ganz klar. Dazu auch Artikel 32.)

```
$wordlist_ref =                 FALSCH – erzeugt einen skalaren Verweis auf das
  \(split /\+/, $str);          letzte Fragment von split.
$wordlist_ref =                 RICHTIG – gibt eine Arrayreferenz
  [split /\+/, $str];           zurück.
```

Verwenden Sie =>, um Initialisierungsanweisungen und einige Funktionsaufrufe zu verschönern

Der =>-Operator ist ein Synonym für den Komma-Operator. Es gibt einen kleinen Unterschied in der Funktionalität: ist das linksseitige Argument für => selbst ein Bezeichner, wird es immer wie eine Zeichenkette behandelt. Es wird *nicht* als Funktionsaufruf interpretiert. Daher kann man Anweisungen wie print unbesorgt auf der linken Seite von => verwenden:

`@a = (time => 'flies');` `print "@a\n";`	time *wird als Literal ausgewertet.* `"time flies"`
`@b = (time, 'flies');` `print "@b\n";`	time-*Operator.* `"862891055 flies"`

Wenn Sie möchten, verwenden Sie => zur Verschönerung von Initialisierungen. Dies ist besonders angebracht, wenn Sie Initialisierungen für Hashes erzeugen:

■ **Benutzen Sie den =>-Operator zur Verschönerung von Initialisierungen.**

`%a = (`
`  'Ag' => 47, 'Au' => 79, 'Pt' => 78`
`);`
	Verwenden Sie Pfeile, um Schlüssel-Wert-Paare bei der Initialisierung eines Hashes zu erzeugen.

`%a = (`
`  Ag => 47, Au => 79, Pt => 78`
`);`
	Sie dürfen Anführungszeichen für Bezeichner auf der linken Seite weglassen (übergibt immer noch strict subs*).*

Sie können benannte Parameter für Funktionsaufrufe simulieren. Hier sehen Sie eine einfache Möglichkeit, dies zu tun:

■ **Benutzen Sie den =>-Operator, um benannte Parameter zu simulieren.**

`sub img {` `  my %param = ( align => 'middle' );`	*Default-Argumente.*
`  my %param_in = @_;`	*Lies Parameter als Hash ein.*
`  @param{keys %param_in} =` `    values %param_in;`	*Überschreibe die Defaults mit* %param_in.
	Eine weitere Möglichkeit zur Behandlung von

`  # or, just use:`
`  # my %param = ( align =>`
`'middle', @_ );`
	Defaults.

Merken Sie sich geläufige Abkürzungen und Marotten der Syntax   37

■ **Benutzen Sie den =>-Operator, um benannte Parameter zu simulieren.**

```
print "<img ",                        Gib die Schlüssel und Werte
    (join ' ',                        des Hashes als HTML-Tag aus.
      map { "$_=\"$param{$_}\"" }
        keys %param),
    ">";
}
img(src => 'icon.gif', align =>       Erzeugt <img src="icon.gif" align="top">.
    'top');
```

Dies wird ausführlicher in Artikel 27 erläutert.

Zu guter Letzt noch eine interessante Verwendung von => als syntaktischem Zucker:

```
rename "$file.c" => "$file.c.old";
```

Verwechseln Sie => nicht mit ->, der verwendet wird, um Referenzen (siehe Artikel 30) und Methodenaufrufe (siehe Artikel 50) anzuzeigen.

Achten Sie darauf, was Sie in {...} setzen

Runde, eckige, spitze und geschweifte Klammern haben allesamt mehrere Bedeutungen in Perl. Perl verwendet den Inhalt geschweifter Klammern (oder anderer) und den sie umgebenden Kontext, um herauszufinden, was es damit tun soll. Normalerweise stellen sich vernünftige Ergebnisse ein, aber ab und zu sorgt es für Überraschungen.

Seien Sie mit geschweiften Klammern besonders vorsichtig. Geschweifte Klammern werden verwendet, um Blöcke einzuschließen, Variablennamen voneinander abzugrenzen, anonyme Hashes zu erzeugen *und* für Hashelemente und Dereferenzierungssyntax. Wenn Sie zu lange darüber nachdenken, macht es Sie schwindelig. Es ist schon fast unheimlich, daß der Interpreter zwischen einem Konstruktor für anonyme Hashes und einem Block unterscheiden kann!

Wenn Sie ohne besonderen Grund ein Plus-Zeichen innerhalb geschweifter Klammern sehen, *gibt* es wahrscheinlich einen Grund dafür. Perls einstelliges Plus hat keine Auswirkung auf sein Argument, behebt aber einige syntaktische Probleme:

Angenommen, wir wollen eine Funktion dereferenzieren, die eine Arrayreferenz zurückgibt.

```
@a = @{func_returning_aryref};        FALSCH – verweist auf die Variable
                                      @func_returning_aryref.
@a = @{func_returning_aryref()};      OK – Klammern erzwingen die Interpretation als
                                      Funktion.
@a = @{&func_returning_aryref};       OK – & erzwingt die Interpretation als Funktion.
@a = @{+func_returning_aryref};       OK – Eine weitere seltsame Verwendung des Plus-
                                      Zeichens.
```

Wenn Sie Pech haben, kommen Sie vielleicht in eine Situation, in der ein Konstruktor für anonyme Hashes mit einem Block verwechselt wird:

Angenommen, wir haben eine Funktion, die eine Liste von Schlüssel-Wert-Paaren zurückgibt, die wir in einem Konstruktor für anonyme Hashes verwenden wollen.

```
$hashref = eval {
  { key_value_pairs() }
};
```
FALSCH – Das innere Klammernpaar sieht wie ein Block aus.

```
$hashref = eval {
  +{ key_value_pairs() }
};
```
OK – Es ist ein Hashkonstruktor, wenn es Teil eines Ausdrucks ist.

```
$hashref = eval {
  return { key_value_pairs() }
};
```
OK – explizites return *macht es auch zu einem Ausdruck.*

Schließlich sollten Sie sich auch dessen bewußt sein, daß ein Bezeichner, der ganz alleine auftritt (möglicherweise von Leerraum umgeben), innerhalb geschweifter Klammern als Zeichenkettenliteral behandelt wird.[8] Ist er der Name einer Funktion, wird die Funktion *nicht* aufgerufen, es sei denn es gibt dort noch etwas anderes als einen Bezeichner:

```
${shift} = 10;
```
Setzt $shift = 10.

```
sub soft { ${+shift} = 10; }
```
Ruft shift *auf und verwendet es als Variablennamen – Referenz auf soft.*

```
soft 'a';
```
Setzt $a = 10.

Verwenden Sie @{[...]} oder eval {...}, um eine Liste zu kopieren

Manchmal möchte man eine Löschoperation lieber auf der Kopie einer Liste durchführen als auf dem Original:

Finde die fehlenden .h*-Dateien.*
```
@cfiles_copy = @cfiles;
@missing_h = grep { s/\.c$/\.h/ und nicht -e } @cfiles_copy;
```

---

8. Strenggenommen ist das nicht richtig – es gilt nur für geschweifte Klammern, die als Teil einer Referenz- oder Variablensyntax verwendet werden, dementsprechend werden geschweifte Klammern für »Blöcke« wie die in while ($_ = shift @lines) { print } gut funktionieren.

Perl stellt keine Kopierfunktion zur Verfügung; wenn man aber eine unbenannte Kopie einer Liste erzeugen möchte, kann man die Liste in einen Konstruktor für anonyme Arrays [...] setzen und diesen dann dereferenzieren:

Finde alle fehlenden .h-Dateien, aber ohne eine explizite Kopie zu erzeugen.
```
@missing_h = grep { s/\.c$/\.h/ and !-e } @{[@cfiles]};
```

Man kann auch etwas in einen eval-Block setzen, um davon eine Kopie zu erstellen:

```
@missing_h = grep { s/\.c$/\.h/ and !-e } eval {@cfiles};
```

Verwenden Sie in solchen Situationen die Blockform von eval, nicht die Zeichenkettenform, da die Blockform wesentlich effizienter ist (siehe Artikel 54).

Artikel 10

Vermeiden Sie die übermäßige Verwendung reservierter Zeichen

Perl-Programme neigen dazu, voll von besonderen Zeichen zu sein. Die übermäßige Verwendung solcher Zeichen macht ein Programm weniger gut lesbar; kluge Programmierer machen von Merkmalen Gebrauch, die es erlauben, Programme mit wesentlich weniger dieser Zeichen zu schreiben. Zum Beispiel gestattet Perl benutzerdefinierten Funktionen die Verwendung derselben Syntax ohne &, wie es eingebaute Funktionen tun:

- **Verschiedene syntaktische Möglichkeiten zum Funktionsaufruf**

`sub myfunc { ... };`	
`&myfunc(1, 2, 3);`	*Alte Schreibweise, explizites &.*
`myfunc(1, 2, 3);`	*Kein &.*
`myfunc 1, 2, 3;`	*Funktioniert, wenn* `myfunc` *schon deklariert wurde.*

Die traditionelle &-Syntax hat schon einen Zweck – sie stellt die einzige Möglichkeit zum Aufruf einer Subroutine dar, deren Name ein Schlüsselwort ist, z. B. &for. Die Syntax der Listenoperatoren funktioniert ohne & oder Klammern, wenn die Definition oder Deklaration der Funktion lexikalisch vor dem Funktionsaufruf erscheint. Das geht im allgemeinen gut, dennoch gibt es einige Fallen:

`myfunc 1, 2, 3;`	*FEHLER – kann nicht vor der Definition als Listen-*
`sub myfunc { };`	*operator verwendet werden.*
`myfunc 1, 2, 3;`	*FEHLER – die Definition muß der Verwendung lexi-*
`BEGIN { sub myfunc { } };`	*kalisch vorangehen.*
`eval "sub myfunc {}";`	*FEHLER – und sie muß auch zur Übersetzungszeit*
`myfunc 1, 2, 3;`	*vorhanden sein.*
`BEGIN { eval "sub myfunc {}" }`	*OK – aber seltsam.*
`myfunc 1, 2, 3;`	

Ein weiteres hilfreiches Merkmal ist die Addition der logischen Operatoren and und or mit superniedriger Präzedenz. (Es gibt auch das weniger prickelnde not und das in der Regel unbrauchbare xor.) Diese erlauben das Auslassen von Klammern in einer Reihe von Situationen:

■ **Benutzen Sie and und or anstelle von && und ||.**

Die Operatoren and und or ermöglichen das Auslassen runder Klammern um Listenoperatoren, Zuweisungen und Bindungen.

`print "hallo, " && print "tschüß.";`	*FALSCH –* tschüß.1
`print "hallo, " and print "tschüß.";`	*OK –* hallo, tschüß.

■ **Benutzen Sie and und or anstelle von && und ||.**

`$size = -s $file or`
`  die "$file hat die Größe`
`Null.\n";`
	die, wenn die Datei die Größe Null hat.

`$word =~ /magic/ or $moce = 'peon';`	`$mode = 'peon', es sei denn $word =~ /magic/` `;`

Denken Sie daran, daß vor einer schließenden geschweiften Klammer immer ein Semikolon wegfallen kann. Das ist gerade in Blöcken, die nur aus einer einzigen Anweisung bestehen, eine gute Idee, besonders, wenn solch ein Block als Argument für map, grep, do, eval oder ähnliches dient:

`@caps = map { uc $_; } @words;`	*Unnötiges Semikolon.*
`@caps = map { uc $_ } @words;`	*Sieht sauberer aus.*

Eine weitere Möglichkeit, runde und geschweifte Klammern loszuwerden, besteht darin, die Syntax des Anweisungsmodifikators oder der »rückwärtsgerichteten Bedingung« zu verwenden. Das ist praktisch, wenn man sich daran gewöhnt hat:

`if (/^END$/) { last }`	*Banal.*
`last if /^END$/;`	*Sieht das nicht besser aus?*

Artikel 11

Denken Sie auch an andere Möglichkeiten zum Einlesen aus einem Datenstrom

Der Zeileneingabe-Operator *<Dateizugriffskennung>* kann entweder dazu verwendet werden, eine einzelne Zeile aus einem Datenstrom in einen skalaren Kontext oder den gesamten Inhalt eines Datenstroms in einen Listenkontext einzulesen. Welche Methode man benutzen sollte, hängt vom Bedürfnis nach Effizienz, dem Zugriff auf die eingelesenen Zeilen und anderen Faktoren, wie der syntaktischen Zweckmäßigkeit, ab.

Die Methode, jeweils eine Zeile einzulesen, ist im Hinblick auf Speicherplatz die effizienteste und ist genauso schnell wie »gewöhnliche« Alternativen. Die implizite while (<>)-Form ist hinsichtlich der Geschwindigkeit äquivalent mit dem explizit ausgeschriebenen Code:

```
while (<FH>) {
  # Mache etwas mit $_
}
while (defined($line = <FH>)) {
  # Mache etwas mit $line
}
```

Die gewohnte, jeweils eine Zeile einlesende Schleife, die <FH> innerhalb von while verwendet.

Explizite Version – gleiche Logik.

Man beachte die Verwendung des defined-Operators. Dies verhindert, daß die Schleife eine Zeile ausläßt, wenn die allerletzte Zeile einer Datei das einzelne Zeichen »0« ohne abschließendes Zeilenendezeichen ist – kein wahrscheinlicher Fall, aber man kann nicht vorsichtig genug sein.

Eine ähnliche Syntax kann man mit der foreach-Schleife verwenden, um die ganze Datei in einer Operation in den Speicher einzulesen:

```
foreach (<FH>) {
  # Mache etwas mit $_
}
```

Lies die gesamte Datei in den Speicher ein und durchlaufe sie dann.

Die Methode, alles auf einmal einzulesen, verbraucht mehr Speicherplatz als die Methode, jeweils eine Zeile einzulesen, doch ist sie möglicherweise schneller. Möchte man nur die einzelnen Zeilen einer kurzen Datei durchgehen, ist es wahrscheinlich egal, welche Methode man verwendet. »Alles auf einmal« hat seine Vorteile in Kombination mit Operationen wie der Sortierung:

```
print sort <FH>;
```

Gib die nach ASCII sortierten Zeilen einer Datei aus.

»Alles auf einmal« ist angemessen, wenn Sie gleichzeitig auf mehr als eine Zeile zugreifen wollen:

- **Lesen Sie eine Datei auf einmal ein, um mehr als eine Zeile gleichzeitig zu manipulieren.**

`@f = <FH>;`	*Lies die gesamte Datei ein und schau ein »Fenster«*
`foreach ( 0..$#f ) {`	*von Zeilen an.*
`  if ($f[$_] =~ /\bShazam\b/) {`	*Suche nach* Shazam.
`    $lo = ($_ > 0) ? $_ - 1 : $_;`	
`    $hi = ($_ < $#f) ? $_ + 1 : $_;`	
`    print map { "$_: $f[$_]" } $lo`	*Gib drei zusammenhängende Zeilen mit Zeilennummern aus.*
`.. $hi;`	
`  }`	
`}`	

Viele dieser Situationen können auch durch das Einlesen jeweils einer Zeile behandelt werden, obwohl der Quelltext auf jeden Fall komplexer ist:

- **Benutzen Sie eine Warteschlange, um mehr als eine Zeile gleichzeitig zu manipulieren.**

`@f[0..2] = ("\n") x 3;`	*Initialisiere die Warteschlange.*
`for (;;) {`	
`  @f[0..2] = (@f[1, 2], scalar(<FH>));`	*Warteschlange mit einer Slice-Zuweisung.*
	Suche nach Shazam.
`  last if not defined $f[1];`	
`  if ($f[1] =~ /\bShazam\b/) {`	*Gib wieder drei zusammenhängende Zeilen mit Zeilennummern aus.*
`    print map`	
`      { ($_ + $. - 1) . ": $f[$_]" }`	
`0..2;`	
`  }`	
`}`	

Die Verwaltung einer Warteschlange von Textzeilen mit Slicezuweisungen macht diese Version langsamer als den äquivalenten »alles auf einmal«-Quelltext, doch funktioniert diese Technik für eine beliebig große Eingabe. Die Warteschlange sollte auch besser mit einer Indexvariablen anstatt einer Slice-zuweisung implementiert werden, was zwar zu einem komplexeren, aber schnelleren Programm führen würde.

Besteht das Ziel darin, einfach so schnell wie möglich eine Datei in den Speicher einzulesen, sollte man erwägen, `$/`, die Variable zur Eingabetrennung, zu löschen und die gesamte Datei als eine einzelne Zeichenkette einzulesen. Dies liest den Inhalt einer Datei oder eines Datenstroms wesentlich schneller ein als eine der obengenannten Alternativen:

```
{
  local $/;                        Keine Eingaben-Trennung.
  $the_file = <FH>;                Schlürf! Die gesamte Datei in $the_file.
}
```

Die Operatoren `read` und `sysread` schließlich sind nützlich, um schnell eine Datei durchzuschauen, wenn Zeilenbegrenzungen nicht wichtig sind:

■ **Benutzen Sie `read` und `sysread` für maximale Geschwindigkeit**

Vergleiche Dateien durch Lesen aus beiden Blöcken mit `sysread`.

```
open FH1, $file1 or die;              Öffne zwei Dateien.
open FH2, $file2 or die;
my $chunk = 4096;                     Größe des zu lesenden Blocks.
my ($bytes, $buf1, $buf2, $diff);     Richte Puffer etc. ein.
CHUNK: while ($bytes =
    sysread FH1, $buf1, $chunk) {     Lies einen Chunk aus FH1 ein.
  sysread FH2, $buf2, $chunk;         Lies einen Chunk aus FH2 ein.
  $diff++, last CHUNK if $buf1 ne     Vergleiche die beiden Chunks.
$buf2;
}
print "$file1 und $file2 unter-
  scheiden sich" if $diff;
```

Artikel 12

Verwenden Sie `foreach`, `map` und `grep` in angemessener Weise

In Perl gibt es mehrere unterschiedliche Möglichkeiten, über die Elemente einer Liste zu iterieren.

Unter Perl-Programmierern herrscht die starke Tendenz vor, eine `for`-Schleife und Indizes zu vermeiden, wenn sie durch eine Liste iterieren. Schleifen mit Indizes tendieren dazu, langsamer als Schleifen ohne Indizes zu sein, da Perl für die Auswertung von Indizes eine gewisse Zeit braucht. Darüber hinaus können Indizes nur in benannten Arrays verwendet werden.

Die meisten Programmierer verwenden statt dessen `foreach`, `map` oder `grep`. Die Möglichkeiten von `foreach`, `map` und `grep` überschneiden sich teilweise, jede ist aber für eine primäre Aufgabe entworfen worden. Diese Konstruktionen können leicht mißbraucht werden – man kann mit jeder fast jede Art von Schleife schreiben – das kann Sie und jeden anderen, der sich in Zukunft Ihren Quelltext ansieht, verwirren. Sie sollten sie angemessen einsetzen.

Verwenden Sie `foreach`, um lesend über die Elemente einer Liste zu iterieren

Möchten Sie nur die Elemente einer Liste durchlaufen, verwenden Sie `foreach`:

```
foreach $cost (@cost) {          Summiere die Werte in @cost.
  $total += $cost;
}
foreach $file (glob '*') {       Führe alle Textdateien im aktuellen Verzeichnis auf.
  print "$file\n" if -T $file;
}
```

Denken Sie daran, daß `foreach` als voreingestellte Kontrollvariable `$_` verwendet, wenn keine andere angegeben wird. Sie können aber immer auch das kürzere Schlüsselwort `for` anstatt `foreach` verwenden – Perl weiß, was Sie meinen.

```
foreach (1 .. 10) {              Gib die ersten 10 Quadratzahlen aus.
  print "$_: ", $_ * $_, "\n";
}
for (@lines) {                   Gib die erste mit From: beginnende Zeile aus.
  print, last if /^From:/;
}
```

Verwenden Sie map zur Erzeugung einer Liste, die auf dem Inhalt einer anderen Liste basiert

Wenn Sie eine umgewandelte Kopie einer Liste erzeugen wollen, verwenden Sie map:

@sizes = map { -s $_ } @files;   *Wandle eine Liste von Dateinamen in eine Liste von Dateigrößen um.*

Der »Umwandlungs«-Ausdruck oder -Block wird in einem Listenkontext ausgewertet. Manchmal kann es nützlich sein, eine leere Liste oder eine Liste mit mehr als einem Element zurückzugeben. Die Verwendung eines Vergleichsoperators innerhalb von map kann elegant sein:

■ **Benutzen Sie in** map m// **und Speicher, um eine Liste passender Teilketten zu bekommen.**

Die folgenden Beispiele verwenden beide den Vergleichsoperator m// *und runde Klammern innerhalb von* map. *In einem Listenkontext gibt* m// *eine Liste von aus dem Speicher für reguläre Ausdrücke gewonnenen Teilketten oder die leere Liste aus, wenn der Vergleich fehlschlägt.*

@stem = map { /(.*)\.txt$/ } @files;	*Finde alle Elemente von* @files, *die auf* .txt *enden und gib eine Liste ihrer »Stämme« zurück.*
($from) = map /^From:\s+(.*)$/, @message_lines;	*Setze* $from *auf den Text rechts von der ersten (hoffentlich einzigen?) Zeile, die mit* From: *anfängt.*

Aus Effizienzgründen ist $_ eigentlich ein Alias für das aktuelle Element in der Iteration. Wenn Sie $_ im Umwandlungsausdruck eines maps verändern, modifizieren Sie die Liste, die abgebildet wird. Das wird allgemein als schlechter Stil angesehen und, wer weiß, vielleicht verwirren Sie sich dadurch letztlich nur selbst. Wenn Sie den Inhalt einer Liste verändern wollen, verwenden Sie foreach (siehe unten).

Des weiteren sollten Sie sicherstellen, daß map einen vernünftigen Wert zurückgibt – verwenden Sie map nicht nur als Kontrollstruktur:

▼ map **sollte einen vernünftigen Wert zurückgeben.**

Dieses Beispiel verletzt zwei map *betreffende Regeln. Zuerst wird* $_ *durch* tr/// *verändert und daher* @elems. *Schlimmer noch, der Rückgabewert von* map *ist eine unsinnige Werteliste von* tr/// *– die Anzahl der von* tr/// *in jedem Element gelöschten Ziffern.*

map { tr/0-9//d } @elems;	WAHRSCHEINLICH FALSCH

▼ map **sollte seine Argumente nicht verändern.**

Dies liefert einen vernünftigen Wert zurück, aber tr/// *verändert immer noch* @elems.

@digitless = map { tr/0-9//d; $_ } @elems;	SCHLECHTER STIL

Wenn Sie `tr///`, `s///` oder etwas Ähnliches innerhalb von `map` benutzen müssen, verwenden Sie eine `my`-Variable, um Veränderungen an `$_` zu vermeiden:

- **Vermeiden Sie Änderungen an `$_` durch Verwendung einer `my`-Variable innerhalb von `map`.**

In diesem Beispiel betrifft die Anwendung von `tr///` auf `my $x` und die anschließende Rückgabe von `$x` das Array `@elems` nicht – unschön, aber es funktioniert.

```
@digitless = map {                  Trenne die Ziffern von den Elementen von @elems.
  (my $x = $_) =~ tr/0-9//d; $x
} @elems;
```

Artikel 14 und Artikel 60 enthalten weitere Beispiele zur Benutzung von `map`.

Verwenden Sie `foreach`, um Elemente einer Liste zu verändern

Wenn Sie wirklich die Elemente einer Liste verändern wollen, verwenden Sie `foreach`. Genauso wie bei `map` (und auch `grep`) ist die Kontrollvariable ein Alias für das aktuelle Element der Iteration. Die Veränderung der Kontrollvariablen modifiziert dieses Element.

```
foreach $num (@nums) {              Multipliziere alle Elemente von @nums mit 2.
   $num *= 2
}
for (@ary) { tr/0-9//d }            Trenne die Ziffern von den Elementen von @ary.
for (@elems) { s/\d//g }            Langsamere Version, die s/// verwendet.
for ($str1, $str2, $str3) {         Wandle $str1, $str2 und $str3 in Großschreibung
   $_ = uc $_;                      um.
}
```

Verwenden Sie `grep`, um Elemente in einer Liste auszuwählen

Der `grep`-Operator hat die Aufgabe, Elemente in einer Liste auszuwählen oder zu zählen. Darauf würden Sie nicht kommen, wenn Sie sich einige der kreativeren Mißbräuche von `grep` anschauen, die meistens von Programmierern ausgehen, die meinen, daß eine `foreach`-Schleife nicht ganz so cool ist wie ein `grep`. Hoffentlich kommen Sie beim Versuch, effektives Perl zu schreiben, nicht auf die schiefe Bahn.

Hier nun eine konventionelle Verwendung von `grep` in einem Listenkontext:

```
print grep /^joseph$/i, @lines;     Gib alle 'joseph'-Zeilen aus, ohne auf Groß- oder
                                    Kleinschreibung zu achten.
print grep                          Wahrscheinlich ein bißchen schneller.
  { lc($_) eq 'joseph' } @lines;
```

Übrigens wird das Argument des »Auswahl«-Ausdrucks oder -Blocks für grep in einem skalaren Kontext ausgewertet, anders als der Umwandlungsausdruck von map. Das wird selten einen Unterschied machen, aber es ist gut zu wissen.

In einem skalaren Kontext gibt grep die Anzahl der ausgewählten Elemente anstatt der eigentlichen Elemente zurück.

```
$has_false = grep !$_, @array;          Gibt die Anzahl von false-Elementen zurück.
$has_undef =                            Gibt die Anzahl von undef-Elementen zurück.
  grep !defined($_), @array;
```

Artikel 13

Setzen Sie nicht die falschen Anführungszeichen

Perl bietet eine Fülle von Möglichkeiten, um Zeichenketten zu »zitieren«.

Es gibt einfache Anführungszeichen, bei denen alles so bleibt »wie es ist«, mit Ausnahme der maskierten Backslashes und einfachen Anführungszeichen:

```
'Ist\'s nicht "niedlich"?'        Ist 's nicht "niedlich"?
```

Doppelte Anführungszeichen hingegen unterstützen alle Arten von Maskierungssequenzen. Da gibt es die aus C altbekannten \t, \n, \r etc. genauso wie oktale und hexadezimale ASCII-Maskierungen wie \101 und \x41:

```
"Test\neins\nzwei\ndrei"          Test
                                  eins
                                  zwei
                                  drei
"\x50\x65\x72\x6c\x21"            Perl!
```

Doppelte Anführungszeichen unterstützen auch die Interpolation der Inhalte von Variablen und indizierten Ausdrücken, die mit $ und @ anfangen. Elemente aus Arrays und Slices werden interpoliert, indem sie mit den Inhalten der speziellen Variable $" verbunden werden – normalerweise ein einzelnes Leerzeichen:

```
foreach $key (sort keys %hash) {     Gib die Schlüssel-Wert-Paare in %hash aus.
  print "$key: $hash{$key}\n";
}
@n = 1..3;
print "Teste @n\n";                  Teste 1 2 3
print "Teste @{n}sies\n";            Teste 1 2 3sies – Verwenden Sie {} um den Variablennamen herum, um zu verhindern, daß er mit dem folgenden Text vermischt wird.
```

Es gibt auch Maskierungen (\u, \U, \l, \L, \E), welche die Groß- oder Kleinschreibung der nachfolgenden Zeichen verändern:

```
$v = "sehr";
print "Ich bin \u$v \U$v\E         Ich bin Sehr SEHR müde!
müde!\n";
```

Ich habe noch gar nicht damit angefangen und werde auch nicht versuchen, in diesem Artikel alle Nuancen der Interpolation in doppelten Anführungszeichen zu erläutern. Eine vollständige Beschreibung mit allen blutrünstigen Einzelheiten findet sich auf der Manualseite zu perlop.

Alternativen zu Anführungszeichen: q, qq und qw

Manchmal ist es zum Einschließen von Zeichenketten hilfreich, andere Zeichen als einfache oder doppelte Anführungszeichen verwenden zu können. Dementsprechend ermöglicht Perl es Ihnen natürlich, *jedes* reservierte Zeichen zu verwenden, um Zeichenketten einzuschließen. Stellen Sie Ihrem Lieblingszeichen einfach q für eine in einfache Anführungszeichen eingeschlossene Zeichenkette oder qq für eine in doppelte Anführungszeichen eingeschlossene Zeichenkette voran:

```
q*Ein 'Sternchen' unter \*Stars\**      Ein 'Sternchen' unter *Stars*
qq|"Zitiert's" bitte nicht!|            "Zitiert's" bitte nicht!
```

Wenn Sie ein paariges Begrenzungszeichen (entweder (, [, < oder {) verwenden, dann ist das Ende der Zeichenkette das entsprechende schließende Begrenzungszeichen. Perl behält die Schachtelung im Auge, wenn es nach dem schließenden Begrenzungszeichen sucht:

```
qq<<<Zitiert's>> bitte nicht!>      <<Zitiert's>> bitte nicht!
```

Das ist besonders praktisch, wenn man es mit Perl-Quelltext in Anführungszeichen zu tun hat (in der Regel als Argument für eval – siehe Artikel 54):

■ **Benutzen Sie q{...} und/oder qq{...} zum Zitieren von Quelltext.**

`use Benchmark;`	*In Artikel 37 erfahren Sie mehr über* Benchmark.
`$b = 1.234;`	
`timethese (10, {`	q{} – *Quelltext in einfachen Anführungszeichen.*
`  'sin' => q{`	
`    for (1..10000) { $a = sin $b }`	
`  },`	
`  'log' => q{`	*Noch ein* q{}.
`    for (1..10000) { $a = log $b }`	
`  }`	
`});`	

Zu guter Letzt können Sie für die Erstellung einer Liste von Zeichenketten abkürzend mit qw (»quote words«) zitieren. Eine Zeichenkette innerhalb von qw wird durch Leerraumzeichen aufgespalten – zurückgegeben wird eine Liste von Zeichenketten:

```
@ISA = qw(Foo Bar Bletch);          @ISA = ('Foo', 'Bar', 'Bletch');
```

Machen Sie bitte nicht den Fehler, unbeabsichtigt Kommata innerhalb von qw zu setzen:

▼ **Setzen Sie keine Kommata in einem qw-Zitat.**

`@ISA = qw(Foo, Bar, Bletch);`	`@ISA = ('Foo,', 'Bar,', 'Bletch');` – *zusätzliche Kommata!*

Alternativen zu Anführungszeichen: Here-Dokumente

Die »Here-Dokumente« in Perl stellen eine weitere Möglichkeit zum Zitieren von Text dar. Viele von Ihnen kennen Here-Dokumente vielleicht schon – die in Perl leiten sich aus dem Unix Shell-Merkmal selben Namens ab.

Ein Here-Dokument fängt mit << an, gefolgt von einem Bezeichner und schließt ab, wenn dieser Bezeichner irgendwo weiter unten im Text alleine in einer Zeile steht. Die Zeichenkette beginnt in der Zeile *nach* <<. Ist der Bezeichner mit (einfachen, doppelten oder rückwärtsgerichteten) Anführungszeichen versehen, bestimmt der Typ der Anführungszeichen den Typ der im Here-Dokument eingeschlossenen Zeichenkette. Default ist eine Zeichenkette in doppelten Anführungszeichen:

```
$j = "Joseph"; $h = "Hall";
$m = '$10';
print <<EOT;
Lieber $j $h,

Sie haben vielleicht gerade $m
gewonnen!
EOT
print <<'XYZZY';
Lieber $j $h,

Sie haben vielleicht gerade $m
gewonnen!
XYZZY
```

Das Semikolon nach EOT *markiert das Ende von* print *– es ist nicht Teil der Zeichenkette!*
Lieber Joseph Hall,

Sie haben vielleicht gerade $10 gewonnen!

Jetzt in einfachen Anführungszeichen:
Lieber $j $h,

Sie haben vielleicht gerade $m gewonnen!

Here-Dokumente sind nützlich, um längere Textpassagen oder Quelltext zu zitieren. Ich verwende sie häufig beim Schreiben von CGI-Skripten.

Artikel 58 erklärt die Interpolation in doppelten Anführungszeichen näher.

Artikel 14

Lernen Sie die Myriaden von Sortiermöglichkeiten

ASCIIbetisches Sortieren

Auf der grundlegendsten Stufe stellt Sortieren in Perl die Einfachheit selbst dar. Perls sort-Operator bearbeitet eine Liste von Elementen und gibt eine Kopie dieser Liste in sortierter Reihenfolge zurück:

```
@elements = sort qw(        Ergibt
   Wasserstoff                 Helium
   Helium                      Lithium
   Lithium                     Wasserstoff
);
```

Die Sortierreihenfolge ist »ASCIIbetisch«, d. h. die Elemente werden durch den Vergleich der ASCII-Werte (nun, in Wirklichkeit nur ihrer numerischen Werte) des ersten, zweiten, dritten etc. Zeichens jedes Elements sortiert, wie es gerade notwendig ist.[9] Das führt zu einigen interessanten Ergebnissen:

```
print join ' ', sort 1 .. 10;        1 10 2 3 4 5 6 7 8 9, da '10' lt '2'.
print join ' ',                      Flöhe Hund hat mein, da Großschreibung lt
   sort qw(mein Hund hat Flöhe);     Kleinschreibung.
```

Hmm. Wenn der ASCIIbetische Vergleich Ihnen nicht zusagt, müssen Sie eine Sortier(sub)routine schreiben.

Vergleichs- (Sortier-) Subroutinen

Eine Perl-Sortierroutine ist kein vollständiger Sortieralgorithmus. Eine bessere Bezeichnung wäre vielleicht »Vergleichssubroutine«.

Sortierroutinen unterscheiden sich von gewöhnlichen Subroutinen dadurch, daß die Argumente durch die fest verdrahteten Variablennamen $a und $b anstatt als Elemente von @_ übergeben werden.[10] $a und $b werden für die Sortierroutine in einen lokalen Kontext gebracht, als stünde ein implizites local($a, $b) am Anfang der Sortieroperation.

---

9. Leser, die sich der 8 Bit bewußt sind, bevorzugen vielleicht »nach Zeichen sortiert« statt »ASCIIbetisch«, aber weder das noch »zeichenbetisch« geht leicht von der Zunge. Ich bevorzuge den eher schillernden Ausdruck.

10. @_ ist vielleicht in einer Sortierroutine vorhanden, aber wenn das so ist, bezieht es sich auf das @_ aus dem Gültigkeitsbereich jener Subroutine, in den es zuletzt eingetreten ist – nicht ganz das, was man erwarten würde!

$a und $b werden von `use strict vars` »verabschiedet« – sie müssen nicht explizit deklariert werden (siehe Artikel 36). Sie gehören zum aktuellen Paket, was nicht (notwendigerweise) das `main`-Paket ist.

Die Sortierroutine wird während des Sortierens fortlaufend aufgerufen. Ihre Aufgabe ist es, $a und $b miteinander zu vergleichen und -1, 0 oder 1 zurückzuliefern, abhängig davon, ob $a als kleiner, gleich oder größer als $b einsortiert wird. Wenn das an `qsort()` von C erinnert, sollte es das auch, denn üblicherweise verwendet Perl das `qsort()` aus der C-Standardbibliothek.

Perls eingebautes Sortierverhalten arbeitet so, als würden die Elemente ASCIIbetisch mit dem `cmp`-Operator verglichen:

```
sub ASCIIbetically { $a cmp $b }      Eine Sortierroutine.
@list = sort ASCIIbetically @list;    Dasselbe wie @list = sort @list.
```

Hier haben wir eine Subroutine mit der Bezeichnung `ASCIIbetically` verwendet, um die Sortierreihenfolge anzugeben. Um diese zu ändern, verändert man die Art, in der $a und $b miteinander verglichen werden. Zur numerischen Sortierung ersetzt man z. B. den `cmp`-Operator mit `<=>` (siehe Artikel 4):

■ **Numerische Sortierung unter Verwendung des (Raumschiff-) Operators in <=>**

```
sub numerically { $a <=> $b }         Eine numerische Sortierroutine.
@list = sort numerically              (1, 2, 4, 8, 16, 32)
  (16, 1, 8, 2, 4, 32);
```

Für eine präzisere Art der Benutzung einer Sortierroutine schreibt man einen *Sortierblock*. Man plaziert den Rumpf der Subroutine genau dahin, wo der Name der Subroutine stünde:

■ **Schreiben Sie konzise Sortierungen mit Sortierblöcken.**

```
@list = sort { $a <=> $b }            Ein Sortierblock.
  (16, 1, 8, 2, 4, 32);               (1, 2, 4, 8, 16, 32)
```

Hier einige weitere Beispiele:

```
@list = sort { uc($a) cmp uc($b) }    Sortiere, ohne auf Groß- oder Kleinschreibung zu achten:
  qw(Dies ist ein Test);              ('Dies', 'ein', 'ist', 'Test')
@list = sort { $b cmp $a } @list;     Sortiere in der umgekehrten Reihenfolge – vertausche
                                      einfach $a und $b.
@list = sort { -M $a <=> -M $b }      Sortiere anhand des Zeitpunkts, an dem die Datei
  @files                              zuletzt geändert wurde – eine effizientere Version folgt
                                      später.
```

Modifizieren Sie *nicht* $a und $b. Sie sind Aliase für die ursprünglichen Elemente und wenn man sie verändert, modifiziert man die Originalwerte. Ihre Veränderung könnte auch (zusätzlich zu anderen unerwünschten Nebenwirkungen) eine inkonsistente Sortierreihenfolge hervorrufen, die in Perl die Angewohnheit hat, Speicherabzüge oder Abstürze auszulösen. Es folgt ein Beispiel für solch einen schlimmen Fall:

▼ **Verändern Sie in einer Subroutine nicht $a oder $b**

```
@list = sort {
    $a =~ tr/A-Z/a-z/;          Modifiziert $a – SCHLECHT.
    $b =~ tr/A-Z/a-z/;          Modifiziert $b – SCHLECHT.
    $a cmp $b
} qw(Dies ist ein Test);
```

Ab und zu entsteht die Notwendigkeit, die Schlüssel eines Hashes nach ihren entsprechenden Werten zu sortieren. Für solche Fälle gibt es ein elegantes Idiom:

■ **Benutzen Sie** $hash{$a} **und** $hash{$b}**, um Hashschlüssel nach ihren entsprechenden Werten zu sortieren.**

```
%elems = (B => 5, Be => 4,
    H => 1, He => 2, Li => 3);
                                Hier werden Schlüssel numerisch nach ihren Werten
@list = sort { $elems{$a} <=>   sortiert:
$elems{$b} }
    keys %elems;                ('H', 'He', 'Li', 'Be', 'B')
```

Schließlich wollen Sie vielleicht Mehrfachschlüssel sortieren. Dafür gibt es ein Standardidiom, das den or-Operator nutzt. Hier nun ein leicht konstruiertes Beispiel:

■ **Benutzen Sie den or-Operator zur Sortierung von Mehrfachschlüsseln**

```
@first = qw(John Jane Bill Sue   Einige Anfangsdaten.
Carol);
@last = qw(Smith Smith Jones Jones
Smith);
@index = sort {                  Sortiere nach
    $last[$a] cmp $last[$b] or     Nachname, dann nach
    $first[$a] cmp $first[$b]      Vorname.
} 0 .. $#first;
for (@index) {                   Jones, Bill
    print "$last[$_], $first[$_]\n";  Jones, Sue
}                                Smith, Carol, etc.
```

Hier sortieren wir eigentlich eine Liste von Indizes – etwas, das man sehr häufig tut. Was Sie sich merken sollten, ist die Verwendung des Booleschen Operators or in der Sortierroutine. Bei jedem Aufruf der Sortierroutine wird der links vom or stehende Teil des Ausdrucks zuerst ausgewertet. Ist dieser Wert ungleich Null, also *true*, – in diesem Fall bedeutet das, daß $a als nicht gleich zu $b ausgewertet wird – dann gibt or diesen Wert zurück, und wir sind fertig. Andernfalls wertet Perl den Vergleich auf der rechten Seite aus und gibt diesen Wert zurück.

Beachten Sie, daß dies nicht funktionieren würde, wenn der or-Operator in Perl (oder sein Cousin mit der höheren Präzedenz ||) nur 1 oder 0 zurückgeben würde. Es funktioniert nur aufgrund der Tatsache, daß or den tatsächlichen, auf der linken oder rechten Seite berechneten Wert zurückgibt.

Sortieren für Fortgeschrittene: Schlicht und einfach

Manchmal ist spürbare Rechenleistung notwendig, um zwei Schlüssel miteinander zu vergleichen. Sortieren wir z. B. das dritte Feld eines Paßworteintrags:

```
open PASSWD, "/etc/passwd" or die;    Das dritte Feld enthält die numerische Benutzerken-
@by_uid = sort {                      nung, vergessen Sie also nicht, mit <=> zu
  (split /:/, $a)[2] <=>              vergleichen.
  (split /:/, $b)[2]
} <PASSWD>;
```

Auf den ersten Blick sieht das gut aus. Es sortiert tatsächlich die Zeilen in der geforderten Reihenfolge. Dennoch führt es beim Aufruf der Sortierroutine auch jeweils zweimal die relativ komplexe split-Operation durch.

Eine Sortierroutine wird üblicherweise mehrmals für jeden Schlüssel aufgerufen. Vergleichsbasierte Sortieralgorithmen arbeiten in der Größenordnung von *n* log *n* Vergleichen pro Sortierung, wobei *n* die Anzahl der sortierten Elemente ist. Für schnelle Sortiervorgänge muß man die Vergleiche schnell machen. Müssen Schlüssel vor dem Vergleich signifikant umgeformt werden, dann muß man eine Möglichkeit finden, das Ergebnis der Umwandlung zwischenzuspeichern.

Im obigen Fall könnte man es ungefähr so machen:

```
open PASSWD, "/etc/passwd" or die;    Lies die Zeilen nach @passwd ein.
@passwd = <PASSWD>;
%key = map                            Erzeuge einen Hash – Schlüssel sind vollständige Zei-
  { $_, (split /:/)[2] } @passwd;     len der Paßwortdatei; Werte sind die
                                      Benutzerkennungen.
@by_uid = sort {                      Sortiere nun die Schlüssel (Zeilen) mit den Werten
  $key{$a} <=> $key{$b}               (Benutzerkennungen). Jetzt verwenden wir kein teu-
} @passwd;                            res split.
```

Man beachte die Verwendung von map, um eine Liste zurückzugeben, die zum Vergleichs-Hash wird. Mag man map nicht, kann man es statt dessen so schreiben:

```
for (@passwd) { $key{$_} = (split /:/)[2] }
```

Schaut man sich das an, stellt man fest, daß die Schlüssel dieses Hashes ganze Zeilen der Kennwortdatei sind! Gefällt einem das nicht, kann man denselben Effekt durch Verwendung von Arrayindizes erzielen, was aber ein wenig mehr an Quelltext benötigt und etwas schwerer zu lesen ist:

```
open PASSWD, "/etc/passwd" or die;
@passwd = <PASSWD>;
@key = map
   { (split /:/)[2] } @passwd;
@by_uid_index = sort {
   $key[$a] <=> $key[$b]
} 0 .. $#key;
@by_uid = @passwd[@by_uid_index];
```
Erzeuge ein Array @key, *das nur die Schlüssel (Benutzerkennungen) enthält.*
Sortiere die Indizes unter Verwendung des @key-*Arrays.*

Ordne nun die Inhalte von @passwd *in ihrer sortierten Reihenfolge neu an.*

Oder man kombiniert einfach die letzten beiden Anweisungen:

```
@by_uid = @passwd[sort { $key[$a] <=> $key[$b] } 0 .. $#key];
```

Nun, dies funktioniert und ist auch ausreichend effizient, aber es gibt schönere, eher dem Stil von Perl entsprechende Wege zu dieser Lösung.

Sortieren für Fortgeschrittene: Die coolen Möglichkeiten

Durch Entwurf (oder vielleicht Ausprobieren oder vielleicht nur durch Zufall) haben Perl-Programmierer einige nützliche Idiome zur Implementierung komplexer Sortiertransformationen gefunden.

Eines der Dinge, die in den obigen Beispielen nicht ideal gelöst sind, ist die Notwendigkeit einer separaten Anweisung, die ein Array oder einen Hash mit umgewandelten Schlüsseln erzeugt. Einer Möglichkeit, das zu umgehen, habe ich den Spitznamen »Orcsches Manöver«[11] verliehen. Es verwendet den wenig bekannten ||=-Operator. Schauen wir uns noch einmal das schon vorher gesehene Beispiel an, welches Dateinamen anhand ihres Änderungsdatums sortiert hat:

■ **Benutzen Sie das Orcsche Manöver zur Zwischenspeicherung von Schlüsseltransformationen.**

Hier nochmal die alte Art:
```
@sorted = sort { -M $a <=> -M $b }    -M wird zu oft benutzt.
@files;
```

---

11. Der »or-Cache« ... Arrgh.

■ Benutzen Sie das Orcsche Manöver zur Zwischenspeicherung von Schlüsseltransformationen.

Jetzt unter Verwendung des Orcschen Manövers:

```
@sorted = sort {
  ($m{$a} ||= -M $a) <=>
  ($m{$b} ||= -M $b)
} @files;
```
Der ||=-Operator speichert die von -M zurückgegebenen Werte im Hash %m zwischen – während die Sortierung läuft.

Wow! Was zum Teufel geht hier ab?

Man beachte zuerst, daß

```
$m{$a} ||= -M $a
```

dieselbe Semantik besitzt wie:

```
$m{$a} = $m{$a} || -M $a
```

Trifft die Sortierroutine das erste Mal auf einen bestimmten Dateinamen $a, dann hat $m{$a} den Wert undef, was *false* ist; somit muß die rechte Seite von ||, -M $a, ausgewertet werden. Da dies Perl ist und nicht C, gibt der ||-Operator das tatsächliche Ergebnis der rechten Seite zurück und nicht einen einfachen 0 oder 1, »*true* oder *false*«-Wert. Dieser Wert wird nun $m{$a} zugewiesen. Nachfolgende Tests auf denselben Dateinamen verwenden die in $m{$a} zwischengespeicherten Änderungszeitpunkte.

Der Hash %m ist eine temporäre Variable und sollte bei Aufruf dieser Sortieranweisung leer oder undefiniert sein. Man könnte diese Zeile in geschweifte Klammern einschließen und %m zu einer my-Variable machen, ungefähr so:

```
... { my %m; @sorted = sort ... };
```

Die präziseste und vielfältigste Sortiertechnik ist allerdings die »Schwartzsche Transformation«, die natürlich nach Randal Schwartz benannt ist.[12] Eine Schwartzsche Transformation ist ein durch maps eingeklammertes sort.

Hinweis: Die Schwartzsche Transformation verwendet Referenzen – wenn Sie damit noch nicht vertraut sind, könnte die Lektüre von Artikel 30 hilfreich sein, bevor Sie mit diesem Artikel weitermachen.

Die Schwartzsche Transformation erläutert man am besten, indem man sie Stück für Stück aufbaut. Greifen wir noch einmal das vorige Beispiel der Sortierung nach dem Änderungsdatum auf und machen es effizienter. Fangen wir zuerst mit den Dateinamen an:

```
@names = <*>;
```

---

12. Aber nicht *von* Randal Schwartz benannt – das ist eine lange Geschichte.

Wandeln wir nun die Namen in eine Liste gleicher Länge zweielementiger anonymer Listen:

```
@names_and_ages = map { [$_, -M] } @names;
```

Jedes Element ist jetzt eine Referenz auf eine zweielementige Liste – ein »Tupel«. Das erste Element jedes Tupels ist der Originalname (aus $_), während das zweite Element das Alter der Änderung in Tagen darstellt (aus -M, impliziertes $_ Argument).

Im nächsten Schritt sortieren wir diese Liste von Referenzen, indem wir sort in einem Sortierblock verwenden:

```
@sorted_names_and_ages = sort {
   $a->[1] <=> $b->[1]
} @names_and_ages;
```

Innerhalb des Sortierblocks stellen $a und $b Elemente des Arrays @names_and_ages dar. Daher sind $a und $b Arrayreferenzen, während $a->[1] das zweite Element eines ausgewählten Tupels repräsentiert, welches das Alter in Tagen enthält. Der Reingewinn ist, daß die Tupel numerisch nach aufsteigendem Alter sortiert werden (man beachte den Raumschiff <=>-Operator).

Jetzt haben wir es schon fast geschafft – nun müssen wir nur noch die Originalnamen aus jedem Tupel extrahieren. Ganz einfach noch einmal map:

```
@sorted_names = map { $_->[0] } @sorted_names_and_ages;
```

Und das war alles. Aber für den geübten Perl-Hacker ist das viel zu langatmig, so daß wir es hier noch einmal zur Schwartzschen Transformation zusammengefaßt haben:

■ **Benutzen Sie die Schwartzsche Transformation bei Sortierungen mit teuren Schlüsseltransformationen**

@sorted_names =	
map { $_->[0] }	*4. Extrahiere die Originalnamen.*
sort { $a->[1] <=> $b->[1] }	*3. Sortiere [Name, Schlüssel]-Tupel.*
map { [$_, -M] }	*2. Erzeuge [Name, Schlüssel]-Tupel.*
@files;	*1. Die Eingangsdaten.*

Lesen Sie das von unten nach oben und Sie werden sehen, daß es dasselbe bewirkt wie die einzelnen Anweisungen oben – aber jetzt haben wir alle Schritte zusammengefaßt.

Einfache Sortierungen mit einem einzelnen Schlüssel und einer einzigen Transformation können obiges Muster verwenden, indem sie das am weitesten rechts stehende map und, wenn nötig, den Vergleichsoperator verändern. Hier nun die unter Verwendung einer Schwartzschen Transformation mit dem dritten Feld sortierte Paßwort-Datei:

```
open PASSWD, "/etc/passwd" or die;      Öffne die Datei.
@by_uid =
  map { $_->[0] }
  sort { $a->[1] <=> $b->[1] }          Verwende <=> zum Vergleich der Kennungen.

  map { [$_, (split /:/)[2]] }          Erzeuge [Zeile, Benutzerkennung]-Tupel.
  <PASSWD>;
```

Beachten Sie, um wieviel kürzer dies ist. Wir sind den Hash %key losgeworden, den wir brauchten, um die umgewandelten Schlüssel zwischenzuspeichern. Wir können auch das @passwd-Array eliminieren und die Eingabe direkt aus der Dateizugriffskennung an die Schwartzsche Transformation übergeben. Das Beste an der Schwartzschen Transformation ist aber, daß sie scheinbar die schnellste Möglichkeit zur Durchführung solch komplizierter Sortierungen wie dieser bietet. Schnell *und* knapp – das ist doch eine gute Kombination!

Reguläre Ausdrücke

Reguläre Ausdrücke sind das offensichtlichste Hochsprachenmerkmal von Perl. Ein einziger Mustervergleich in Perl – selbst ein einfacher – kann dieselbe Funktion erfüllen, die in anderen Sprachen viele Zeilen lang ist. Mustervergleiche, besonders in Verbindung mit der Behandlung von Zeichenketten und Listen in Perl, stellen Möglichkeiten zur Verfügung, die in anderen Programmiersprachen nur sehr schwer nachzuahmen sind.

Die Mächtigkeit regulärer Ausdrücke ist eine Sache. Sie zu nutzen, eine andere. Um die Vorteile regulärer Ausdrücke in Perl vollständig ausschöpfen zu können, sind sowohl Erfahrung als auch Verständnis erforderlich. Reguläre Ausdrücke flüssig zu beherrschen, mag Ihnen als schwierige Aufgabe erscheinen, aber ich empfehle es Ihnen. Beherrschen Sie erst einmal reguläre Ausdrücke in Perl, werden Ihre Programme schneller, kürzer und einfacher zu schreiben sein. Mit anderen Worten *effektiver* – deswegen lesen Sie doch dieses Buch, oder?

Dieser Abschnitt erläutert viele häufig anzutreffende Themen, die mit regulären Ausdrücken zu tun haben. Er ist allerdings nicht als Referenz gedacht. Eine vollständige Beschreibung regulärer Ausdrücke und Perl enthalten die Manualseiten zu Perl und/oder das Kamel-Buch. Eine sehr aufschlußreiche und extrem gründliche Betrachtung regulärer Ausdrücke, die sich weit über Perl hinaus erstreckt, finden Sie in Jeffrey Friedls hervorragendem Buch *Reguläre Ausdrücke*, das sogenannte »Coole Eulen-Buch«.

Artikel 15

Merken Sie sich die Präzedenz der Operatoren für reguläre Ausdrücke

Es heißt »Ausdruck« in »regulärer Ausdruck«, weil reguläre Ausdrücke anhand grammatischer Regeln konstruiert und analysiert (geparst) werden, die denen für arithmetische Ausdrücke gleichen. Obwohl reguläre Ausdrücke ganz unterschiedlichen Zwecken dienen, wird das Verständnis der Ähnlichkeiten zwischen ihnen bei der Erstellung besserer regulärer Ausdrücke helfen und dementsprechend zu besserem Perl führen.

Reguläre Ausdrücke bestehen in Perl aus *Atomen*. Atome werden durch *Operatoren* wie Wiederholung, Sequenz und Alternation miteinander verbunden. Die meisten Atome regulärer Ausdrücke sind Vergleiche einzelner Zeichen. Beispiele:

a	*Paßt auf den Buchstaben* a.
\$	*Paßt auf das Zeichen* $ – *Der Backslash maskiert Metazeichen.*
\n	*Paßt auf das Zeilenendezeichen.*
[a-z]	*Paßt auf einen Kleinbuchstaben.*
.	*Paßt auf jedes Zeichen außer* \n.
\1	*Paßt auf den Inhalt des ersten Speicherplatzes – willkürliche Länge.*

Darüber hinaus gibt es Atome mit sogenannter »Nullweite« (engl. *zero-width*). Zum Beispiel:

\b	*Wortgrenze – Übergang von* \w *zu* \W.
^	*Paßt auf den Anfang einer Zeichenkette.*
\Z	*Paßt auf das Ende einer Zeichenkette oder das Zeichen vor dem Zeilenendezeichen am Ende.*

Atome werden durch Operatoren für reguläre Ausdrücke modifiziert und/oder miteinander verbunden. Wie schon bei arithmetischen Ausdrücken gibt es auch hier eine Reihenfolge der Präzedenz der jeweiligen Operatoren:

Präzedenz	Operator	Beschreibung
Höchste	( ), (?:), etc.	Runde Klammern und andere gruppierende Operatoren
	?, +, *, {m,n}, +?, etc.	Wiederholung

Tabelle 1: Präzedenz der Operatoren in regulären Ausdrücken

Präzedenz	Operator	Beschreibung
	^abc	Sequenz (siehe unten)
Niedrigste	|	Alternation

Tabelle 1: Präzedenz der Operatoren in regulären Ausdrücken (Forts.)

Glücklicherweise gibt es nur vier Präzedenzebenen – stellen Sie sich vor, es gäbe so viele wie für arithmetische Ausdrücke! Runde Klammern und die anderen gruppierenden Operatoren[13] besitzen die höchste Präzedenz.

Ein *Wiederholungsoperator* ist fest an sein Argument gebunden, das entweder ein einzelnes Atom oder ein gruppierender Operator ist:

ab*c	*Paßt auf* ac, abc, abbc, abbbc, *etc.*
abc*	*Paßt auf* ab, abc, abcc, abccc, *etc.*
ab(c)*	*Dasselbe und speichert das tatsächlich gefundene* c.
ab(?:c)*	*Dasselbe, speichert aber nicht das* c.
abc{2,4}	*Paßt auf* abcc, abccc, abcccc.
(abc)*	*Paßt auf die leere Zeichenkette*, abc, abcabc, *etc.; speichert* abc.

Stellt man zwei Atome nebeneinander, nennt man dies *Sequenz*. Die Sequenz ist eine Art Operator, obwohl sie ohne reserviertes Zeichen geschrieben wird. Das entspricht dem unsichtbaren Multiplikationsoperator in einem mathematischen Ausdruck wie $y = ax + b$. Um dies zu veranschaulichen, nehmen wir an, die Sequenz würde in Wirklichkeit durch das Zeichen »•« repräsentiert. Dann würden die obigen Beispiele so aussehen:

a•b*•c	*Paßt auf* ac, abc, abbc, abbbc, *etc.*
a•b•c*	*Paßt auf* ab, abc, abcc, abccc, *etc.*
a•b•(c)*	*Dasselbe und speichert das tatsächlich gefundene* c.
a•b•(?:c)*	*Dasselbe, speichert aber nicht das* c.
a•b•c{2,4}	*Paßt auf* abcc, abccc, abcccc.
(a•b•c)*	*Paßt auf die leere Zeichenkette*, abc, abcabc, *etc.; speichert* abc.

Der letzte Eintrag in der Präzedenztabelle ist die *Alternation*. Verwenden wir für einen Augenblick noch die »•«-Notation:

e•d|j•o	*Paßt auf* ed *oder* jo.
(e•d)|(j•o)	*Dasselbe.*
e•(d|j)•o	*Paßt auf* edo *oder* ejo.
e•d|j•o{1,3}	*Paßt auf* ed, jo, joo, jooo.

---

13. In Perl 5 wurde eine Vielzahl neuer gruppierender Operatoren eingeführt.

Die Atome mit Nullweite, z.B. ^ und \b, gruppieren auf dieselbe Art wie andere Atome:

`^e•d|j•o$`	*Paßt auf* ed *am Anfang*, jo *am Ende.*
`^(e•d|j•o)$`	*Paßt genau auf* ed *oder* jo.

Die Präzedenz vergißt man leicht. Die Entfernung überflüssiger runder Klammern ist besonders innerhalb regulärer Ausdrücke ein nobles Streben – seien Sie aber vorsichtig und entfernen Sie nicht zu viele:

`/^Sender|From:\s+(.*)/;`	*FALSCH – würde passen auf:*
	 `X-Not-Really-From: faker`
	 `Senderella is misspelled`

Dieses Muster sollte `Sender:`- und `From:`-Zeilen eines E-Mail-Headers finden, in Wirklichkeit paßt es aber auf etwas anderes. Hier nun mit einigen zusätzlichen runden Klammern zur Verdeutlichung der Präzedenz:

`/(^Sender)|(From:\s+(.*))/;`

Das Problem ist behoben, wenn man ein Paar runder Klammern oder vielleicht der speicherlosen runden Klammern (?:…) hinzufügt:

`/^(Sender|From):\s+(.*)/;`	$1 *enthält* Sender *oder* From. $2 *hat die Daten.*
`/^(?:Sender|From):\s+(.*)/;`	$1 *enthält die Daten.*

Interpolation innerhalb doppelter Anführungszeichen

Reguläre Ausdrücke in Perl gehorchen derselben Interpolation wie Zeichenketten in doppelten Anführungszeichen.[14] Interpolierte Variablen und Zeichenkettenmaskierungen wie \U und \Q sind *keine* Atome regulärer Ausdrücke und werden nie von der parsenden Instanz bearbeitet. Die Interpolation findet in einem einzigen Durchgang statt, bevor ein regulärer Ausdruck geparst wird:

`/te(st)/;`	*Paßt auf* test *in* $_.
`/\Ute(st)/;`	*Paßt auf* TEST.
`/\Qte(st)/;`	*Paßt auf* te(st).
`$x = 'test';`	
`/$x*/;`	*Paßt auf* tes, test, testt, *etc.*
`/test*/;`	*Dasselbe wie* /$x*/.

---

14. Nun, mehr oder weniger. Der $-Anker erfährt eine Sonderbehandlung, so daß er nicht immer als Präfix einer skalaren Variable interpretiert wird.

Die Interpolation innerhalb doppelter Anführungszeichen und die separate Analysephase für reguläre Ausdrücke ergeben kombiniert einige typische Fallstricke. Im folgenden wird beschrieben, was z. B. passieren kann, wenn man vergißt, daß eine interpolierte Variable kein Atom ist:

Lies ein Muster nach $pat *ein und finde zwei aufeinanderfolgende Vorkommen davon.*

```
chomp($pat = <STDIN>);                    Zum Beispiel bob.
print "Stimmt überein\n" if /$pat{2}/;    FALSCH – /bob{2}/.
print "Stimmt überein\n" if /($pat){2}/;  RICHTIG – /(bob){2}/.
print "Stimmt überein\n" if /$pat$pat/;   Mit der Brechstange.
```

Tippt der Benutzer in diesem Beispiel bob ein, paßt der erste reguläre Ausdruck auf bobb, weil der Inhalt von $pat vor der Interpretation des regulären Ausdrucks expandiert wird.

Alle drei regulären Ausdrücke in diesem Beispiel besitzen eine weitere mögliche Falle. Angenommen, der Benutzer gibt die Zeichenkette »hello :-)« ein. Das wird einen fatalen Laufzeitfehler auslösen. Das Ergebnis der Interpolation dieser Zeichenkette nach /($pat){2}/ ist /(hello :-)){2}/, was, abgesehen von der Unsinnigkeit, ungleichmäßig gesetzte runde Klammern besitzt.

Möchte man nicht, daß Sonderzeichen wie runde Klammern, Sternchen, Punkte und so weiter als Metazeichen regulärer Ausdrücke interpretiert werden, verwendet man den quotemeta-Operator oder die Maskierung \Q. Sowohl quotemeta als auch \Q setzen einen Backslash vor jedes Zeichen, das nicht Buchstabe, Zahl oder Unterstrich ist:

```
chomp($pat = <STDIN>);                        Zum Beispiel hello :-).
$quoted = quotemeta $pat;                     Jetzt hello\ \:\-\).
print "Stimmt überein\n" if /($quoted){2}/;   »Sicher« für den Vergleich.
print "Stimmt überein\n" if /(\Q$pat\E){2}/   Ein anderer Ansatz.
;
```

Genau wie bei scheinbar allen anderen Dingen, die mit regulären Ausdrücken zusammenhängen, können winzige Fehler beim Zitieren von Metazeichen zu seltsamen Fehlern führen:

```
print "Stimmt überein\n" if /(\Q$pat){2}/;    FALSCH – Kein \E ... bedeutet
                                              /hello \ \:\-\){2\}/.
```

Artikel 16

Verwenden Sie den Speicher für reguläre Ausdrücke

Obwohl reguläre Ausdrücke praktisch bei der Bestimmung sind, ob eine Zeichenkette so oder anders aussieht, besteht ihr größter Nutzen darin, das Parsen der Inhalte einer Zeichenkette zu unterstützen, wenn erst einmal eine Übereinstimmung gefunden worden ist. Zur Auftrennung von Zeichenketten mit regulären Ausdrücken muß man den Speicher für reguläre Ausdrücke verwenden.

Die Speichervariablen: $1, $2, $3 und so weiter

Am häufigsten wird das Parsen mit regulären Ausdrücken unter Verwendung der *Speichervariablen* für reguläre Ausdrücke $1, $2, $3 und so weiter durchgeführt. Speichervariablen werden mit runden Klammern innerhalb regulärer Ausdrücke assoziiert. Jedes Paar runder Klammern in einem regulären Ausdruck »speichert«, womit sein Inhalt übereinstimmt. Ein Beispiel:

```
$_ = 'http://www.perl.org/         Speichere den Hostnamen und den auf http:// fol-
index.html';                       genden Pfad.
m#^http://([^/]+)(.*)#;
print "Host = $1\n";               Host = www.perl.org
print "Pfad = $2\n";               Pfad = /index.html
```

Nur *geglückte* Vergleiche wirken sich auf die Speichervariablen aus. Fehlgeschlagene Vergleiche verändern die Speichervariablen nicht, auch nicht, wenn es so aussieht, als könnte ein Teil des Vergleichs glücken:

Fortsetzung von oben:

```
$_ = 'ftp://ftp.uu.net/pub/';      ftp stimmt nicht mit http überein.
m#^http://([^/]+)(.*)#;            Dasselbe Muster wie oben.
print "Host = $1\n";               Immer noch www.perl.org.
print "Pfad = $2\n";               Immer noch /index.html.
```

Paßt ein Paar runder Klammern auf mehrere verschiedene Stellen in einer Zeichenkette, enthält die entsprechende Speichervariable die *letzte* Übereinstimmung:

```
$_ = 'ftp://ftp.uu.net/pub/        Das letzte Fragment des Pfades wird in $2
systems';                          gespeichert.
m#^ftp://([^/]+)(/[^/]*)+#;
print "Host = $1\n";               Host = ftp.uu.net
print "Fragment = $2\n";           Fragment = /systems
                                   Aber zuerst wurde /pub gefunden.
```

In Fällen geschachtelter runder Klammern *zählt man die linken runden Klammern,* um festzustellen, welcher Speichervariablen ein bestimmtes Paar runder Klammern entspricht:

```
$_ = 'ftp://ftp.uu.net/pub/
systems';
m#^ftp://([^/]+)((/[^/]*)+)#;
print "Host = $1\n";
print "Pfad = $2\n";
print "Fragment = $3\n";
```

Dieses Muster entspricht dem des letzten, nimmt aber auch den kompletten Pfad auf.

Host = ftp.uu.net
Pfad = /pub/systems
Fragment = /systems

Die Regel »Zählen Sie die linken runden Klammern« läßt sich auf alle regulären Ausdrücke anwenden, sogar solche mit Alternation:

```
$_ = 'ftp://ftp.uu.net/pub';
m#^((http)|(ftp)|(file)):#;
print "Protokoll = $1\n";
print "http = $2\n";
print "ftp = $3\n";
print "Datei = $4\n";
```

Nimm einfach den ersten Teil einer URL (das Protokoll).

Protokoll = ftp
http =
ftp = ftp
Datei =

Die spezielle Variable $+ enthält den Wert des letzten nichtleeren Speicherplatzes:

Fortsetzung von oben:
```
print "\$+ = $+\n";
```
$+ = ftp

Die Parade der Kinkerlitzchen geht weiter! Speichervariablen werden automatisch von jedem neuen Gültigkeitsbereich in einen lokalen Bereich gebracht. Mit einem einzigartigen Trick bekommen die lokalen Variablen *Kopien* der Werte aus dem äußeren Gültigkeitsbereich – dies steht im Gegensatz zur gewohnten Reinitialisierung einer Variablen in einer lokalen Umgebung:

```
$_ = 'ftp://ftp.uu.net/pub';
m#^([^:]+)://(.*)#;
print "\$1, \$2 = $1, $2\n";
{
  print "\$1, \$2 = $1, $2\n";
  $2 =~ m#([^/]+)(.*)#;
  print "\$1, \$2 = $1, $2\n";
}
print "\$1, \$2 = $1, $2\n";
```

Trenne eine URL in zwei Schritten – trenne zuerst das Protokoll ab.
$1, $2 = ftp, ftp.uu.net/pub
Trenne nun nach Host und Pfad.
$1, $2 = ftp, ftp.uu.net/pub
$1, $2 = ftp.uu.net, /pub
$1, $2 = ftp, ftp.uu.net/pub
Die alten $1 und $2 sind zurück.

Der zur Benutzung in einem lokalen Bereich verwendete Mechanismus ist `local`, nicht `my` (siehe Artikel 23).

Rückverweise

Reguläre Ausdrücke können auf die Inhalte von Speicherplätzen über *Rückverweise* (engl. *backreferences*) zugreifen. Die Atome \1, \2, \3 und so weiter passen auf die *Inhalte* der entsprechenden Speicherplätze. Eine offensichtliche (aber nicht unbedingt nützliche) Anwendung von Rückverweisen ist die Lösung einfacher Worträtsel:

/(\w)\1/;	*Paßt auf doppelte Wortzeichen* – aa, 11, __.
/(\w)\1+/;	*Zwei oder mehr* – aaa, bb, 222222.
/((\w)\2){2,}/;	*Zusammenhängende Paare* – aabb, 22__66 ... vergessen Sie nicht die Regel »zählen Sie die linken runden Klammern«.
/([aeiou]).*\1.*\1.*\1/;	*Viermal derselbe Vokal.*
/([aeiou])(.*\1){3}/;	*Ein anderer Ansatz.*
/([aeiou]).*?\1.*?\1.*?\1/;	*Nicht-gierige, effizientere Version; (vgl. Artikel 17).*

So etwas sorgt an wirklich langweiligen Tagen immer für 10 Minuten Spaß. Setzen Sie sich einfach an Ihre Unix-Kiste und tippen Sachen wie:

```
% perl -ne 'print if /([aeiou])(.*\1){3}/' /usr/dict/words
```

Mit diesem Ausdruck bekomme ich 106 Wörter, einschließlich »tarantara«. Hmm.

Rückverweise sind ein mächtiges Merkmal, dennoch werden Sie sie vielleicht nicht allzuoft verwenden. Manchmal sind sie praktisch, um Begrenzungszeichen auf einfache Art zu behandeln:

/(['"]).*\1/;	irgendwas *oder* irgendwas, *gierig.*
/(['"]).*?\1/;	*Nicht-gierige Version (siehe Artikel 17).*
/(['"])(\\\1|.)*?\1/;	*Behandelt Maskierungen:* \', \".

Unglücklicherweise bricht dieser Ansatz schnell in sich zusammen – man kann ihn nicht verwenden, um mit ihm runde Klammern zu finden (selbst, wenn man sich nicht um Schachtelung kümmert). Außerdem gibt es schnellere Möglichkeiten zur Behandlung eingebetteter Maskierungen.

Die Vergleichsvariablen: $`, $&, $'

Zusätzlich zu den Speichervariablen wie $1, $2 und $3 gibt es drei besondere *Vergleichsvariablen (engl. match variables)*, die sich auf die Übereinstimmung beziehen und auf die jeweilige Zeichenkette, von der sie stammen. $& verweist auf den Teil der Zeichenkette, auf den das gesamte Muster paßt, $` verweist auf den Teil der Zeichenkette vor der Übereinstimmung und $' verweist auf den Teil der Zeichenkette, der auf die Übereinstimmung folgt. Genau wie Speichervariablen werden sie nach jedem geglückten Mustervergleich gesetzt.

Vergleichsvariablen sind bei gewissen Arten von Ersetzungen hilfreich, in denen eine Ersetzungs-Zeichenkette berechnet werden muß:

Gehe den Inhalt von OLD *zeilenweise durch und ersetze einige einzeilige HTML-Kommentare.*

```
while (<OLD>) {
  while (/<!--\s*(.*?)\s*-->/g) {      Extrahiere Informationen aus dem Kommentar und
    $_ = $` . new_html($1) . $'          prüfe sie.
      if ok_to_replace($1);             Ersetze ihn.
  }
  print NEW $_;
}
```

Einige Leute beschweren sich darüber, daß die Verwendung von Vergleichsvariablen die Ausführung von Perl-Programmen verlangsamt. Das stimmt. Bei der Verwaltung der Werte von Vergleichsvariablen fällt einiges an Mehrarbeit an, und sobald eine der Vergleichsvariablen in einem Programm auftaucht, verwaltet Perl sie für *jeden* Vergleich eines regulären Ausdrucks im Programm. Wenn Geschwindigkeit eine Rolle spielt, sollte man Code, der Vergleichsvariablen enthält, umschreiben. Im allgemeinen kann man solchen Code als Ersetzungen umformulieren, die Speichervariablen verwenden. Im obigen Fall könnte man das Offensichtliche (aber Falsche) tun:

```
while (<OLD>) {
  while (/<!--\s*(.*?)\s*-->/) {       Verwende Substitution anstatt Vergleichsvariablen
    s/<!--\s*(.*)\s*-->/                 zur Ersetzung. Trotzdem funktioniert /g nicht; daher
new_html($1)/e                           klappt das nicht in Zeilen, die mehr als einen Kom-
      if ok_to_replace($1);             mentar enthalten.
  }
  print NEW $_;
}
```

Oder eine korrekte, aber ein wenig umständlichere Alternative:

```
while (<OLD>) {                        Verwende s///eg für die
  s{(<!--\s*(.*?)\s*-->)}{              Ersetzung (die Verwendung
    ok_to_replace($2) ?                 von geschweiften Klammern als Begrenzungszeichen
      new_html($2) : $1;                sieht besser aus).
  }eg;
  print NEW $_;
}
```

Dennoch würde ich in den meisten Fällen empfehlen, daß Sie Quelltext möglichst immer lesbar schreiben; das schließt die angemessene Verwendung von Vergleichsvariablen mit ein. Kümmern Sie sich erst um die Geschwindigkeit, wenn alles funktioniert und Sie Ihren Abgabetermin eingehalten haben (siehe Artikel 22).

Das Verhalten, mit dem man Vergleichsvariablen in einen lokalen Bereich bringt, ist dasselbe wie bei Speichervariablen.

Speicher bei Substitutionen

Speicher- und Vergleichsvariablen werden oft bei Substitutionen verwendet. Verwendungen von $1, $2, $& und so weiter innerhalb der Ersetzungs-Zeichenkette einer Substitution beziehen sich auf die Speicherplätze aus dem übereinstimmenden Teil, nicht auf eine vorherige Anweisung (das ist hoffentlich klar):

```
s/(\S+)\s+(\S+)/$2 $1/;                    Vertausche zwei Wörter.
%ent = (                                   Dies ist ein Ansatz, um Entitäten in HTML zu
  '&' => 'amp', '<' => 'lt',               maskieren.
  '>' => 'gt'
);
$html =~ s/([&<>])/&$ent{$1};/g;           a&b wird zu a&amp;b
$newsgroup =~ s/(\w)\w*/$1/g;              comp.sys.unix wird zu c.s.u.
```

Einige Substitutionen, die Speichervariablen verwenden, können auch ohne sie durchgeführt werden, wenn man sich das anschaut, was man wegwerfen kann, anstatt auf das, was man behalten möchte.

```
s/^\s*(.*)/$1/;                            Entferne vorangehenden Leerraum auf die schwierige
                                           Art.
s/^\s+//;                                  Viel besser!
$_ = "FOO=bar BLETCH=baz";                 Verwerfe Zuweisungen, außer FOO=.
s/(FOO=\S+)|\w+=\S+/$1/g;
s/(dies|das)|(\w)/$1\U$2/g;                Wandle alle Wörter in Großschreibung um, außer
                                           dies und das.
```

Man kann die /e (eval)-Option verwenden, um bei der Lösung einiger verzwickter Probleme zu helfen:

```
s/(\S+\.txt)\b/-e $1 ? $1 :                Ersetze alle nicht existierenden foo.txts.
  "<Konnte $1 nicht finden>"/ge;
```

Substitutionen, die /e verwenden, können manchmal lesbarer geschrieben werden, wenn man paarige Begrenzungszeichen und möglicherweise die /x -Option verwendet (siehe Artikel 21):

```
s{                                         Dasselbe wie oben, nur mit der /x-Option, um Leer-
  (\S+\.txt)\b   # ist die Endung          raum (inklusive Kommentare) im Muster zu
.txt?                                      ignorieren.
}{
  -e $1 ? $1 : "<Konnte $1 nicht
finden>"
}gex;
```

Vergleiche in einem Listenkontext

In einem Listenkontext gibt der Vergleichsoperator[15] m// eine Werteliste zurück, die den Inhalten der Speichervariablen entspricht. Schlägt der Vergleich fehl, gibt der Vergleichsoperator eine leere Liste zurück. Dies ändert nicht das Verhalten der Speichervariablen: $1, $2, $3 und so weiter werden wie üblich belegt.

Ein Vergleich in einem Listenkontext stellt eines der nützlichsten Merkmale des Vergleichsoperators dar. Er erlaubt in einem Schritt Überprüfung und Spaltung einer Zeichenkette:

```
($name, $value) = /
^([^:\s]*):\s+(.*)/;
```
Analysiere eine Kopfzeile vom Typ RFC822.

```
($bs, $subject) =
  /^subject:\s+(re:\s*)?(.*)/i;
```
Nimm subject ohne einleitendes re:.

```
$subject =
  (/^subject:\s+(re:\s*)?(.*)/
i)[1];
```
Oder, anstatt einer Listenzuweisung, ein Sliceliteral.

```
($mode, $fn) = /
begin\s+(\d+)\s+(\S+)/i
```
Analysiere die begin*-Zeile einer UU-kodierten Datei.*

Die Verwendung eines Vergleichs innerhalb eines map s ist sogar noch knapper. Dies ist eins meiner liebsten Ultra-high-level-Konstrukte:

```
($date) =
  map { /^Date:\s+(.*)/ } @msg_hdr;
@protos =
  map { /^(\w+)\s+stream\s+tcp/ }
<>;
print "Protokolle: @protos\n";
```
Finde das Datum einer Nachricht in knappem Perl.

Erstelle eine Liste der genannten TCP-Datenstromprotokolle durch Parsen von inetd.conf *o.ä.*

Man beachte, daß es sich als sehr praktisch erweist, daß ein fehlgeschlagener Vergleich eine leere Liste zurückgibt.

Ein Vergleich mit der /g-Option in einem Listenkontext gibt *alle* Speicherplätze jedes geglückten Vergleichs zurück:

```
print "fred quit door" =~ m/(..)\b/
g;
```
Gibt editor *aus – die letzten beiden Zeichen jedes Worts.*

---

15. *Anm. d. Übers.:* Vergleichsoperatoren in regulären Ausdrücken (engl. *match operator*) sind zu unterscheiden von denen für numerische oder Zeichenkettenwerte (engl. *comparison operator*).

Speicherfreie runde Klammern

Runde Klammern dienen in Perls regulären Ausdrücken zwei verschiedenen Zwecken: Gruppierung und Speicherung. Obwohl das für gewöhnlich günstig ist, oder zumindest irrelevant, kann es manchmal Probleme bereiten. Hier ein gerade erst betrachtetes Beispiel:

($bs, $subject) =   *Nimm das subject ohne einleitendes* re:.
  /^subject:\s+(re:\s*)?(.*)/i;

Wir brauchen das erste Paar runder Klammern zur Gruppierung (damit das ? richtig funktioniert), doch stehen sie sich bei der Speicherung im Wege. Wir hätten aber gerne die Möglichkeit, ohne Speicherung zu gruppieren. Mit Perl 5 wurde ein Merkmal für diesen bestimmten Zweck eingeführt. *Speicherfreie runde Klammern* (?:...) gruppieren wie runde Klammern, erzeugen aber keine Rückverweise oder Speichervariablen:

($subject) =   *Nimm das subject, kein bs.*
  /^subject:\s+(?:re:\s*)?(.*)/i;

Speicherfreie runde Klammern sind auch im Vergleich innerhalb des map-Konstrukts (siehe oben) nützlich; man kann sie auch verwenden, um bei split den Sicherungsmodus für Begrenzungszeichen (engl. *delimiter retention mode*) (siehe Artikel 19) zu vermeiden. In einigen Fällen können sie sogar merklich schneller als normale runde Klammern sein (siehe Artikel 22). Andererseits stellen speicherfreie runde Klammern eine ziemlich starke Einschränkung der Lesbarkeit dar und werden wahrscheinlich am besten gemieden, es sei denn man braucht sie.

Bildung von Tokenfolgen anhand regulärer Ausdrücke

Die Bildung von Tokenfolgen (engl. *tokenizing*) oder »Lexikalisierung« einer Zeichenkette – die Aufteilung in lexikalische Elemente wie Leerraum, Zahlen, Bezeichner, Operatoren und so weiter – stellt eine interessante Anwendung für den Speicher regulärer Ausdrücke dar.

Wenn Sie schon Parser für Computersprachen in Perl programmiert haben (oder es versucht haben), haben Sie vielleicht schon entdeckt, daß diese Aufgabe manchmal ausgesprochen schwierig sein kann. Perl scheinen einige Merkmale zu fehlen, die dies vereinfachen. Das Problem ist, daß man bei der Umwandlung einer Zeichenkette in eine Tokenfolge herausfinden möchte, *welche* der verschiedenen Muster mit dem *Anfang* einer Zeichenkette (oder einem bestimmten Punkt in der Mitte der Zeichenkette) übereinstimmen. Andererseits kann Perl gut herausfinden, *wo* ein *einzelnes* Muster in einer Zeichenkette paßt. Diese beiden Merkmale lassen sich nicht sehr gut aufeinander abbilden.

Nehmen wir als Beispiel das Parsen einfacher arithmetischer Ausdrücke, die Zahlen, runde Klammern und die Operatoren +, -, * und / enthalten. (Ignorieren wir dabei Leerraum, den wir vorher ersetzt oder mit tr herausgenommen haben könnten.) Eine Möglichkeit dies zu tun wäre:

```
while ($_) {
  if (/^(\d+)/) {                   Wandle die Inhalte von $_ in Token-
    push @tok, 'num', $1;           folgen im Array @tok um.
  } elsif (/^([+\-\/*()_])/) {
    push @tok, 'punct', $1;
  } elsif (/^([\d\D])/) {
    die "Ungültiges Zeichen $1 in der Eingabe";
  }
  $_ = substr($_, length $1);       Trenne das ab, was erkannt wurde,
}                                   und kehre zurück, um mehr zu holen.
```

Es stellt sich heraus, daß dies einigermaßen effizient ist, auch wenn es nicht schön aussieht. Dennoch wird ein solcher Tokenizer spürbar langsamer, wenn man ihm lange Zeichenketten eingibt; dies liegt an der substr-Operation am Ende. Man könnte sich denken, daß man die aktuelle Startposition in einer Variablen namens $pos im Auge behalten und dann so etwas machen könnte:

```
if (substr($_, $pos) =~ /^(\d+)/) {
```

Allerdings wird diese selbstgemachte Technik wahrscheinlich nicht schneller und bei kurzen Zeichenketten vielleicht langsamer sein.

Ein Ansatz, der ganz passabel funktioniert und der nicht unnötig von der Länge des zu lexikalisierenden Textes betroffen wird, basiert auf dem Verhalten der Option /g des Vergleichsoperators in einem skalaren Kontext – wir werden dies einen »skalaren m//g-Vergleich« nennen. Bei jeder Ausführung eines skalaren m//g-Vergleichs fängt die reguläre Ausdrücke bearbeitende Instanz an, an der momentanen »Vergleichsposition« nach einer Übereinstimmung zu suchen, in der Regel nach dem Ende des vorherigen Vergleichs – analog zur oben angesprochenen $pos-Variable. In der Tat kann auf die momentane Vergleichsposition durch Perls pos-Operator zugegriffen (und von ihm verändert) werden. Die Anwendung eines skalaren m//g-Vergleichs ermöglicht die Verwendung eines einzigen regulären Ausdrucks und befreit einen somit von der Pflicht, explizit auf die momentane Position achten zu müssen:

```
while (/
   (\d+) |            # Zahl
   ([+\-\/*()]) |     # reservierte Zeichen
   ([\d\D])           # etwas anderes
/xg) {
   if ($1 ne "") {
     push @tok, 'num', $1;
   } elsif ($2 ne "") {
     push @tok, 'punct', $2;
   } else {
     die "Ungültiges Zeichen $3 in der EIngabe";
   }
}
```

Verwende einen Vergleich mit der /g-Option. Die Option /x wird auch verwendet, um die Lesbarkeit zu steigern (siehe Artikel 21).
Überprüfe $1, $2, $3, um zu sehen, was übereinstimmt.

Die neuesten Perl-Versionen unterstützen eine Option /c für Vergleiche, die das Verhalten von skalarem m//g modifiziert. Wenn der Vergleich eines skalaren m//g-Vergleichs *fehlschlägt*, wird die Vergleichsposition normalerweise zurückgesetzt und das nächste skalare m//g beginnt mit dem Vergleich am Anfang der Zielzeichenkette. Die /c-Option sorgt dafür, daß die Vergleichsposition nach einem nicht geglückten Vergleich *erhalten* bleibt. In Verbindung mit dem \G-Anker, der den Beginn des Vergleichs an der letzten Vergleichsposition erzwingt, ermöglicht dies die einfachere Tokenbildung:

```
{
   if (/\G(\d+)/gc) {
     push @tok, 'num', $1;
   } elsif (/\G([+\-\/*()])/gc) {
     push @tok, 'punct', $1;
   } elsif (/\G([\d\D])/gc) {
     die "Ungültiges Zeichen $1 in der Eingabe";
   } else {
     last;
   }
   redo;}
```

Ein nackter Block für Schleifen.
Ist es eine Zahl?

Ist es ein reserviertes Zeichen?

Es ist etwas anderes.

Zeichenkette abgearbeitet?
Wir sind fertig.

Andernfalls wiederhole die Schleife.

Obwohl es nicht möglich ist, einen einzelnen regulären Ausdruck zu schreiben, der geschachtelte Begrenzungszeichen findet, kommt man dem mit skalarem m//gc ziemlich nahe:

■ **Finden Sie geschachtelte Begrenzungszeichen mittels skalarem m//gc.**

Dies ist ein Ansatz, um geschachtelte geschweifte Klammern zu finden. {qw({ 1 } -1)} ist eine anonyme Hashreferenz – man hätte sie auch weniger knapp als {('{' => 1, '}' => -1)} schreiben können.

```
$_ = " Einige { geschachtelte {} { geschweifte
Klammern } }!";
```

Eingabe geht nach $_.

■ Finden Sie geschachtelte Begrenzungszeichen mittels skalarem m//gc. (Forts.)

```
{
  my $c;
  while (/([{}])/gc) {
    last unless ($c += {qw({ 1 } -1)}->{$1}) > 0
  };
}
print substr substr($_, 0, pos()), index($_,
"{");
```

$c zählt geschweifte Klammern.
Finde geschweifte Klammern und zähle sie, bis die Anzahl 0 ist.

Gib die gefundene Zeichenkette aus.

Artikel 17

Seien Sie nicht gierig, wo Geiz das Beste ist

Zu den heikleren Problemen, auf das Sie vielleicht im Umgang mit regulären Ausdrücken stoßen werden, gehört die *Gier* (engl. *greed*).

Bei Gier dreht sich nicht alles ums Geld, zumindest was reguläre Ausdrücke angeht. Man verwendet diesen Ausdruck, um das Vergleichsverhalten der meisten Instanzen zur Auswertung regulärer Ausdrücke, auch der von Perl, zu beschreiben. Nach einer generellen Regel[16] gibt in Perl ein regulärer Ausdruck die *längste* Übereinstimmung an der *ersten* Stelle in einer Zeichenkette zurück, an der eine Übereinstimmung beliebiger Länge gefunden werden kann. Wiederholungsoperatoren wie * und +»verschlingen« Zeichen in der Zeichenkette, bis der Vergleich weiterer Zeichen dazu führt, daß der Vergleich fehlschlägt:

`$_ = "Seid gegrüßt, Erdlinge!\n";`	*Daten für einen Vergleich.*
`/\w+/;`	*Paßt auf* Seid.
`/\w*/;`	*Paßt auf* Seid.
`/i[ng]*/;`	*Paßt auf* i *in* Seid.
`/i[ng]+/;`	*Paßt auf* ing *in* Erdlinge.
`/S.*l/;`	*Paßt auf* Seid gegrüßt, Erdl.

Das ist normalerweise ein wünschenswertes Verhalten. Aber nicht immer. Seien Sie besonders vorsichtig, wenn Sie gierige reguläre Ausdrücke verwenden, um begrenzte Muster wie Zeichenketten in Anführungszeichen und C-Kommentaren zu vergleichen:

▼ **Benutzen Sie für Begrenzungszeichen keine gierigen regulären Ausdrücke.**

Diese Beispiele veranschaulichen falsche Muster, um durch Begrenzungszeichen eingeschlossenen Text zu vergleichen – in diesem Fall Zeichenketten in einfachen Anführungszeichen und C-Kommentare.

`$_ = "This 'test' isn't successful?";`	*Hoffe,* 'test' *zu finden.*
`($str) = /('.*')/;`	*Paßt auf* 'test' isn'.
`$_ = "/* temp */ x = 10; /* zuviel? */";`	*Hoffe,* /* temp */ *zu finden.*
`s#(/\*.*\*/)##;`	*HUCH – löscht die ganze Zeichenkette!*

---

16. Aber strenggenommen nicht ganz genau, wie Sie noch sehen werden.

In diesen Beispielen vergleicht Perl scheinbar über das Ende des Musters hinaus. Aber der Vergleichsoperator ist nicht Amok gelaufen: ', / und * werden alle mit . gefunden und der Vergleich endet mit dem letzten Vorkommen von ' oder */. Wir können das Beispiel mit der Zeichenkette in einfachen Anführungszeichen in Ordnung bringen, indem wir diese als erlaubte Zeichen in der Zeichenkette ausschließen:

```
$_ = "This 'test' isn't suc-
cessful?";                    Paßt nun auf 'test'.
($str) = /('[^']*')/;
```

Den regulären Ausdruck für C-Kommentare geradezubiegen, ist schwieriger. Ich wette mit einiger Sicherheit, daß der erste von Ihnen erstellte reguläre Ausdruck, von dem Sie *glauben*, daß er C-Kommentare findet, nicht funktionieren wird. Hier nun eine von vielen Möglichkeiten – zunächst scheint sie sehr vernünftig sein:

```
s#/\*([^*]|\*[^/])*\*/##g;    Funktioniert FAST.
```

Erkennen Sie hier das Problem? Das Muster schlägt bei folgender Eingabe fehl:

```
/***/
```

Das liegt darin begründet, daß der Vergleich keine Möglichkeit hat, ein Sternchen innerhalb eines Kommentars zu finden, dem nicht genau ein Zeichen folgt. Daher schlägt ein Vergleich mit einer ungeraden Anzahl von Sternchen fehl. Dieses Muster hat noch andere Probleme, aber dieses eine reicht. Die richtige Antwort sieht so aus:[17]

```
s#/\*[^*]*\*+([^/*][^*]*\*+)*/##g;    KORREKT
```

Wahrscheinlich werden Sie Wie und Warum dieses Ansatzes nicht verstehen, ohne das Zustandsdiagramm des zugrundeliegenden endlichen Automaten zu konsultieren:

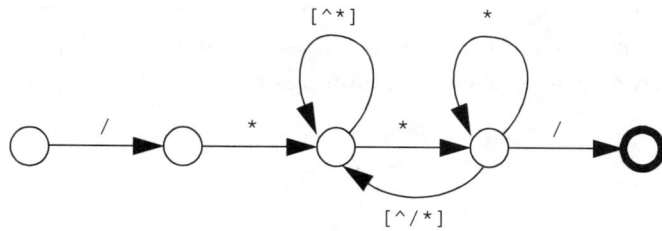

---

17. Solange es jedenfalls nicht notwendig ist, so etwas wie in Zeichenketten eingebettete Kommentare zu behandeln.

Und wenn Sie noch keinen Kurs in diskreter Mathematik oder Compilerbau durchlitten haben, wird Ihnen das auch nicht helfen. In der Tat wird es eine Menge Leute geben, die in ihrem Leben reguläre Ausdrücke wie den obigen verwenden, ohne zu wissen, wie sie funktionieren. Das ist nicht notwendigerweise schlecht; es ist nur nicht ideal.

Nun, wenn es schon so schwierig ist, einen regulären Ausdruck für etwas so Einfaches wie C-Kommentare zu konstruieren, stellen Sie sich vor, es gälte einen für etwas Schwierigeres wie HTML-Kommentare oder Zeichenketten mit Zeichenmaskierungen zu schreiben. Ziemlich beängstigend.

Zum Glück hat Perl 5 *nicht-gierige* (engl. *non-greedy*) Wiederholungsoperatoren. Dieses mächtige und enorm hilfreiche neue Merkmal ermöglicht das Schreiben einfacher regulärer Ausdrücke in Fällen, die vorher nach komplexen oder sogar unmöglich schwierigen regulären Ausdrücken verlangten.

Man kann jeden Wiederholungsoperator (*, +, {m,n}) nicht-gierig machen, indem man ein Fragezeichen nachstellt. Nun wird der Operator statt der längsten die *kürzeste* Zeichenkette finden, die zu einer Übereinstimmung mit dem Muster führt. Dies macht das obige Beispiel trivial einfach:

■ **Benutzen Sie für Begrenzungszeichen nicht-gierige reguläre Ausdrücke.**

Diese Beispiele veranschaulichen Muster, die durch Begrenzungszeichen eingeschlossenen Text korrekt finden.

```
$_ = "This 'test' isn't suc-
cessful?";                              Paßt auf 'test'.
($str) = /('.*?')/;
$_ = "/* temp */ x = 10; /* zuviel?
*/";                                    Löscht /* temp */.
s#(/\*.*?\*/)##;
```

Sie können sich nun an ambitioniertere Aufgaben wagen, wie eine Zeichenkette mit Zeichenmaskierungen in doppelten Anführungszeichen (mit Unterstützung von \", \\ und \123):

```
$_ = 'a "double-q \"string\042"';
($str) = /
("(\\["\\]|\\\d{1,3}|.)*?")/;           "double-q \"string\042"
print $str;
```

Das einzige Problem beim nicht-gierigen Vergleich ist seine langsamere Ausführung im Unterschied zum gierigen Vergleich. Verwenden Sie nicht-gierige Operatoren nicht unnötig. *Verwenden* Sie aber nicht-gierige Operatoren, um zu vermeiden, komplexe reguläre Ausdrücke, die vielleicht richtig oder falsch sind, erstellen zu müssen.

Prozedurale reguläre Ausdrücke versus deterministische endliche Automaten (DFAs)

Perl und die meisten anderen Werkzeuge mit stabilen Möglichkeiten zum Mustervergleich (einschließlich Merkmalen wie Rückverweise) verwenden das, was ich einen *prozeduralen* Ansatz für den Mustervergleich mit regulären Ausdrücken nenne. Wenn Perl in einem Programm auf einen regulären Ausdruck trifft, übersetzt er ihn in eine baumartige Struktur und speichert ihn ab. Wird dieser reguläre Ausdruck für die Suche in einer Zeichenkette verwendet, sucht Perl nach der Übereinstimmung, indem es den übersetzten regulären Ausdruck »ausführt«. Schauen wir uns einen einfachen regulären Ausdruck und die Zielzeichenkette an:

```
$_ = 'testing';
/t(e|es)./;
print "Paßt auf: $&\n";          Paßt auf: tes
```

Könnte Perl sprechen, würde es den Vergleichsprozeß vielleicht so beschreiben:

»Gut, fange mit Zeichen an erster Position an. Suche nach einem t. Hab' eins gefunden.

Jetzt eine Alternation, das erste ist ein e. Suche nach e. Hab' eins gefunden.

OK, die Alternation stimmt überein. Das nächste ist ein Punkt. Ich brauche ein Zeichen, das mit dem Punkt übereinstimmt. Hab' ein s gefunden.

Sonst noch was? Nö. Schätze, wir sind fertig.«

Besitzen Sie kein Hintergrundwissen über *lex* oder *flex*, oder ist dies die einzige Art von regulären Ausdrücken, die Sie jemals kennengelernt haben, werden Sie wahrscheinlich nichts Ungewöhnliches bei dieser Interpretation des regulären Ausdrucks finden. Wenn Sie andererseits mit *flex* gut vertraut sind, denken Sie vielleicht, »Hmm, warum hat das nicht statt dessen auf test gepaßt?«

Nun, man *könnte* es durch Umschreiben dazu bringen, daß es auf test paßt:

```
$_ = 'testing';
/t(es|e)./;
print "Paßt auf: $&\n";          Paßt auf: test
```

Dies veranschaulicht – zumindest nach außen hin – den Unterschied zwischen prozeduralen regulären Ausdrücken und endlichen Automaten oder DFAs regulären Ausdrücken.[18] Werkzeuge wie *flex* reichen weit über das Parsen regulärer Ausdrücke hinaus. Sie durchlaufen einen komplizierten Prozeß, der aus dem regulären Ausdruck

---

18. Das Coole Eulen-Buch verwendet den Ausdruck »NFA reguläre Ausdrücke«, um das zu bezeichnen, was ich »prozeduralen« Vergleich nenne.

einen deterministischen endlichen Automaten erzeugt, die ihn im Grunde genommen in eine Zahlentabelle umwandelt. Wendet man *flex* auf den obigen regulären Ausdruck, wird es einen endlichen Automaten erzeugen, der ungefähr so aussieht:

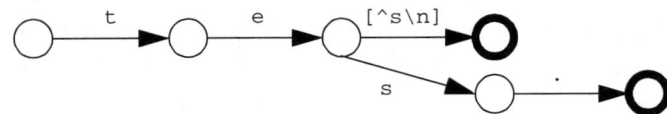

Die fettgedruckten Kreise stellen »akzeptierende Zustände« dar, in denen eine vollständige Übereinstimmung gefunden wurde. Diese Betrachtungsweise eines regulären Ausdrucks unterscheidet sich ein wenig von der, die Perl hat. Einerseits hätte dieser DFA test und nicht tes aus der Zeichenkette testing gefunden. Andererseits wird im Prozeß, in dem aus einem regulären Ausdruck ein DFA erzeugt wird, die syntaktische Struktur des ursprünglichen regulären Ausdrucks verworfen. Im allgemeinen finden DFA-basierte Werkzeuge für einen regulären Ausdruck immer die längste Übereinstimmung, ohne Rücksicht auf die Reihenfolge der Alternationen oder auf die Gruppierung von Wiederholungsoperatoren. Auf der anderen Seite *ist* die Anordnung der Teile eines regulären Ausdrucks in Perl von Bedeutung. Die Flexibilität, das zu ändern, worauf ein Muster paßt – durch neue Anordnung seiner Teile – macht reguläre Ausdrücke in Perl besonders mächtig und ausdrucksstark.

Sind Sie mit der DFA-Betrachtungsweise regulärer Ausdrücke vertrauter als mit der prozeduralen Sichtweise, sollten Sie sich ein wenig Zeit nehmen, um über prozedurale reguläre Ausdrücke nachzudenken. Experimentieren Sie mit ihnen. Mit prozeduralen regulären Ausdrücken kann man Dinge tun, die mit DFA regulären Audrücken sehr schwierig oder unmöglich sind, besonders bei Verwendung der nicht-gierigen Wiederholungsoperatoren in Perl.

Das Schlechte an prozeduralen regulären Ausdrücken ist, daß sie im allgemeinen langsamer als DFA reguläre Ausdrücke laufen. Sie sind aber nicht um *soviel* langsamer, und sie werden auf jeden Fall spürbar schneller in eine interne Repräsentation übersetzt.

Artikel 18

Denken Sie daran, daß Leerraum keine Wortgrenze ist

Die Menge der Leerraumzeichen, \s, die Menge der Wortzeichen, \w und den Wortgrenzenanker, \b, werden Sie häufig in Ihren regulären Ausdrücken in Perl verwenden. Doch sollte man vorsichtig sein, wenn man sie *zusammen* benutzt. Betrachten wir den folgenden Mustervergleich:

```
@who = `who`;                       donna   pts/3   Oct   1 18:33
$_ = pop @who;
($user, $tty) = /(\w+)\s+(\w+)/;    Auf den ersten Blick harmlos.
```

Das funktioniert problemlos mit Eingaben wie `joebloe ttyp0...`. Allerdings wird es Zeichenketten wie `webmaster-1 ttyp1...` überhaupt nicht finden und bei `joebloe pts/10...` ein seltsames Ergebnis zurückliefern. Dieser Vergleich wäre wohl besser so geschrieben worden:

```
($user, $tty) = /(\S+)\s+(\S+)/;    BESSER – \S neben \s.
```

Wahrscheinlich ist irgend etwas an diesem regulären Ausdruck falsch, wenn man \w unmittelbar neben \s oder \W unmittelbar neben \S stehen hat. Solche regulären Ausdrücke sollte man zumindest *sehr* genau untersuchen.

Etwas anderes, auf das man achten sollte, sind »Wörter« mit reservierten Zeichen. Angenommen, man möchte nach einem ganzen Wort in einer Zeichenkette suchen:

```
print "Das zu suchende Wort: ";
$word = <STDIN>;                    Hmm – wollen Sie Wortgrenzen?
print "Fand\n" if
    $text =~ /\b\Q$word\E\b/;
```

Das funktioniert für Eingaben wie `Hacker` und sogar `Perl5-Portierer`, schlägt aber fehl für Wörter wie `goin'` oder jedes andere Wort, daß nicht mit einem \w -Zeichen anfängt und aufhört. Auch `isn` wird als übereinstimmendes Wort angesehen, wenn `$text isn't` enthält. Das ist in der Tatsache begründet, daß \b auf Übergänge zwischen \w- und \W-Zeichen paßt – nicht auf Übergänge zwischen \s- und \S-Zeichen. Wollen Sie nach Wörtern suchen, die durch Leerraum begrenzt sind, müssen Sie es statt dessen ungefähr so schreiben:

```
print "Das zu suchende Wort: ";
$word = <STDIN>;
print "gefunden\n" if              BESSER – verwende Leerraum als
    $text =~ /                     Begrenzungszeichen.
(^|\s)\Q$word\E($|\s)/;
```

Der Wortgrenzenanker \b und seine Umkehrung \B sind Nullweitenmuster. Obwohl sie nicht die einzigen Nullweitenmuster sind (^, \A, etc. sind andere), sind sie am schwierigsten zu verstehen. Ist man sich nicht sicher, worauf \b und \B in der Zeichenkette passen, sollte man versuchen, sie zu ersetzen:

```
$text = "What's a \"word\" bound-
ary?";                             Setze einen Doppelpunkt an den Wortgrenzen und an
($btext = $text) =~ s/\b/:/g;      allen Stellen, an denen keine vorliegt.
($Btext = $text) =~ s/\B/:/g;
print "$btext\n$Btext\n";
% tryme
:What:':s: :a: ":word:" :boundary:?
W:h:a:t's a :"w:o:r:d": b:o:u:n:d:a:r:y?:
```

Die Ergebnisse an den Enden der Zeichenketten sollten besonders interessant sein. Man beachte, daß in einem Fall, in dem das letzte (oder erste) Zeichen in einer Zeichenkette kein \w-Zeichen ist, am Ende der Zeichenkette keine Wortgrenze existiert. Man beachte auch, daß es zwischen aufeinanderfolgenden \W-Zeichen (wie Leerzeichen und doppelten Anführungszeichen) ebensowenig Wortgrenzen gibt wie zwischen aufeinanderfolgenden \w-Zeichen.

Vergleiche am Zeilenende: $,\Z, /s, /m

Natürlich paßt $ auf das Ende einer Zeile – oder nicht? Offiziell paßt es auf das Ende der zu vergleichenden Zeichenkette *oder* genau vor einem abschließenden Zeilenendezeichen am Ende der Zeichenkette. Dieses Merkmal vereinfacht es, durch Zeilenendezeichen begrenzte Daten zu finden:

```
print "irgendein Text\n" =~ /(.*)$/   Gibt "irgendein Text" aus, als gäbe es das Zeilen-
;                                     endezeichen nicht.
print "irgendein Text" =~ /(.*)$/;    Dasselbe.
```

Die /s-Option (eine Art von einzelner Zeilen) verändert die Bedeutung von . (Punkt) so, daß er auf jedes Zeichen, anstatt auf jedes Zeichen außer dem Zeilenendezeichen paßt. Das ist nützlich, wenn man Zeilenendezeichen in einer Zeichenkette abfangen möchte:

```
print "2\nZeilen\n" =~ /(.*)/;        2 (Der Punkt paßt nicht auf das Zeilenende.)
print "2\nZeilen\n" =~ /(.*)/s;       2\nZeilen\n
```

Dennoch verändert /s *nicht* die Bedeutung von $:

```
$_ = "irgendein Text\n";          Ergibt irgendein Tex<Ende>\n . (Ersetzt das Zei-
s/.$/<Ende>/s;                    chen vor \n.)
```

Um zu erzwingen, daß $ wirklich auf das Ende der Zeichenkette paßt, muß man hartnäckiger sein. Dies kann man unter Verwendung des (?!...)-Operators für reguläre Ausdrücke erreichen:

```
$_ = "irgendein Text\n";          Ergibt jetzt
s/.$(?!\n)/<Ende>/s;              irgendein Text<Ende>.
```

In diesem Fall stellt (?!\n) sicher, daß es nach dem $ keine weiteren Zeilenendezeichen gibt.[19]

Für gewöhnlich vergleicht $ nur vor dem Ende einer Zeichenkette oder einem folgenden Zeilenendezeichen. Die /m-Option (mehrere Zeilen) ändert die Wirkungsweise von $ aber so, daß es auch vor dazwischenstehenden Zeilenendezeichen vergleichen kann. Die Option /m modifiziert auch ^ so, daß es auf eine Position unmittelbar nach einem Zeilenendezeichen inmitten einer Zeichenkette paßt:

```
$_ = "2\nZeilen";
s/^/<Start>/mg;                   <Start>2\n<Start>Zeilen
$_ = "2\nZeilen";
s/$/<Ende>/mg;                    2<Ende>\nZeilen<Ende>
%scores =                         %scores = (
  <<'EOF' =~ /^(.*?):\s*(.*)/mg;    'fred' => 205,
fred: 205                           'barney' => 195,
barney: 195                         'dino' => 30
dino: 30                          ); (Vgl. Artikel 13 , um mehr über here-doc Zeichen-
EOF                               ketten zu erfahren.)
```

Die Anker \A und \Z erhalten jeweils die ursprünglichen Bedeutungen von ^ und $ aufrecht, egal ob die /m-Option verwendet wird oder nicht:

```
$_ = "2\nZeilen";
s/\A/<Start>/mg;                  <Start>2\nZeilen
$_ = "2\nZeilen";
s/\Z/<Ende>/mg;                   2\nZeilen<Ende>
```

---

19. In früheren Perl-Versionen muß man $ vielleicht in speicherfreie runde Klammern einschließen – (?:$) anstatt $ – da der Parser für reguläre Ausdrücke $(als eine spezielle Variable erkennt. Dieses Verhalten wurde letztlich geändert, so daß $ vor (jetzt als Anker erkannt wird und nicht als Teil einer Variablen – wie es lange Zeit der Fall mit $ vor) war.

Artikel 19

Verwenden Sie `split` **für Klarheit,** `unpack` **für Effizienz**

Die Eleganz von Listenzuweisungen in Perl ist ansteckend, besonders in Verbindung mit Mustervergleichen. Wenn Sie anfangen, beide Merkmale zu nutzen, schreiben Sie vielleicht Code wie diesen:

```
($a, $b, $c) =                      Nimm die ersten 3 Felder von $_.
    /^(\S+)\s+(\S+)\s+(\S+)/;
```

Sicherlich ist das eine natürliche Anwendung für `split`:

```
($a, $b, $c) = split /\s+/, $_;     Nimm die ersten 3 Felder von $_.
($a, $b, $c) = split;               Spaltet $_ per Default mit Leerraum.
```

Die beiden Ansätze brauchen ungefähr dieselbe Zeit zur Ausführung, aber der Code, der `split` verwendet, ist einfacher.

Mustervergleiche kann man auch für komplexere Aufgaben verwenden:

```
($a) =                              Nimm das 5. Feld von $_ (durch Doppelpunkte
    /[^:]*:[^:]*:[^:]*:[^:]*:([^:])/;  getrennt).
($a) = /(?:[^:]*:){4}([^:])/;       Ein anderer Ansatz.
```

Durch die Verwendung von `split` haben wir die Alternative:

```
($a) = (split /:/)[4];              Nimm das 5. Feld von $_ (durch Doppelpunkte
                                    getrennt).
```

Macht man sich die Mühe und läßt diese Beispiele durch ein Bewertungsprogramm laufen, stellt man vielleicht fest, daß die Version mit dem Mustervergleich wesentlich schneller läuft als die Version, die `split` verwendet. Das wäre kein Problem, nur ist der Mustervergleich wesentlich schwieriger zu lesen und zu verstehen. Dies ist eine allgemeine Regel – Mustervergleiche neigen dazu, schneller zu sein, während `split` dazu tendiert, einfacher und lesbarer zu sein. In solchen Fällen muß man eine Entscheidung treffen. Verwendet man den schnelleren Quelltext oder den einfacher verständlichen? Ich denke, die Entscheidung ist offensichtlich. Geht es Ihnen um Geschwindigkeit, verwenden Sie einen Mustervergleich. Im allgemeinen sollte aber die Lesbarkeit im Vordergrund stehen. Wenn Geschwindigkeit nicht das Wichtigste ist, verwendet man `split` immer dann, wenn es das Problem löst.

Listenslices funktionieren effektiv in Verbindung mit `split`:

```
$_ = "/mein/Dateien/Pfad";              Nimm was auch immer dem letzten / folgt oder das
$basename = (split /\//, $_)[-1];       Ganze.
```

Zur Spaltung einer Zeichenkette in immer kleinere Teile kann man `split` mehrmals verwenden. Angenommen, wir haben z.B. eine Zeile aus einer `passwd` Datei unter Unix, deren fünftes Feld (das »GCOS«-Feld) etwas wie "Joseph N. Hall, 555-2345, Room 888" enthält, und man möchte daraus nur den Nachnamen extrahieren:

```
($gcos) = (split /:/)[4];               Fünftes Feld ist $gcos.
($name) = (split /,/, $gcos);           Alles vor , in $name.
($last) = (split / /, $name)[-1];       Nachname in $last.
```

Es gibt Situationen, in denen man mit `split` elegante Lösungen erzielen kann. Betrachten wir eines unserer Lieblingsprobleme, das Auffinden und Entfernen von C-Kommentaren aus einer Zeichenkette. Man könnte `split` verwenden, um solch eine Zeichenkette in eine Liste von Kommentar-Begrenzungszeichen und alles, was zwischen ihnen steht, zu zerhacken und dann das Ergebnis verarbeiten, um die Kommentare rauszuwerfen:

- **Benutzen Sie `split` zur Verarbeitung von Zeichenketten mit mehreren Zeichen langen Begrenzungen.**

Der folgende Code gibt $_ aus, wobei die C-Kommentare entfernt wurden. Er behandelt Zeichenketten in doppelten Anführungszeichen, die möglicherweise Kommentar-Begrenzungszeichen enthalten. Die runden Klammern zur Speicherung im `split`-Muster sorgen dafür, daß sowohl die Begrenzungszeichen als auch alles dazwischen zurückgegeben wird.

```
for (split m!("(:?\\\W|.)*?"|/         Trenne nach Zeichenketten und Begrenzungszeichen.
\*|\*/)!) {                            Suche im Kommentar nach */.
  if ($in_comment) {
    $in_comment = 0 if $_ eq "*/"      Suche außerhalb des Kommentars nach /*.
  } else {                             Kommentare werden zu einem Leerzeichen.
    if ($_ eq "/*") {                  Wenn außerhalb des Kommentars, führe Ausgabe aus.
      $in_comment = 1;
      print " ";
    } else {
      print;
    }
  }
}
```

Spalten bearbeiten mit unpack

Ab und zu trifft man auf spaltenweise angeordnete Eingaben. Obwohl man zur Trennung der Daten in Spalten Mustervergleiche anwenden kann, bietet der unpack-Operator (siehe Artikel 53) den natürlicheren und effizienteren Mechanismus.

Nehmen wir die Ausgabe einer typischen ps-Kommandozeile (wir haben rechts einige Spalten abgehackt, damit die Ausgabe hierhin paßt):

```
% ps l
    F   UID    PID   PPID  CP   PRI   NI    SZ   RSS  WCHAN  S    TT
    8   100   7363   7352   0    48   20  1916  1492  write3ve  S  pts/3
    8   100  14227   7363   0    58   20   868   704  write3ve  S  pts/3
    8   998  28693   3327   0    58   20  3068  1724            T  pts/2
```

Hier wäre ein split mit Leerraum wirkungslos, da die Felder auf Spalten und nicht auf Leerraum basieren. Man beachte, daß das WCHAN-Feld für die letzte Zeile nicht einmal existiert. Jetzt ist es an der Zeit, den unpack-Operator hervorzuzaubern.

■ **Benutzen Sie unpack zur Verarbeitung von Daten, die durch Spalten begrenzt sind.**

Das folgende Beispiel extrahiert einige Felder aus der Ausgabe des ps-Kommandos und gibt sie aus.

```
chomp (@ps = `ps l`);                    Sammle einiges aus der Ausgabe.
shift @ps;                               Übergib die erste Zeile.
for (@ps) {                              Entpacke die Daten, und gib sie aus.
  ($uid, $pid, $sz, $tt) =
    unpack '@3 A5 @8 A6 @30 A5 @52 A5', $_;
  print "$uid $pid $sz $tt\n";
}
```

Man beachte, daß der Bezeichner @ keinen Wert zurückgibt. Er bewegt sich an eine absolute Stelle in der Zeichenkette, die gerade entpackt wird. Im obigen Beispiel bedeutet »@8 A6« sechs Zeichen, an der Position 8 beginnend.

Wahrscheinlich finden Sie es lästig, die Zeilen für das unpack-Format per Hand zählen zu müssen. Das folgende Programm hilft Ihnen, mit weniger Aufwand an die richtigen Zahlen zu gelangen:

Belege $_ mit einem »Abbild« der Eingabe; dieses Programm generiert ein Format.

```
$_ =
 '   aaaaabbbbbb          ccccc              ddddd';
while (/(\w)\1+/g) {
    print '@' . length($`) . ' A' . length($&) . ' ';
}
print "\n";
```

Sie können auch interaktiv mit dem Debugger experimentieren (siehe Artikel 39), um die korrekte Anzahl der Spalten zu erhalten.

Artikel 20

Vermeiden Sie die Benutzung regulärer Ausdrücke für einfache Zeichenkettenoperationen

Reguläre Ausdrücke sind wunderbar, sie stellen aber nicht die effizienteste Möglichkeit zur Durchführung aller Zeichenkettenoperationen dar. Obwohl reguläre Ausdrücke dazu verwendet werden können, Zeichenkettenoperationen wie die Extraktion von Teilzeichenketten und die Umwandlung von Zeichen durchzuführen, sind sie besser für komplexere Operationen geeignet. Einfache Zeichenkettenoperationen sollten in Perl von dafür vorgesehenen Operatoren wie `index`, `rindex`, `substr` und `tr///` bearbeitet werden.

Denken Sie daran, daß alle Vergleiche mit regulären Ausdrücken, sogar die einfachen, Speichervariablen manipulieren müssen. Braucht man nur einen einfachen Vergleich oder eine Teilzeichenkette, ist die Manipulation von Speichervariablen reine Zeitverschwendung. Aus diesem Grund (wenn schon aus keinem anderen) sollte man die speziellen Zeichenkettenoperatoren den Vergleichen mit regulären Ausdrücken vorziehen, wann immer es möglich ist.

Vergleichen Sie Zeichenketten mit Vergleichsoperatoren für Zeichenketten

Möchte man zwei Zeichenketten auf ihre Gleichheit hin überprüfen, verwendet man Vergleichsoperatoren für Zeichenketten und nicht reguläre Ausdrücke:

```
do_it() if $answer eq 'ja';          Die schnellste Möglichkeit, um Zeichenketten auf ihre
                                     Gleichheit zu überprüfen.
```

Die Vergleichsoperatoren für Zeichenketten sind mindestens zweimal so schnell wie Vergleiche mit regulären Ausdrücken:

```
do_it() if $answer =~ /^ja$/;        Langsamer.
do_it() if $answer =~ /ja/;          Noch langsamer und wahrscheinlich falsch, da ohne
                                     Anker; z. B. mit "Katzenjammer".
```

Einige komplexere Vergleiche sind auch schneller, wenn man keine regulären Ausdrücke verwendet:

```
do_it() if lc($answer) eq 'ja';      Schneller.
do_it() if $answer =~ /^ja$/i;       Langsamer.
```

Finden Sie Teilzeichenketten mit `index` und `rindex`

Der `index`-Operator lokalisiert das Vorkommen einer kürzeren Zeichenkette in einer längeren Zeichenkette. Der `rindex`-Operator findet das am weitesten rechts plazierte Vorkommen, dennoch zählt er die Zeichenpositionen von links an:

```
$_ = "It's a Perl Perl Perl Perl World.";
$left = index $_, 'Perl';          7
$right = rindex $_, 'Perl';        22
```

Der `index`-Operator ist sehr schnell – er verwendet für seine Suchen den Boyer-Moore Algorithmus. Perl übersetzt auch reguläre Audrücke, die `index` ähneln, in Boyer-Moore Suchen. Man könnte Folgendes schreiben:

Fortsetzung von oben:

```
/Perl/;                            Langsam, aufgrund unnötiger Verwendung von $'.
$left = length $';
```

Oder, um die Verwendung von `$'` zu vermeiden (vgl. Artikel 16 und 21):

```
$perl = 'Perl';                    Jawohl, der pos-Operator ist schon nützlich. Dennoch
/$perl/og;                         ist das immer noch langsam.
$left = pos($_) - length($perl);
```

Trotzdem macht der mit der Benutzung regulärer Ausdrücke verbundene Overhead `index` für kurze Zeichenketten um ein Mehrfaches schneller als `m//`.

Extrahieren und modifizieren Sie Teilzeichenketten mit `substr`

Der `substr`-Operator extrahiert einen Teil einer Zeichenkette, wenn eine Anfangsposition und eine (optionale) Länge vorgegeben ist:

```
$str = "It's a Perl World.";
print substr($str, 7, 4), "\n";    Perl
print substr($str, 7), "\n";       Perl World
```

Der `substr`-Operator ist wesentlich schneller als ein für denselben Zweck geschriebener regulärer Ausdruck (vgl. auch Artikel 19):

Fortsetzung von oben:

```
print ($str =~ /^.{7}(.{4})/),     Perl – aber unschön!
"\n";
```

Das Schöne an substr ist, daß man mit ihm bei Verwendung auf der *linken Seite* eines Ausdrucks Ersetzungen vornehmen kann. Der Text, auf den substr verweist, wird durch den Wert der Zeichenkette auf der rechten Seite ersetzt:

Fortsetzung von oben:
substr($str, 7, 4) = "Small";   It's a Small World.

Man kann index und substr miteinander kombinieren, um Ersetzungen der Art s/// durchzuführen, aber in diesem Fall ist s/// für gewöhnlich schneller:

$str = "It's a Perl World.";
substr($str, index($str, 'Perl'),   It's a Mad Mad Mad Mad World.
4) =
  "Mad Mad Mad Mad";
$str =~ s/Perl/Mad Mad Mad Mad/;   *Weniger noisy und wahrscheinlich schneller.*

Sie können auch andere Sachen mit substr machen, die andere L-Werte tun können, wie etwa die Bindung an Substitutionen oder tr///:

$str = "It's a Perl World.";
substr($str, index($str, 'Perl'),   It's a PERL World.
4)
  =~ tr/a-z/A-Z/;

Ersetzen Sie einzelne Zeichen mit tr///

Obwohl es möglich ist, einzelne Zeichen mit regulären Ausdrücken zu ersetzen, bietet der tr///-Operator einen wesentlich effizienteren Mechanismus an:

■ **Benutzen Sie zur Transliteration von Zeichen tr/// und keine regulären Ausdrücke.**

$_ = "secret message"; tr/n-za-m/a-z/;	frperg zrffntr – *Zeichenkette mit »rot13« verschlüsselt.*
@h{'n'..'z','a'..'m'} = ('a'..'z'); s/([a-z])/$h{$1}/g;	*Mehr als 20mal langsamer, die Initialisierung des Hashes nicht mitgerechnet!*

Der tr///-Operator dient auch zu anderen Zwecken. Er bietet die schnellste Möglichkeit, Zeichen in einer Zeichenkette zu zählen und kann dazu verwendet werden, doppelte Zeichen zu entfernen:

$digits = tr/0-9//;   *Zähle schnell die Ziffern in $_.*
tr/ \n\r\t\f/ /s;   *Wiederholter Leerraum wird zu einem einzelnen Leerzeichen.*
$_ = "Total\r\nDOS\r\n";   *Wandle eine DOS-Textdatei nach Unix um.*
tr/\r//d;

Artikel 21

Machen Sie reguläre Ausdrücke lesbar

Reguläre Ausdrücke sind oft unordentlich und verwirrend. Das läßt sich nicht leugnen – es ist wahr.

Ein Grund dafür, daß reguläre Ausdrücke verwirrend sind, liegt darin, daß sie ein sehr kompaktes und visuell ablenkendes Aussehen besitzen. Sie sind eine »kleine Sprache« für sich selbst. Allerdings besteht diese kleine Sprache nicht aus Wörtern wie foreach und while. Statt dessen verwendet sie Atome und Operatoren wie \w, [a-z] und +.

Ein weiterer Grund liegt darin, daß reguläre Ausdrücke in ihrer Wirkungsweise verwirrend sein können. Gewöhnliche Programmieraufgaben lassen sich im allgemeinen mehr oder weniger direkt in Quelltext umwandeln. Sie denken »Zähle von 1 bis 10« und schreiben for $i (1..10) { print "$i\n" }. Aber ein regulärer Ausdruck, der eine bestimmte Aufgabe erfüllt, sieht wahrscheinlich nicht ganz wie eine Folge gradliniger Anweisungen aus. Sie denken vielleicht »finde eine Zeichenkette in einfachen Anführungsrungszeichen für mich« und haben letztendlich so etwas wie /'(?:\\'|.)*?'/.

Es ist ein guter Gedanke, reguläre Ausdrücke lesbarer zu machen, besonders wenn man eigene Programme mit anderen teilt, oder wenn man zu einem späteren Zeitpunkt selbst daran weiterarbeiten möchte. Natürlich können Sie damit anfangen, Ihre regulären Ausdrücke *einfach* zu halten, dennoch können Sie einige Merkmale von Perl nutzen, die Ihnen dabei helfen, sogar komplexe reguläre Ausdrücke verständlicher zu gestalten.

Verwenden Sie /x, um Ihren regulären Ausdrücken Leerraum hinzuzufügen

Normalerweise ist Leerraum innerhalb eines regulären Ausdrucks bedeutungstragend:

```
($a, $b, $c) = /^(\w+) (\w+) (\w+)/     Finde drei durch ein Leerzeichen getrennte Wörter am
;                                        Anfang von $_.
$_ = "Test                                $_ enthält eingebettete Zeilenendezeichen (dasselbe,
eins                                      als hätten wir \n verwendet).
zwei";

                                         Ersetze die Zeilenendezeichen durch <lf>
s/
/<lf>/g;                                 Test<lf>eins<lf>zwei

print "$_\n";
```

Das Kennzeichen /x, das sowohl auf Mustervergleiche als auch auf Ersetzungen angewendet werden kann, sorgt dafür, daß der Parser für reguläre Ausdrücke Leerraum ignoriert (so lange diesem kein Backslash vorangeht oder er in einer Zeichenklasse steht), einschließlich Kommentaren:

($str) = /(' (?: \\' | .)*? ')/x; *Finde eine Zeichenkette in einfachen Anführungszeichen, inklusive maskierter Anführungszeichen.*

Dies kann besonders praktisch sein, wenn ein regulärer Ausdruck eine komplexe Alternation enthält:

```
($str) = / (
   " (?:
    \\\W  | # Sonderzeichen
    \\x[0-9a-fA-F][0-9a-fA-F] | # Hex
    \\[0-3]?[0-7]?[0-7] | # Oktal
    [^"\\] # Gewöhnliches Zeichen
  )* "
) /x;
```

Finde eine Zeichenkette in doppelten Anführungszeichen, inklusive Maskierungen für hexadezimale und oktale Zahlen.

Teilen Sie komplexe reguläre Ausdrücke in kleinere Stücke auf

Wie wir in Artikel 15 gesehen haben, unterliegen reguläre Ausdrücke der Interpolation innerhalb doppelter Anführungszeichen. Dieses Merkmal kann man nutzen, um mit Variablen aufgebaute reguläre Ausdrücke zu erstellen. In einigen Fällen macht sie das einfacher zu lesen:

```
$num = '[0-9]+';
$word = '[a-zA-Z_]+';
$space = '[ ]+';
$_ = "Test 1 2 3";
@split = /($num | $word | $space)/
gxo;

print join(":", @split), "\n";
```

Erzeuge einige »Teilmuster«.

Einige Beispieldaten.
Übereinstimmungen gehen in ein Array.
Test: :1: :2: :3

Das von diesem Beispiel erzeugte Muster ist /([0-9]+ | [a-zA-Z_]+ | [ ]+)/gxo. Wir haben das Kennzeichen /o (»übersetze einmal«) verwendet, weil keine Notwendigkeit besteht, daß Perl diesen regulären Audruck öfter als einmal übersetzt.

Man beachte, daß es in diesem Beispiel keine Backslashes gibt. In komplexeren Mustern ist es schwierig, Backslashes zu vermeiden. Dennoch müssen Backslashes verdoppelt werden, damit sie ordnungsgemäß funktionieren, was in der Art begründet ist, in der Perl Backslashes und Zeichenmaskierungen in Zeichenketten (und regulären Ausdrücken) behandelt:

```
$num = '\\d+';                          '\\d+' wird zur Zeichenkette '\d+', etc.
$word = '\\w+';
$space = '\\ +';
                                        Einige Beispieldaten.
$_ = "Test 1 2 3";                      Übereinstimmungen in ein Array.
@split = /($num | $word | $space)/      Test: :1: :2: :3
gxo;

print join(":", @split), "\n";
```

Das von diesem Beispiel erzeugte Muster ist /(\d+ | \w+ | \ +)/gxo.

Wollen wir einen wörtlichen Backslash in einem regulären Ausdruck, muß dieser mit einem Backslash versehen werden (z. B. paßt /\\/ auf einen einzelnen Backslash). Weil Backslashes in Variablen verdoppelt werden müssen, kann dies zu übel aussehenden Zeichenketten führen – '\\\\', um einen Backslash zu finden, und '\\\\\\w', um einen Backslash gefolgt von einem \w-Zeichen zu finden. Das macht unsere regulären Ausdrücke offensichtlich nicht lesbarer; wenn wir es also mit Teilmustern zu tun haben, die Backslashes enthalten, ist es klug, einige Zeichenketten in Variablen zu halten, die diese Häßlichkeit verbergen. Schreiben wir das obige Beispiel mit der Zeichenkette in doppelten Anführungszeichen um und verwenden diesmal einige Variablen:[20]

```
$back = '\\\\';                         Muster für einen Backslash.

$spec_ch = "$back\\W";                  Maskierte Zeichen wie \", \$.
$hex_ch = "${back}x[0-9a-fA-F]{2}";     Hex-Maskierung: \xab.
$oct_ch = "${back}[0-3]?[0-7]?[0-       Okt-Maskierung: \123.
7]";                                    Gewöhnliches Zeichen.
$char = "[^\"$back]";
                                        Hier ist der eigentliche Musterverleich.
($str) = /(
 " (
  $spec_ch | $hex_ch | $oct_ch |
$char
 )* "
)/xo;
```

---

20. Wenn Sie etwas wie "${back}[0-3][0-7]{2}" stört, schreiben Sie es doch einfach so: $back . "[0-3][0-7]{2}".

Machen Sie reguläre Ausdrücke lesbar

Wenn Sie neugierig sind, wie ein so aufgebauter regulärer Ausdruck tatsächlich aussieht, geben Sie ihn aus. Hier eine Möglichkeit:

Fortsetzung von oben:

```
print <<EOT;                    
/(                              
  " (                           
   $spec_ch | $hex_ch | $oct_ch |
$char                           
  )* "                          
)/xo;                           
EOT
```
Schließe einfach alles in ein Here-Dokument in doppelten Anführungszeichen ein.

Dies gibt aus:

```
/(
  " (
   \\\W | \\x[0-9a-fA-F]{2} | \\[0-3]?[0-7]?[0-7] | [^"\\]
  )* "
)/xo;
```

Dies ist ein ziemlich einfaches Beispiel für die Verwendung von Variablen, um reguläre Ausdrücke zu erzeugen. Im Coole Eulen-Buch finden Sie ein wesentlich komplexeres Beispiel – einen regulären Ausdruck, der RFC822-Adressen analysieren kann.

Artikel 22

Machen Sie reguläre Ausdrücke effizient

Obwohl Perls Instanz zur Auswertung regulärer Ausdrücke viele Optimierungen hinsichtlich der Effizienz enthält, ist es möglich – und manchmal ganz einfach – Vergleiche und Ersetzungen zu erstellen, die wesentlich langsamer laufen als sie es sollten.

Effizienz ist vielleicht nicht immer das Hauptziel. In der Tat sollte Effizienz *selten* ein Hauptziel der Softwareentwicklung sein. Im allgemeinen sollte ein Programmierer die Prioritäten so setzen, daß er angemessene und robuste Lösungen für Probleme entwikkelt. Es kann aber dennoch nicht schaden, Effizienz im Blick zu behalten.

Schauen wir uns noch einige weitverbreitete Probleme mit regulären Ausdrücken in Perl an. Die folgende Liste ist keineswegs erschöpfend, aber sie stellt einen Anfang dar und sollte Sie in die richtige Richtung führen.

Einmalige Übersetzung mit /o

Die regulären Ausdrücke für die meisten Mustervergleiche und Ersetzungen werden nur einmal in die Perl-interne Form übersetzt – zur Übersetzungszeit zusammen mit den anderen sie umgebenden Anweisungen:

Das Muster /\bmagisches_Wort\b/ *wird nur einmal übersetzt, da es konstant bleibt. Die übersetzte Form wird dann immer wieder zur Laufzeit verwendet.*
```
foreach (@big_long_list) {        Zähle das Vorkommen von magisches_Wort in
  $count += /\bmagisches_Wort\b/;  @big_long_list.
}
```

Enthält ein Muster allerdings interpolierte Variablen, übersetzt Perl es *bei jeder Verwendung* noch einmal:

Das Muster /\b$magic\b/ *wird bei jeder Verwendung in einem Vergleich neu übersetzt, da es eine interpolierte Variable enthält.*
```
print "Gib mir das Zauberwort: ";   Zähle das Vorkommen des Zauberworts in
chomp($magic = <STDIN>);            @big_long_list.
foreach (@big_long_list) {
  $count += /\b$magic\b/;
}
```

Der Grund für dieses Verhalten liegt darin, daß sich die Variablen, aus denen dieses Muster besteht, seit der letzten Übersetzung geändert haben könnten, und das eigentliche Muster dementsprechend anders aussehen könnte. Perl geht von dieser Annahme aus, um auf der sicheren Seite zu sein, aber solch eine Neuübersetzung ist oft unnötig.

In vielen Fällen, wie dem obigen /\b$magic\b/-Beispiel, werden Variablen zur Bildung eines Musters verwendet, das während der Ausführung des Programms, in dem es steht, gleich bleibt. Ein solches Muster bei jeder Verwendung in einem Vergleich neu zu übersetzen, ist grobe Verschwendung. Dieses Problem ergibt sich oft, und es gibt natürlich in Perl ein Merkmal, das Ihnen bei der Lösung hilft. Perls /o (»übersetze einmal«)-Kennzeichen sorgt dafür, daß ein regulärer Ausdruck mit Variablen *nur einmal* übersetzt wird – wenn er zum ersten Mal zur Laufzeit angetroffen wird:

■ **Benutzen Sie /o, um Muster nur einmal zu übersetzen.**

Das Muster /\b$magic\b/o *wird bei der ersten Iteration der* foreach-*Schleife unter Verwendung des aktuellen Wertes von* $magic *zu diesem Zeitpunkt übersetzt. Dieses Muster wird nie wieder übersetzt, selbst wenn sich der Wert von* $magic *verändert.*

```
print "Gib mir das Zauberwort: ";
chomp($magic = <STDIN>);
foreach (@big_long_list) {              Zähle das Auftreten des Zauberworts in
  $count += /\b$magic\b/o;              @big_long_list – man beachte das zusätzliche /o.
}
```

Das Kennzeichen /o funktioniert auch bei Ersetzungen. Man beachte, daß die Ersetzungszeichenkette in der Substitution weiterhin so funktioniert, wie sie es immer tut – sie kann sich von Vergleich zu Vergleich ändern:

```
print "Gib mir das Zauberwort: ";       Ersetze jedes Auftreten von $magic mit etwas, das
chomp($magic = <STDIN>);                von rand_word() zurückgegeben wird.
foreach (@big_long_list) {              Siehe dazu auch die Beispiele am Ende von Artikel 29.
  s/\b$magic\b/rand_word()/eo;
}
```

Verwenden Sie keine Vergleichsvariablen

In Artikel 16 erwähnte ich, daß die Vergleichsvariablen ($`, $&, und $') Ihren Perl-Programmen einen Geschwindigkeitsnachteil auferlegen. Immer, wenn ein Perl-Programm eine der Vergleichsvariablen verwendet, muß Perl für *jeden einzelnen Mustervergleich im Programm* auf die Werte der Vergleichsvariablen achten.

▼ **Benutzen Sie keine Vergleichsvariablen ($`, $&, $'), wenn Geschwindigkeit wichtig ist.**

Die Verwendung einer Vergleichsvariablen an beliebiger Stelle in Ihrem Programm aktiviert ein Merkmal, das eine Kopie der Zeichenkette der Übereinstimmung ($&), der Position vor der Übereinstimmung ($`) und der Zeichenkette für die Position nach der Übereinstimmung ($') für jede einzelne Übereinstimmung im Programm anlegt.

```
$_ = "Vergleichsvariable";
/.*/;                                   Oha: Wir haben die Vergleichsvariable aktiviert.
print "Überflüssige Verwendung von
$&\n";
```

▼ **Benutzen Sie keine Vergleichsvariablen ($`, $&, $'), wenn Geschwindigkeit wichtig ist. (Forts.)**

```
while (<>) {                         Dies läuft jetzt langsamer, wegen
  push @merlyn, $_ if /\bmerlyn\b/;  der obigen Verwendung von $&!
}
```

Perl ist nicht clever genug, um zu wissen, auf welche Muster die Vergleichsvariablen vielleicht verweisen, also belegt Perl die Werte der Vergleichsvariablen bei jedem Mustervergleich neu. Dies führt zu vielen zusätzlichen Kopiervorgängen und unnötigem Umherschieben von Bytes.

Zum Glück ist der Nachteil nicht gar so groß. In den meisten Fällen (besonders, wenn wie im obigen Fall Ein-/Ausgabe beteiligt ist) wird ein Programm nur etwas langsamer laufen, wenn überhaupt. In einem Testfall, der diesen Nachteil messen sollte, betrug die zusätzlich benötigte Zeit von ein paar Prozent bis zu 30 oder 40 Prozent. Jeffrey Friedl berichtet von einem fabrizierten Testfall, in dem die Laufzeit mit einer Vergleichsvariable 700mal länger war, aber es ist unwahrscheinlich, daß Sie jemals in eine solche Situation geraten.

Vermeiden Sie unnötige Alternationen

Alternation in regulären Ausdrücken ist gemeinhin sehr langsam. Durch die Funktionsweise der Instanz, die in Perl reguläre Ausdrücke auswertet, muß diese Instanz jedesmal, wenn eine Alternative in einem regulären Ausdruck nicht paßt, denselben Weg in der Zeichenkette zurückgehen (engl. *backtrack*) (mehr dazu im nächsten Unterpunkt) und die nächste Alternative probieren:

Der folgende Mustervergleich findet eine Wortgrenze und versucht dann george *zu finden. Schlägt dies fehl, geht er zur Wortgrenze zurück und versucht* jane *zu finden. Glückt auch dies nicht, versucht er es mit* judy, *dann* elroy. *Wird eine Übereinstimmung gefunden, sucht er nach der nächsten Wortgrenze.*

```
while (<>) {
  print if
    /\b(george|jane|judy|elroy)\b/;
}
```

Es gibt einige Beispiele, in denen Alternation vollkommen unnötig ist. In diesen Fällen ist es für gewöhnlich erheblich langsamer als der korrekte Alternativansatz. Der klassische Fall ist die Verwendung einer Alternation anstelle einer Zeichenklasse:

▼ **Benutzen Sie nicht eine Alternation** (a|b|c) **anstelle einer Zeichenklasse** ([abc]).

Die Verwendung einer Alternation anstelle einer Zeichenklasse kann einen enormen Geschwindigkeitsnachteil für einen Mustervergleich bedeuten.

```
while (<>) {
  push @var, m'((?:\$|@|%|&)\w+)'g;
}
```
Suche nach etwas, das wie ein Variablenname in Perl aussieht. Einfache Anführungszeichen als Begrenzungszeichen schalten die Variableninterpolation innerhalb von Mustern aus.

```
while (<>) {
  push @var, m'([$@%&]\w+)'g;
}
```
Suche nach etwas, das wie ein Variablenname in Perl aussieht. Dieser Ansatz ist ungefähr viermal schneller als die Version mit Alternation.

Vermeiden Sie unnötiges Backtracking

Perls prozedurale Instanz zur Auswertung regulärer Ausdrücke (siehe Artikel 17) funktioniert so, daß sie schrittweise durch die übersetzte Version eines Musters durchgeht, und es in Wirklichkeit so verwendet, als wäre es ein kleines Programm, das versucht, Textstücke zu vergleichen:

▶ Wenn Sie eine Sequenz schreiben, erzeugen Sie Anweisungen, die »versuche dies, gefolgt von jenem, gefolgt von ... zu finden« bedeuten.

▶ Wenn Sie eine Alternation schreiben, erzeugen Sie Anweisungen, die »versuche zuerst, dies zu finden; funktioniert das nicht, gehe zurück und versuche jenes zu finden; funktioniert das nicht ...« und so weiter bedeuten.

▶ Wenn Sie einen Wiederholungsoperator wie + oder * verwenden, weisen Sie die Instanz an: »versuche so viele wie möglich davon in einer Reihe zu finden.«

Betrachten wir das Muster /\b(\w*t|\w*d)\b/, das nach Wörtern sucht, die entweder auf t oder d enden. Bei jeder Verwendung dieses Musters sucht die Instanz nach einer Wortgrenze. Dann nimmt sie die erste Alternation vor und sucht nach möglichst vielen Wortzeichen in einer Reihe. Danach sucht sie nach einem t. Hmm – sie wird keines finden, weil sie schon alle Wortzeichen gelesen hat. Also muß sie ein Zeichen zurückgehen. Ist dieses Zeichen ein t, ist das großartig – nun kann sie nach einer Wortgrenze suchen, und danach ist alles fertig. Andernfalls, wenn sie keine Übereinstimmung findet, geht die Instanz immer wieder zurück und versucht ein t zu finden. Wenn sie den ganzen Weg zurück zur ursprünglichen Wortgrenze geht, versucht die Instanz dann die zweite Hälfte der Alternation zu finden und sucht nach einem d am Ende.

Wie man sieht, ist dies ein sehr komplizierter Prozeß. Nun, man kann ja davon ausgehen, daß die Instanz zur Bearbeitung regulärer Ausdrücke komplizierte Dinge tut, aber dieses besondere Muster macht die Arbeit sehr viel komplizierter als nötig.

Ein offensichtlicher Mangel besteht darin, daß, wenn die Instanz zu Beginn am Anfang eines auf d endenden Wortes steht, sie ganz bis zum Ende und zurück muß, und dabei vergebens nach einem t sucht, bevor es überhaupt erst mit der Suche nach einem d anfängt. Das können wir auf jeden Fall beheben. Schmeißen wir einfach die Alternation raus:

```
/\b\w*[td]\b/
```

Das ist eine Verbesserung. Nun wird die Instanz das gesamte Wort nur einmal absuchen, egal ob es auf t, d oder etwas anderem endet.

Das eigentliche Problem des Backtrackings sind wir allerdings noch nicht angegangen. Man beachte, daß es für die Instanz zur Auswertung regulärer Ausdrücke keinen Grund gibt, weiter als ein Zeichen vom Ende eines Wortes zurückzugehen. Ist dieses Zeichen kein t oder d, ergibt das Weitersuchen keinen Sinn, denn selbst wenn wir vorher eins in der Zeichenkette fänden, wäre es nicht am Ende des Wortes.

Es gibt keine Möglichkeit zu erzwingen, daß Perl dieses Verhalten des Zurückgehens ändert (zumindest soweit ich weiß), aber man kann dieses Problem auch ein wenig anders angehen. Fragen Sie sich: »Wenn ich nach Wörtern suchen wollte, die auf t oder d enden, wonach würde ich suchen?« Mit größter Wahrscheinlichkeit würden Sie nach Wortendungen wie etwa dieser schauen:

```
/[td]\b/
```

Das ist nun interessant. Dieser kleine reguläre Ausdruck leistet all das, was die anderen beiden auch tun, auch wenn das auf den ersten Blick nicht offensichtlich ist. Aber denken Sie darüber nach. Links vom t oder d stehen keine oder mehr \w-Zeichen. Uns interessiert nicht, welche Art von \w-Zeichen das sind; also, wenn Sie wollen tautologisch: Wenn wir erst einmal ein t oder d links von einer Wortgrenze haben, haben wir ein Wort, das auf t oder d endet.

Natürlich läuft dieser kleine reguläre Ausdruck viel schneller als die obigen beiden – mehr oder weniger fast doppel so schnell. Offensichtlich muß man nicht viel zurückgehen, denn der Ausdruck vergleicht nur ein einziges Zeichen!

Verwenden Sie speicherfreie runde Klammern

Verwendet man runde Klammern nur zur Gruppierung, braucht man keine Kopie von dem, was die runden Klammern gefunden haben. Man kann die für die Kopie benötigte Zeit sparen, indem man Perls speicherfreie runde Klammern verwendet:

Machen Sie reguläre Ausdrücke effizient

■ **Benutzen Sie speicherfreie Klammern (?:...) zur Beschleunigung von Mustervergleichen.**

Es gibt keinen Grund, den Inhalt der inneren runden Klammern in diesem Muster zu speichern; wollen Sie also ein wenig Zeit sparen, verwenden Sie speicherfreie runde Klammern.

`($host) = m/(\w+(\.\w+)*)/;`	*Finde so etwas wie einen Hostnamen* (foo.bar.com) *und belege* $host *damit.*
`($host) = m/(\w+(?:\.\w+)*)/;`	*Dasselbe, aber ohne Speicher für die inneren runden Klammern.*

Die gesparte Zeit ist im allgemeinen gar nicht so groß, und speicherfreie runde Klammern verbessern nicht gerade die Lesbarkeit. Aber manchmal kommt es eben auf das kleinste bißchen Geschwindigkeit an!

In Artikel 16 erfahren Sie mehr über speicherfreie runde Klammern.

Testen Sie Ihre regulären Ausdrücke mit Bewertungsprogrammen

Wie bei vielen anderen Dingen in Perl besteht die beste Möglichkeit, um herauszufinden, wie man einen Mustervergleich schnell ausführen lassen kann, darin, mehrere verschiedene Implementierungen zu erstellen und sie mit Bewertungsprogrammen (engl. *benchmark*) zu testen.

Verwenden wir das Benchmark-Modul (siehe Artikel 37), um zu sehen, welchen Unterschied die obigen speicherfreien runden Klammern wirklich auszumachen:

■ **Stoppen Sie Ihre regulären Ausdrücke mit Benchmark.**

```use Benchmark;```
```@data = <>;```
```my $host;```
	Lies einige Daten ein. (Ich habe 1.000 Zeilen einer HTTP-Zugriffslogdatei verwendet.)

```timethese (100,```
``` { mem => q{```
``` for (@data) {```
```   ($host) = m/(\w+(\.\w+)+)/; }```
``` },```
	Der zu testende Code kommt in eine eval*-Zeichenkette (siehe Artikel 54).*

```memfree => q{```
``` for (@data) {```
```   ($host) = m/(\w+(?:\.\w+)+)/; }```
``` }```
``` }```
```);```
	Weiterer Testcode.

Die Ergebnisse:

```
Benchmark: timing 100 iterations of mem, memfree...
       mem: 12 secs (12.23 usr  0.00 sys = 12.23 cpu)
   memfree: 11 secs (10.64 usr  0.00 sys = 10.64 cpu)
```

Nicht schlecht: Es dauert ungefähr 15 Prozent länger, die Version ohne speicherfreie runde Klammern laufen zu lassen.

Subroutinen

Artikel 23

Der Unterschied zwischen my und local

Der Unterschied zwischen my und local ist einer der subtileren und schwierigeren Aspekte von Perl. Er ist subtil, weil die Gelegenheiten nicht so häufig sind, bei denen funktionale Unterschiede zwischen my und local beobachtet werden können. Er ist schwierig, weil die sich tatsächlich ergebenden Unterschiede im Verhalten unerwartet und sehr schwer zu begreifen sein können.

Der Unterschied zwischen my und local wird manchmal von Leuten so beschrieben: »my-Variablen betreffen nur die Subroutine, in der sie deklariert wurden, während local-Variablen alle Subtroutinen betreffen, die von dieser Subroutine aufgerufen werden.« *Das ist aber falsch*, weil my nichts mit Subroutinen zu tun hat, local nichts mit Subroutinen zu tun hat, und natürlich der Unterschied zwischen ihnen ebenfalls nichts mit Subroutinen zu tun hat. Es mag zwar so aussehen, aber die Wahrheit ist – wie wir noch sehen werden – ganz anders. Nichtsdestotrotz behandle ich my und local in diesem Abschnitt, weil ihre Verwendung in Subroutinen extrem wichtig ist.

Globale Variablen

In Perl haben alle benennbaren Variablen, Subroutinen und andere Elemente einen *paketweiten Gültigkeitsbereich* (oder einfach »globalen Gültigkeitsbereich«) als Default. Das heißt, sie existieren in der Symboltabelle eines Pakets. Geschweifte Klammern, Subroutinen und/oder Dateien alleine erzeugen keine lokalen Variablen.[21] (Die Artikel 42 und 57 enthalten mehr zu Paketen und Symboltabellen).

---

21. Bestimmte Konstrukte wie foreach und map legen automatisch einen lokalen Gültigkeitsbereich für Laufvariablen an. Für jede Regel scheint es eine Quasi-Ausnahme zu geben.

In den meisten Fällen werden globale Namen während der Übersetzungsphase in die entsprechende Symboltabelle des Pakets plaziert. Namen, die zur Übersetzungszeit nicht bekannt sind, werden zur Ausführung hinzugefügt. Schauen wir uns das bei einem Programm namens tryme an:[22]

Den Inhalt der Hauptsymboltabelle ausgeben (%main:: oder auch %::).
```
print join " ", keys %::;          Zur Übersetzungszeit erzeugt.
$compile_time;
                                   Zur Laufzeit erzeugte symbolische Referenz (siehe
${"run_time"};                     Artikel 30)
% tryme
ARGV 0 FileHandle:: @ stdin STDIN " stdout STDOUT $ stderr STDERR _<perlmain.c
compile_time DynaLoader::  _<tryme ENV main:: INC DB:: _ /
```

Man beachte, daß in diesem Beispiel der Bezeichner compile_time in der Symboltabelle steht, bevor in der Ausführung die Variable $compile_time überhaupt erreicht ist. War man sich vorher der compilerartigen Natur von Perl nicht sicher, sollte sie einem durch Beispiele wie diesem bestätigt werden.

Wahrscheinlich ist Ihnen seit Anbeginn Ihrer Programmiererkarriere (oder Ihres Hobbys oder wie auch immer Sie es bezeichnen möchten) erzählt worden, daß globale Variablen *schlecht* sind. Man sagt, daß gute Programme mit wenigen globalen Variablen auskommen sollten, weil globale Variablen verdeckte Schnittstellen erzeugen, Code schwierig zu lesen und zu ändern machen, und Compilern auch die Optimierung des Codes schwermachen.

Dem mag man komplett zustimmen oder auch nicht. Allerdings bin ich sicher, daß, wenn Sie Programme geschrieben haben, die länger als einige hundert Zeilen sind (insbesondere in Teamarbeit), Sie zumindest teilweise zustimmen werden. Sie sollten die Notwendigkeit für einen Mechanismus zur Unterstützung *lokaler Variablen* in Perl einsehen. Natürlich unterstützt Perl lokale Variablen und ist darin in der Tat großzügiger als die meisten anderen Sprachen, die einem nur einen einzigen Mechanismus zur Erzeugung lokaler Variablen anbieten. Perl gibt Ihnen zwei.

Lexikalische Gültigkeitsbereiche (zur Übersetzungszeit) mit my

Der Perl-Operator my erzeugt Variablen mit *lexikalischem* Gültigkeitsbereich. Eine durch my erzeugte Variable existiert vom Punkt der Deklaration an bis zum Ende des einschließenden Gültigkeitsbereiches. Ein einschließender Gültigkeitsbereich ist ein Paar geschweifter Klammern, eine Datei oder eine eval-Zeichenkette (siehe Artikel 54). Der Gültigkeitsbereich ist insofern lexikalisch, als er alleine durch Inspektion des

---

22. Sie können hierfür auch den Debugger verwenden (siehe Artikel 39), aber diese Beispiele sind für mich im Text mit kurzen Programmen leichter zu illustrieren.

Programmtextes während der Übersetzung bestimmt wird. Mit anderen Worten, der Gültigkeitsbereich einer my-Variablen kann einfach durch Einsicht in den Quelltext bestimmt werden; ein Beispiel:

```
$a = 3.1416;
{
  my $a = 2.7183;
  print $a; # 2.7183;     ◄──── Gültigkeitsbereich
}                                von my $a
print $a; # 3.1416;
```

Hier ist die außerhalb der geschweiften Klammern verwendete Variable $a die globale Variable $a. Die Variable $a innerhalb der geschweiften Klammern ist die lexikalische Variable $a, die lokal bezüglich der geschweiften Klammern ist. Scheint Ihnen dies nun erstaunlich offensichtlich und banal nun, dann sollte es das auch. Auf diese Weise behandeln die meisten gebräuchlichen Programmiersprachen Gültigkeitsbereiche. Aber das hier ist Perl, und man sollte nicht überrascht sein, wenn man von einigen Kniffen erfährt. Tatsächlich gibt es mehr als ein paar Kniffe. Schauen wir uns einige an.

Zunächst inspizieren wir noch einmal die Symboltabelle. Hier ist ein Programm, das dem vom Anfang dieses Artikels ähnelt, aber einige Dinge etwas anders organisiert. Dieses Mal nutzen wir my:

```
my $compile_time;                Dies ist eine my-Variable.
$compile_time;                   Nutze sie.
print join " ", keys (%::);
```

Wenn wir dieses Mal das Programm ablaufen lassen, erhalten wir:

```
% tryme
ARGV 0 FileHandle:: @ stcin STDIN " stdout STDOUT $ stderr STDERR _<perlmain.c
DynaLoader::  _<tryme ENV main:: INC DB:: _ /
```

Hmm. Wohin ist compile_time verschwunden? Schauen wir uns etwas anderes an:

```
$compile_time;                   Dies ist keine my-Variable.
my $compile_time;                Aber diese hier.
print join " ", keys (%::);
```

Lassen wir dieses Beispiel laufen, erhalten wir:

```
% tryme
ARGV 0 FileHandle:: @ stdin STDIN " stdout STDOUT $ stderr STDERR _<perlmain.c
compile_time DynaLoader::   _<tryme ENV main:: INC DB:: _ /
```

Nun haben wir `compile_time` wieder.

Diese Beispiele demonstrieren, daß my-Variablen nicht in den Symboltabellen des Pakets »leben«. Im ersten Beispiel mit `my $compile_time` gibt es in der Datei nur eine Variable namens `$compile_time`, und sie kommt nie in die Symboltabelle des Pakets. Im anderen Beispiel gibt es zwei separate Variablen namens `$compile_time`: die globale in der Symboltabelle und `my $compile_time`, die in keiner Symboltabelle steht.[23]

Man kann über qualifizierte Namen immer auf den Wert von paketweiten globalen Variablen zugreifen. Qualifizierte Namen (die mit ::) beziehen sich immer auf eine Variable in einer Symboltabelle. Ein Beispiel:

```
{
  my $a = 3.1416;
  $main::a = 2.7183;
  print "(in) a = $a\n";              (in) a = 3.1416
  print "(in) main::a = $main::a\n";  (in) main::a = 2.7183
  print "(in) ::a = $::a\n";          (in) ::a = 2.7183
}
print "(out) a = $a\n";               (out) a = 2.7183
```

Symboltabellen werden auch für eine Reihe weiterer Dinge wie symbolischer Referenzen (engl. *soft references*) und Typeglobs verwendet. Da my-Variablen nicht in einer Symboltabelle stehen, kann man sie mit keiner dieser Techniken erreichen. Im folgenden sehen Sie ein Beispiel mit symbolischen Referenzen:

```
my $a = 3.1416;
${'a'} = 2.7183;
print "my a = $a\n";                  my a = 3.1416
print "{a} = ${'a'}\n";               {a} = 2.7183
```

---

23. Eigentlich steht sie zur Übersetzungszeit in einer Symboltabelle, auf die zur Laufzeit aber nicht zugegriffen werden kann.

Der Unterschied zwischen my und local

Typeglobs funktionieren genauso. Wie dieses Beispiel zeigt, beziehen sich Typeglobs, symbolische Referenzen und qualifizierte Variablennamen niemals auf lexikalische (my) Variablen:

```
$a = 2.7183;
my $a = 3.1416;
*alias = *a;
print "my a = $a\n";                  my a = 3.1416
print "alias = $alias\n";             alias = 2.7183
print "{a} = ${'a'}\n";               {a} = 2.7183
print "::a = $::a\n";                 ::a = 2.7183
```

Man beachte, daß sich der Typeglob *alias auf das globale *a bezieht, obwohl die Zuweisung an den Typeglob erst nach my $a erfolgt. Es macht keinen Unterschied, wo die Zuweisung auftritt – ein Typeglob bezieht sich immer auf einen Eintrag in der Symboltabelle, und my-Variablen werden dort nicht erscheinen. Die anderen Kniffe müssen warten, bis wir die Diskussion lokaler Variablen aufgenommen haben.

Gültigkeitsbereiche zur Laufzeit mit local

Der andere Perl-Mechanismus für Gültigkeitsbereiche ist local. local gibt es sehr viel länger als my. Tatsächlich wurde my erst mit Perl 5 eingeführt. Man mag sich fragen, was an local so falsch ist, daß Larry Wall es der Mühe wert befand, zusätzlich einen völlig anderen Mechanismus für Gültigkeitsbereiche zu entwickeln, der diesen ablösen soll? Zur Beantwortung dieser Frage schauen wir uns einfach an, wie local funktioniert. Ab einem gewissen Punkt wird man die Vorteile von my erkennen.

local ist ein Mechanismus für Gültigkeitsbereiche zur Laufzeit (engl. *run-time scoping*).[24] Im Gegensatz zu my, das im Grunde genommen während der Übersetzung neue Variablen in einer privaten Symboltabelle erzeugt, wirkt sich local zur Laufzeit aus: Es *sichert* die Werte seiner Argumente zur Laufzeit auf einen Stack und *holt sie zurück*, wenn der Ausführungsthread den enthaltenden Gültigkeitsbereich verläßt. Auf den ersten Blick scheinen local und my sehr ähnliche Dinge zu tun. Hier ist ein Beispiel, das dem in dem Kasten auf Seite 101 ähnelt, wobei my durch local ersetzt ist:

---

24. Anderswo wird local auch als dynamischer Gültigkeitsbereich (engl. *dynamic scoping*) bezeichnet, aber ich glaube, »Gültigkeitsbereich zur Laufzeit« ist genauer und verständlicher.

```
$a = 3.1416;                          Ein einfaches Beispiel mit local.
{
  local $a = 2.7183;
  print "$a\n";                       2.7183
}
print "$a\n";                         3.1416
```

Obwohl es aussieht wie das Beispiel mit my und obwohl es die gleiche Ausgabe erzeugt, geht in den Innereien von Perl etwas ganz anderes vor sich.

Wie wir gesehen haben, erzeugt Perl im Falle von my eine separate Variable, auf die zur Laufzeit nicht über den Namen zugegriffen werden kann. Mit anderen Worten, sie erscheint niemals in der Symboltabelle eines Pakets. Während der Ausführung des inneren Blocks steht die globale Veriable $a außerhalb mit ihrem Wert von 3.1416 weiterhin in der Symboltabelle.

Im Falle von local sichert Perl allerdings den aktuellen Inhalt von $a zur Laufzeit auf einen Stack. Der Inhalt von $a wird dann durch den neuen Wert *ersetzt*. Verläßt das Programm den umschließenden Block, werden die durch local gesicherten Werte zurückgeholt. Im gesamten Beispiel gibt es immer nur eine Variable namens $a. Zur besseren Veranschaulichung benutzen wir eine symbolische Referenz, um einen Blick auf die Symboltabelle zu werfen:

```
$a = $b = 3.1416;
{
  local $a = 2.7183;
  my $b = 2.7183;
  print "IN: local a = $a, my b = $b\n";
  print "IN: {a} = ${'a'}, {b} = ${'b'}\n";
}
print "OUT: local a = $a, my b = $b\n";
```

Der Lauf erzeugt:

```
% tryme
IN: local a = 2.7183, my b = 2.7183
IN: {a} = 2.7183, {b} = 3.1416
OUT: local a = 3.1416, my b = 3.1416
```

Wie interessant. Der Trick, durch Nutzung einer symbolischer Referenz auf die globale Variable $a zu schauen, funktionierte mit my, scheint aber keinen Effekt auf local zu haben. Dies ist gerade so, wie es sein muß. my *erzeugt eine andere Variable*, während local *temporär den Wert der bestehenden Variablen sichert*. Da local ein Mechanismus zur Laufzeit und nicht zur Übersetzungszeit ist, können die Änderungen, die local an globalen Variablen vornimmt, außerhalb des lexikalischen Gültigkeitsbereiches, in dem der local-Operator enthalten ist, beobachtet werden. Das berüchtigste Beispiel hierfür ist der verschachtelte Aufruf von Subroutinen:

```
$a = 3.1416;
sub print_a { print "a = $a\n" }
sub localize_a {
  print "Eintritt in localize_a\n";
  local $a = 2.7183;
  print_a();
  print "Verlasse localize_a\n";
}
print_a();
localize_a();
print_a();
```

Der Lauf ergibt:

```
% tryme
a = 3.1416
Eintritt in localize_a
a = 2.7183
Verlasse localize_a
a = 3.1416
```

Dies ist das oft zitierte Beispiel, das zu der Beschreibung führt, als ob local etwas mit dem Aufruf von Subroutinen zu tun hätte, was, wie ich weiter oben gesagt habe, nicht der Fall ist.

Wann man my benutzt und wann local

Hat man die Wahl, sollte man im allgemeinen my statt local verwenden. Ein Grund dafür ist der, daß my schneller ist als local. Es dauert eine Weile, einen Wert auf den Stack zu sichern:

```
use Benchmark;
timethese (10, {
  'local' => q{for (1..10000) {local $a = $_; $a *= 2;} },
  'my'    => q{for (1..10000) { my $a = $_; $a *= 2;} },
} );
% tryme
Benchmark: timing 10 iterations of local, my...
     local: 5 secs ( 5.04 usr  0.00 sys =  5.04 cpu)
        my: 3 secs ( 3.11 usr  0.00 sys =  3.11 cpu)
```

Ein anderer Grund ist der, daß my leichter zu verstehen ist und keine »nicht-lokalen« Seiteneffekte erzeugt wie local.

Ein weiterer Grund für die Verwendung von my ist, daß die von ihm erzeugten lexikalischen Variablen die Basis für Abschlüsse in Perl bilden (siehe Artikel 29).

Ein zwingender Grund, local zu verwenden (oder zumindest damit vertraut zu sein) ist der, daß es eine Menge von Perl 4-Code gibt, der ihn benutzt. Das Ersetzen von local durch my läßt sich nicht einfach durch das Suchen und Ersetzen in einem Texteditor realisieren – man muß jede Verwendung von local einzeln untersuchen, um zu schauen, ob es eines der »Features« von local ausnutzt. Es ist wahrscheinlich am besten, Code, der local verwendet, zu belassen, solange er gut funktioniert. Außerdem – manche Dinge *müssen* mit local gemacht werden.

Spezielle Variablen – jede reservierte $-Zeichenvariable oder andere Variable, die Perl speziell behandelt – können nur mit local als lokal gekennzeichnet werden. Es liegt ein Fehler vor, wenn versucht wird, eine spezielle Variable mit my als lokal zu kennzeichnen:

```
sub response {
  local $_ = <STDIN>;
  /^y/i ? "ja" : "kein: $_";
}
```
my $_ würde zur Übersetzungszeit einen Fehler ergeben.

local kann in einer Reihe anderer Situationen verwendet werden, in denen my nicht genutzt werden kann. Man kann es bei Variablen in anderen Paketen nutzen:

```
package foo;
$a = 3.1416;
{
  package main;
  local $foo::a = 2.7183;
  package foo;
  print "foo::a = $a\n";
}
print "foo::a = $a\n";
```

Jetzt im Paket main.

Zurück im Paket foo.
foo::a = 2.7183

foo::a = 3.1416

Man kann local auch bei *Elementen* von Arrays und Hashes verwenden. Klingt seltsam, stimmt aber. Man kann local sogar bei einem Slice verwenden:

```
@a = qw(Lustiger Grüner Riese);
{
  local(@a[0, 1]) = qw(Grummeliger Lila);
  print "@a\n";
}
print "@a\n";
```

Grummeliger Lila Riese

Lustiger Grüner Riese

Man kann local auch bei Typeglobs verwenden (siehe Artikel 57). Theoretisch könnte man local bei fast jedem Wert verwenden, aber es gibt in der aktuellen Implementation Beschränkungen. Beispielsweise kann man zum jetzigen Zeitpunkt local nicht auf einem dereferenzierten Wert wie $$a benutzen.

local und my als Listenoperatoren

In einer Hinsicht sind local und my gleich, nämlich in Bezug auf Syntax. local und my können beide auf einzelne Skalare, Arrays und Hashes angewendet werden:

```
local $scalar;
my @array;
local %hash;
```

Man kann eine Variable initialisieren, während sie als lokal gekennzeichnet wird:

```
local $scalar = 3.1416;
my @array = qw(Maria hatte ein kleines Schaf);
local %hash = (
  H => 1, He => 2, Li => 3
);
```

Setzt man das/die Argument(e) von my und local in runde Klammern, werden sie zur Liste, und Zuweisungen werden nun in einem Listenkontext ausgewertet:

local($foo, $bar, $bletch) = @a   *Die ersten 3 Elemente von @a.*

Passen Sie auf die üblichen Fallen bei Listenzuweisungen auf:

local $foo, $bar, $bletch = @a;	*FALSCH – runde Klammern nicht vergessen!* $bletch *erhält Größe von* @a; *nur* $foo *ist lokalisiert.*
my (@a, @b) = @c;	*FALSCH – lokalisiert* @a *und* @b, *aber nur* @a *erhält Werte.*
my ($a) = <STDIN>;	*FALSCH – liest die gesamte Standardeingabe ein.*

Artikel 24

Verwenden Sie nicht unnötig @_ direkt

Im Gegensatz zu vielen Programmiersprachen hat Perl keine »eingebaute« Unterstützung für benannte oder »formale« Parameter. Die Argumente einer Subroutine werden immer in der Argumentlistenvariable @_ übergeben. Es bleibt dem Verfasser der Subroutine überlassen, die Argumente zu benennen und sie auf Konsistenz zu überprüfen. Die bevorzugte Methode ist die Benutzung von my:

Diese Subroutine entfernt Ziffern aus einer Zeichenkette.

```perl
sub digits_gone {
    my $str = shift;
    $str =~ tr/0-9//d;
    $str;
}
```

Defaultargument für shift *in sub ist* @_ *(siehe Artikel 8).*

Übersetzte Zeichenkette zurückgeben.

Idiomatischerweise benutzt man zum Einlesen der einer Subroutine übergebenen Argumente shift, um sie nacheinander zu bekommen, oder eine Listenzuweisung, um sie alle zu lesen:

Diese Subroutine zählt verschiedene Typen von Zeichen in einer Zeichenkette.
Gebrauch: char_count $str, $chars1, $chars2, ...

```perl
sub char_count {
    my $str = shift;
    my @chars = @_;
    my @counts;
    for (@chars) {
        $_ =~ s/\\/\\\\/g;
        $_ =~ s#/#\\/#g;
        push @counts,
            eval "\$str =~ tr/$_//";
    }
    @counts;
}
```

Hole erstes Argument.
Hole Rest nach @chars.

Behandle spezielle Zeichen.

Zähle Zeichen mit tr/// *(siehe Artikel 20).*

Gib Liste mit Anzahlen zurück.

Verwenden Sie nicht unnötig @_ direkt

Ein anderer Grund für das Kopieren und Benennen der Argumente von Subroutinen ist der, daß die Elemente von @_ eigentlich Aliasnamen der übergebenen Werte sind. Die Änderung eines Elements von @_ ändert auch das entsprechende Argument der Subroutine – semantisch eine Art von »Übergabe durch Referenz« (engl. *call by reference*). Subroutinen können ihre Argumente modifizieren, aber solche Versuche können scheitern, wenn die Argumente nur lesbar sind:

```
sub txt_file_size {                 SCHLECHTER Stil. Wir versuchen, an Dateien
  $_[0] .= '.txt' unless /\.\w+$/;  ohne Ergänzung automatisch '.txt' anzuhängen,
  -s $_[0];                         aber das ist dämlich.
}
```

Rufen wir versuchsweise diese Subroutine mit `txt_file_size "test"` auf, scheitert sie mit einer Fehlermeldung, wenn sie versucht, den nur lesbaren Wert `"test"` zu ändern. Auch wenn wir sie mit einem veränderbaren Argument aufrufen, etwa `txt_file_size $myfile`, könnte es `'.txt'` an das Argument anhängen, was wahrscheinlich nicht das ist, was wir haben wollen.

Aber manchmal stellt sich dieses Aliasmerkmal als wirklich nützlich heraus. Ein Beispiel:

Diese Subroutine wird einige Werte in situ normalisieren.
```
sub normalize_in_place
  my $max = 0;
  for (@_) {                            Ermittle größtes Argument.
    $max = abs($_) if abs($_) > $max;
  }
  return unless $max;
  for (@_) { $_ /= $max }               Normalisiere Argumente. Man beachte, daß $_
  return;                               »Alias eines Alias« ist – funktioniert gut!
}
($x, $y, $z) = 1..3;
normalize_in_place $x, $y, $z;
printf "%.2g %.2g %.2g\n",
  $x, $y, $z;                           0.33 0.67 1
```

Versucht man auf Geschwindigkeit zu optimieren, könnte die Benutzung von @_ ohne Kopie schneller sein, da das Kopieren von Werten beträchtliche Zeit kostet. Wenn man das tut, sollte man daran denken, daß das Indizieren von Arrays tendenziell langsam ist, also sollte man versuchen, Konstrukte wie `foreach`, `grep` und `map` zu verwenden, die einem das Iterieren über einen Array gestatten, ohne dessen Elemente wiederholt indizieren zu müssen. Der beste Ansatz besteht natürlich darin, zwei oder mehr unterschiedliche Versionen zu schreiben und sie mit `Benchmark` zu vergleichen (siehe Artikel 37).

Obwohl Argumente von Subroutinen als Aliasnamen übergeben werden, werden alle Arrayargumente zu einer Liste verflacht. Man kann die Elemente eines Arrayarguments verändern, aber nicht das Array selbst:

Das Argument »bad« herauswerfen – NEIN!
```
sub no_bad {
  for $i (0..$#_) {
    if ($_[$i] =~ /^bad$/) {
      splice @_, $i, 1;
      print "in no_bad: @_\n";
      return;
    }
  }
  return;
}
@a = qw(ok besser fein großartig bad gut);
no_bad @a;
print "nach no_bad: @a\n";
```

Man kann den Inhalt von @_ nach Belieben umorganisieren, aber es würde nicht die ursprünglichen Argumente beeinflussen.

Lassen wir dieses Programm laufen, erhalten wir:
```
% tryme
in no_bad: ok besser fein großartig gut
nach no_bad: ok besser fein großartig bad gut
```

Schließlich kommen wir zu einem etwas anderen Thema: Subroutinen, die ohne Argumente aufgerufen werden, haben eine eigene, leere Argumentliste @_. Wird allerdings eine Subroutine mit einem & und ohne runde Klammern aufgerufen, erbt sie die aktuelle @_:

```
sub inner {
   print "\@_ = @_\n";
}
sub outer {
   &inner;
}
outer 1..3;
```

&inner ohne runde Klammern ist die einzige Syntax, die funktioniert.

`@_ = 1 2 3`

Artikel 25

Verwenden Sie `wantarray` **für Subroutinen, die Listen zurückgeben**

Sie wissen wahrscheinlich bereits, daß Subroutinen entweder skalare oder Listenwerte zurückgeben können. Vielleicht haben Sie beide Arten von Subroutinen schon einmal erstellt. Sie verstehen wahrscheinlich auch den Unterschied zwischen skalarem und Listenkontext in Perl. In einer ruhigen Minute haben Sie sich vielleicht sogar gefragt, wie etwa Folgendes eigentlich funktioniert:

Erzeuge eine sortierte Liste der Textdateien in einem Verzeichnis.

```
sub sorted_text_files {
  local *DIRH;                          Verzeichniszugriffskennung lokalisieren.
  my $dir = shift;
  opendir DIRH, $dir or die "was?: $!";
  @files = grep { -T }                  Nicht für wantarray relevant, aber man beachte,
      map { "$dir/$_" } readdir DIRH;   daß wir das Präfix dir hinzufügen müssen, damit
  sort @files;                          dies funktioniert.
}
```

Schreibt man etwa

```
print join " ", sorted_text_files "/etc";
```

dann erhält man die erwartete Liste von Dateien. Da es das ist, was man erwartet, wird man vermutlich nichts Magisches daran erkennen. Allerdings liegen die Dinge etwas anders, wenn man schreibt:

```
print join " ", scalar(sorted_text_files "/etc");
```

In diesem Fall erhält man *keine Ausgabe*.

Vielleicht wird das, was hier vorgeht, etwas offensichtlicher, wenn wir die letzte Zeile `sort @files` ändern in `@files = sort @files`. Nun erhalten wir eine Zahl statt nichts. Hmm.

Was wir hier sehen, ist das Ergebnis der Art und Weise, wie Perl den Rückgabewert einer Subroutine auswertet. Der Kontext des Rückgabewertes – Listenkontext oder skalar – ist bestimmt durch *den Kontext, in dem die Subroutine aufgerufen wurde*. Der Kontext wird bei Aufruf der Subroutine zur Kenntnis genommen, und auf den Rückgabewert angewendet, egal was für ein Ausdruck es nun ist.[25] Muß man wissen, welcher der aufrufende Kontext ist, kann man den Operator wantarray verwenden, der *true* zurückgibt, wenn der Aufruf der Subroutine in einem Listenkontext erfolgte. Sagen wir, wir möchten die Subroutine sorted_text_files so ändern, daß sie eine verkettete Liste von Dateinamen (mittels join) zurückgibt, wenn sie in einem Listenkontext ausgewertet wird. Man könnte sie wie folgt umschreiben:

Erzeuge eine sortierte Liste von Textdateien in einem Verzeichnis (verbesserte Version).

```
sub sorted_text_files {
  local *DIRH;                            Verzeichniszugriffskennung lokalisieren.
  my $dir = shift;
  opendir DIRH, $dir or die "was?: $!";
  @files = grep { -T }
     map { "$dir/$_" } readdir DIRH;
  if (wantarray) {                        Listenkontext oder skalarer?
    sort @files;                          Liste: gib eine Liste zurück.
  } else {
    join " ", sort @files;                Skalar: gib eine Zeichenkette zurück.
  }
}
```

Der wantarray-Operator ist gelegentlich auch zur Beantwortung von Fragen nützlich. Als ich den Abschnitt Idiomatisches Perl schrieb und herausfinden wollte, ob das Blockargument von grep in einem skalaren oder in einem Listenkontext ausgewertet wurde, schrieb ich etwa Folgendes

```
sub how { print wantarray ? "arrayish" : "scalarish" }
grep { how() } 1;
```

Läßt man es laufen, erzeugt es die Ausgabe:

```
scalarish
```

– womit die Frage ja wohl erledigt ist.

---

25. Man sollte wahrscheinlich nicht zu sehr darüber nachdenken, wie in Perl der Rückgabemechanismus für den »zuletzt ausgewerteten Ausdruck« funktioniert, inbesondere in Verbindung mit dem aufrufenden Kontext. Einige Dinge, wie etwa, warum wir bilaterale Symmetrie haben oder ob wir im Golf beim Rückschwung einatmen oder ausatmen sollen, überlassen wir besser den Philosophen. Aber wie ich früher gesagt haben, Sie bekommen *schließlich* den Quelltext.

Artikel 26

Übergeben Sie Referenzen statt Kopien

Zwei Nachteile der »guten alten« Methode der Argumentübergabe an Subroutinen sind: (1) obwohl man Elemente verändern kann, kann man ein Array- oder Hashargument selbst nicht verändern, und (2) benötigt das Kopieren eines Arrays oder Hashes nach @_ Zeit. Diesen beiden Nachteilen kann man mit Referenzen beikommen (siehe Artikel 30).

Die Übergabe von Arrays und Hashes durch Referenz ist recht einfach:

Gebe den Inhalt eines Arrays aus, wobei jedem Element ein Index vorangestellt wird.
```
sub print_em {
  my $array_ref = shift;          Argument ist Arrayreferenz.
  my $i;
  foreach (@$array_ref) {         Gehe Arrayelemente durch und gebe sie aus.
    print ++$i, ": $_\n";
  }
  return;
}
```
Finde alle Elemente in einem Hash, die nicht in einem Array stehen.
```
sub minus {                       Argumente sind Referenzen auf einen Hash und einen
  my %hash = %{shift()};          Array. Mache eine Kopie vom Hash.
  my $array_ref = shift;
  foreach (@$array_ref) {         Gehe durch das Array und lösche Hashelemente.
    delete $hash{$_};
  }                               Gib Referenz auf gerade erzeugten Hash zurück.
  \%hash;
}
%h = (
  H => 1, He => 2, Li => 3, Be => 4
);
$h_r = minus \%h, [qw(He Li)];
print join " ", %$h_r;            H 1 Be 4
```

Das zweite Beispiel gibt auch eine Referenz auf einen Hash zurück. Es wäre beträchtlich ineffizienter, %hash selbst zurückzugeben. Die Rückgabe »nur« der Hashvariablen führt eigentlich dazu, daß %hash in eine Liste von Schlüssel-Wert-Paaren überführt wird, die dann zur Konstruktion eines ganz neuen Arrays verwendet werden. Das ist *viel* ineffizienter als die Rückgabe einer Referenz auf einen bereits bestehenden Hash – er wird sonst gelöscht, wenn die Subroutine beendet ist. Man stelle sich das als Recycling vor.

In der Zeit vor Referenzen behalfen sich Programmierer manchmal mit der Übergabe von Typeglobs (siehe Artikel 57), wenn die Übergabe eines Arrays oder Hashes durch Referenz nötig war. Hier ist ein Beispiel für die Verwendung von Typeglobs zur Konstruktion einer Subroutine, die zwei Arrays durch Referenz erhält (unter Nutzung von Perl 5-Syntax):

Erhalte zwei Argumente auf altmodische (und ineffiziente) Art. Man beachte, daß die Argumente als Typeglobs (*a, *b) und nicht als Referenzen (\@a, \@b) übergeben werden.

```
sub two_arrays {
   local *a1 = shift;           Erzeuge private a1 und a2.
   local *a2 = shift;
   print "a1[1] ist $a1[1]\n";
   print "a2[1] ist $a2[1]\n";
}
@a = 1..3;                      Bei Ablauf wird ausgegeben:
@b = 4..6;                      a1[1] ist 2
two_arrays *a, *b;              a2[1] ist 5
```

Es gibt keinen Grund mehr, Code wie diesen zu schreiben, aber wenn man mit einer Menge hinterlassenem Code arbeitet, könnte man auf so etwas stoßen.

local * bei Referenzargumenten verwenden

Subroutinen, die der Geschwindigkeit wegen Argumente durch Referenz erhalten, verlieren manchmal etwas von ihrem Geschwindigkeitsvorteil, wenn sie kontinuierlich diese Argumente dereferenzieren. Die Syntax wirkt ablenkend und ist schwer nachzuvollziehen. Hier ist eine Subroutine, die zwei Arrays erhält und eine Liste zurückgibt, die aus den größten Elementen der paarweise verglichenen Arrays besteht:

Gib größte Elemente beider Arrays zurück, paarweise verglichen.

```
sub max_v {
   my ($a, $b) = @_;                    Argumente sind Arrayreferenzen.
   my $n = @$a > @$b ? @$a : @$b;       $n enthält Anzahl Elemente.
   my @result;
   for (my $i = 0; $i < $n; $i++) {
      push @result, $$a[$i] > $$b[$i] ? Vergleiche Paare aus @$a und @$b.
        $$a[$i] : $$b[$i];
   }
   @result;
}
```

Diese doppelten Dollarzeichen sind nicht sehr hübsch, oder? Eine Möglichkeit, um dem aus dem Weg zu gehen, besteht darin, den Arrays Aliasnamen der Variablen zuzuweisen. Die Zuweisung einer Referenz an einen Typeglob hat den Effekt, daß eine Aliasvariable von passendem Typ in der Referenz erzeugt wird:

Gib größte Elemente beider Arrays zurück, paarweise verglichen (verbesserte Version).

```
sub max_v_local {                       Alias auf Argumente der beiden Arrayreferenzen
  local (*a, *b) = @_;                  setzen.
  my $n = @a > @b ? @a : @b;
  my @result;
  for (my $i = 0; $i < $n; $i++) {      Nun können wir statt dessen @a und @b schreiben. @a
    push @result, $a[$i] > $b[$i] ?     und @b sind in dieser Subroutine lokal.
      $a[$i] : $b[$i];
  }
  @result;
}
```

Diese Subroutine ist etwas lesbarer, sobald man über die etwas merkwürdig aussehende erste Zuweisung hinweg ist. Sie wird wahrscheinlich schneller als die erste Fassung ausgeführt werden. Als ich dieses Beispiel getestet habe, sah ich eine 10%-ige Verbesserung in der Geschwindigkeit – nicht enorm viel, aber signifikant.

Dateizugriffskennungen übergeben

Die Übergabe von Zugriffskennungen für Dateien und Verzeichnisse ist eine etwas umständliche Angelegenheit in Perl. In den Jahren v.R. (vor Referenzen) mußten Programmierer zur Übergabe von Datei- und Verzeichniszugriffskennungen Typeglobs benutzen. Mit der Einführung von Referenzen haben die Module FileHandle und DirHandle die Situation etwas verbessert. Damit ist auch die Übergabe von Referenzen auf Typeglobs möglich geworden, was effizienter als die Übergabe »nackter« Typeglobs ist. Das kürzlich eingeführte Modul IO und die sogenannte *FOO{BAR}-Syntax (Indizierung von Typeglobs) haben weitere Möglichkeiten eröffnet. Schauen wir sie uns alle kurz an. Die Dateizugriffskennung Typeglob sieht so aus (wieder Perl 5-Syntax):

```
sub fh_by_typeglob {
  local *FH = shift;
  print FH "Hier steht Ihr Text\n";
}

open FILE, ">temp.txt" or die $!;
fh_by_typeglob *FILE;
```

Dieser verläßliche alte Mechanismus ist immer noch weitverbreitet, da er sehr bekannt und *relativ* effizient ist – ein- oder zweimaliges zusätzliches Nachschlagen in der Symboltabelle ist unbedeutend, wenn das meiste von dem, was vor sich geht, mit der Ein- und Ausgabe zu tun hat; es dauert allerdings *wirklich einige* Zeit, um ein Modul wie FileHandle zu laden.

Das Modul FileHandle erzeugt Objekte, die wie gewöhnliche Skalare behandelt werden können:

```perl
use FileHandle;
sub fh_by_FileHandle {
  my $fh = shift;
  print $fh "Hier steht Ihr Text\n";
}

$file = new FileHandle "temp.txt", "w";
die "Konnte Datei nicht öffnen: $! " unless $file;
fh_by_FileHandle $file;
```

Die Syntax für die Übergabe von Typeglobs durch Referenz sollte nicht so sehr überraschen – aber man beachte, daß man eine Typeglobreferenz (»Globref«) nicht dereferenzieren muß, um sie als Dateizugriffskennung zu verwenden:

```perl
sub fh_by_globref {
  my $fh = shift;
  print $fh "Hier steht Ihr Text\n";       # Typeglobreferenz geht in Ordnung
}                                           # bei Dateizugriffskennungen.

open FILE, ">temp.txt" or die $!;
fh_by_globref \*FILE;
```

Neuere Perl-Versionen enthalten nun die IO-Klassen, die letztendlich FileHandle, DirHandle und andere, frühere I/O-Klassen ersetzen sollen. IO::File arbeitet ziemlich genauso wie FileHandle:

```perl
use IO::File;
sub fh_by_IOFile {
  my $fh = shift;
  print $fh "Hier steht Ihr Text\n";
}

$file = new IO::File "temp.txt", "w";
die "Konnte Datei nicht öffnen: $!" unless $file;
fh_by_IOFile $file;
```

Und schließlich haben neuere Perl-Versionen eine neue Referenzart – *ioref*. Ein Ioref ist eine Referenz auf eine Perl-interne Struktur, die die Zugriffskennung einer Datei und/ oder eines Verzeichnisses beschreibt. Man kann einen Ioref mit der *FOO{BAR}-Syntax erzeugen und sie wie eine Dateizugriffskennung oder ein Objekt aus IO::File verwenden:

```
sub fh_by_ioref {
  my $fh = shift;
  print $fh "Hier steht Ihr Text\n";         Ioref OK bei Dateizugriffskennung.
}
                                              Erzeuge einen Ioref auf die
open FILE, ">temp.txt" or die $!;             Dateizugriffskennung.
fh_by_ioref *FILE{IO};
```

Nun fragt man sich wahrscheinlich, welche dieser Methoden man einsetzen sollte. Leider ist das einer der Fälle, in denen ich keinen verläßlichen Rat geben kann. Ich mache allerdings einige Vorschläge:

- IO::File ist der zukünftige Trend – man sollte es verwenden, wenn es von der eigenen Perl-Version unterstützt wird und man keinen besonderen Grund dagegen hat.

- Die Erzeugung eines Iorefs von einer guten alten Dateizugriffskennung unter Nutzung der *FOO{BAR}-Syntax ist wahrscheinlich die effizienteste Methode, die in neueren Perl-Versionen verfügbar ist.

- Viele Leute sind mit der Übergabe von Dateizugriffskennungen mittels Typeglobs vertraut, und es ist nicht besonders *in*effizient.

Ähnlich ist die Situation bei Verzeichniszugriffskennungen. Man kann das Modul Dir-Handle, Iorefs (z. B. $ioref = *DIRH{IO}) oder einen Typeglob für Verzeichniszugriffskennungen nutzen. Man kann auch die neuere Klasse IO::Dir verwenden. Was man auswählt, hängt von den Umständen ab – es gibt keine festen Regeln. Allerdings wird es nicht so viele Gelegenheiten geben, bei denen man tatsächlich Verzeichniszugriffskennungen an Subroutinen übergeben will. Gewöhnlich ist der Pfadname geeigneter, weil man nicht (zumindest noch nicht) eine Verzeichniszugriffskennung anstelle des Pfadnamens eines Verzeichnisses nutzen kann:

- **Rekursion durch einen Verzeichnisbaum**

Diese Subroutine zählt alle normalen Dateien und Verzeichnisse in einem Verzeichnisbaum.

```
sub count_recurse {
  local *DIRH;                              local nicht erforderlich, aber sauberer
  my ($file_ct_ref, $dir_ct_ref,            Argumente sind Referenzen auf skalare
     $dir_name) = @_;                       Zähler, ... und Verzeichnisname.
  $$dir_ct_ref++;                           Zähle dieses Verzeichnis durch.
```

- **Rekursion durch einen Verzeichnisbaum (Forts.)**

`opendir DIRH, $dir_name or`
`  die "Konnte $dir_name nicht öffnen: $!";`
`my @dir = readdir DIRH;`
	Lese Verzeichnis.

`closedir DIRH;`	*Schließe DIRH vor Rekursionsschritt!*

`for $file (@dir) {`
`  next if $file eq '.' or $file eq '..';`
`  if (-f "$dir_name/$file") {`
	Gehe Dateinamen durch und teste sie.

`    $$file_ct_ref++;` `    next;`	*Zähle eine Datei.*
`  };` `  next unless -d "$dir_name/$file";`	*-d _ wäre wesentlich effizienter (siehe Artikel 56).*
`  next if -l "$dir_name/$file";`	*Symbolische Links überspringen.*

`  count_recurse($file_ct_ref,`
`    $dir_ct_ref, "$dir_name/$file");`
`  }`
`}`
	Dann rekursiv weitergehen.

`$file_ct = $dir_ct = 0;`
`count_recurse \$file_ct, \$dir_ct, ".";`
`print "$file_ct files, $dir_ct dirs\n";`
	Demonstrieren wir es an "."

Sieht nach einer Menge Arbeit aus, nicht wahr? Wenn man einen Verzeichnisbaum durchgehen möchte, muß man nicht unbedingt all diese Mühe auf sich nehmen – man sollte sich zunächst das Modul `File::Find` ansehen.

Artikel 27

Nutzen Sie Hashes zur Übergabe benannter Parameter

Obwohl Perl keine Methode zur automatischen Benennung von Parametern in der Subroutine, an die sie übergeben werden, anbietet (mit anderen Worten, keine »formalen Parameter«[26] – siehe Artikel 23), gibt es eine Reihe von Möglichkeiten, wie man Funktionen mit einer Argumentliste *aufruft*, die sowohl Namen als auch Werte zur Verfügung stellt. Alle diese Mechanismen erfordern, daß die aufgerufene Subroutine bei der Verarbeitung der Argumentliste zusätzliche Arbeit verrichtet. Mit anderen Worten, dieses Merkmal ist auch nicht in Perl eingebaut. Dennoch ist dies ein Segen. Verschiedene Implementierungen von benannten Parametern sind zu verschiedenen Zeiten angebracht. Perl macht es einem einfach, fast jede Implementierung, die man haben möchte, zu schreiben und zu nutzen.

Ein einfacher Ansatz für benannte Parameter sieht so aus:

■ **Parsen benannter Parameter mit einem Hash.**

Darstellung einer einfache Methode zur Nutzung benannter Parameter in einer Perl-Subroutine.

```
sub uses_named_params {
my %param = (
    foo => 'val1',           Hier einige Defaults für die Parame-
    bar => 'val2',           ter foo und bar.
    @_                       Lege dann Eingabeargumente auf
);                           Defaults.

# Verwende nun $param{foo}, $param{bar}, etc.
}
```

Man würde es in dieser Weise aufrufen:

```
uses_named_params(bar => 'myval1', bletch => 'myval2');
```

Das waren nicht gerade viele Zeilen Code, oder? Und alles ziemlich einfach – eine natürliche Anwendung für Hashes. Man möchte anderen den Aufruf einer Subroutine entweder mit »Positionsparametern« *oder* mit benannten Parametern gestatten. Das Einfachste, was man in diesem Fall tun kann, ist, Parameternamen mit einem Minuszeichen als Präfix zu versehen. Das erste Argument wird getestet, um zu sehen, ob es mit einem Minus beginnt. Wenn ja, werden die Argumente als benannte Parameter verarbeitet. Hier ist ein einfacher Ansatz:

---

26. Zumindest noch nicht. Über eine Erweiterung des Prototyping-Mechanismus (siehe Artikel 28), der formale Parameter erlauben würde, wird nachgedacht; sie ist aber momentan nicht implementiert.

```
sub uses_minus_params {
  my @defaults = (                    Parameternamen beginnen nun
    -foo => 'val1',                   mit einem Minus.
    -bar => 'val2',
  );
  if ($_[0] =~ /^-/) {                Lies Parameter als Hash ein,
    push @defaults, @_;               wenn das erste Argument mit '-'
  } else {                            beginnt.
    my $n = 1;
    while (@_) {                      Oder gebe Positionsparametern
      $defaults[$n] = shift;          Namen.
      $n += 2;
    }
  }
  my %param = @defaults;              Erzeuge Parameterhash.

  # Verwende nun $param{-foo}, $param{-bar}
}
```

Man kann diese Subroutine entweder mit benannten oder Positionsparametern aufrufen:

```
uses_minus_params(-foo => 'myval1', -xtra =>'myval2');
uses_minus_params('myval1', 'myval2');
```

Hinweis: Lassen Sie die Finger von Parameternamen, die ein Zeichen lang sind, wie etwa -e und -x. Sie sind nicht nur ausgesprochen knapp, sondern zudem *Dateitestoperatoren* (siehe Artikel 56).

Benutzt man diese Methode zur Verarbeitung benannter Parameter, dann bezieht man sich auf die Argumente in der eigenen Subroutine unter Nutzung eines Hashes, dessen Schlüsseln Minuszeichen vorangestellt sind, z. B. $param{-foo}, $param{-bar}. Die Verwendung von Bezeichnern mit vorangestelltem Minuszeichen als Argumente oder Schlüssel mag zunächst etwas komisch erscheinen (»Ist das wirklich Perl?«), aber tatsächlich behandelt Perl Barewords mit vorangestelltem Minuszeichen so, als wären sie Zeichenketten, die mit einem Minuszeichen beginnen. Dies ist im allgemeinen recht praktisch, aber dieser Ansatz hat leider einige Nachteile. Erstens, wenn man den Stil der Positionsargumente benutzen möchte und ein negatives erstes Argument übergeben soll, muß man es als Zeichenkette mit vorangestelltem Leerraum oder etwas ähnlich Unschönem übergeben. Zweitens, obwohl ein Bezeichner mit führendem Minuszeichen von Perl eine etwas spezielle Behandlung erfährt, wird der Bezeichner nicht immer *erzwungenermaßen* als Zeichenkette behandelt, wie es auf der linken Seite von => oder allein innerhalb geschweifter Klammern der Fall wäre.[27] Somit müßte man einen Parameter wie -print zitieren, damit er nicht zur -1 wird (während auch der Wert von $_ ausgegeben wird).

Es gibt eine Menge Anwendungen, bei denen diese Aspekte kein Problem darstellen, allerdings auch solche, wo einer oder beide problematisch sind. In diesem Fall kann man sich mit einer anderen Technik behelfen, bei der benannte Parameter einem anonymen Hash übergeben werden:

```
sub uses_anon_hash_params {
  my @defaults = (                    Wieder gute alte Parameternamen.
    foo => 'val1',
    bar => 'val2',
  );
  my %param;
  if (ref $_[0] eq 'HASH') {          Ist das Argument eine Hashreferenz, lege es
    %param = (@defaults, %{shift()}); über Defaults.
  } else {
    my $n = 1;                        Ansonsten gib den Positionsparametern
    while (@_) {                      Namen.
      $defaults[$n] = shift;
      $n += 2;
    }
    %param = @defaults;               Konstruiere dann einen Hash.
  }
  # use $param{foo}, $param{bar}
}
```

Die Syntax für die Benutzung benannter Parameter und Positionsparameter sieht nun so aus:

```
uses_anon_hash_params( {foo => 3, test => 10} );
uses_anon_hash_params(-123, 345);
```

Oder sogar:

```
uses_anon_hash_params {foo => 3, test => 10};
```

---

[27]. Neuere Perl-Versionen zitieren Barewords, die auf der linken Seite von => auftreten, auch dann wenn ein Minuszeichen vorangestellt ist, so daß -print => 'foo' wie erwartet funktioniert.

Dies ist schon ein ziemlich komplizierter Vorbau für den Anfang einer Subroutine. Hat man mehrere Subroutinen, die benannte Parameter akzeptieren, dann möchte man wahrscheinlich eine Subroutine erzeugen, die die meiste Arbeit erledigt. Hier ist eine Subroutine, die die Technik der anonymen Hashes implementiert:

■ **Verarbeiten Sie mit einer Subroutine die Parameter in einem anonymen Hash.**

Diese Subroutine verarbeitet benannte Argumente oder Positionsargumente vor und gibt das Ergebnis als Hashreferenz zurück.

```sub do_params { my $arg = shift; my @defaults = @{shift()}; my %param; if (ref $$arg[0] eq 'HASH') { %param = (@defaults, %{$$arg[0]}); } else { my $n = 1; my @arg = @$arg; while (@arg) { $defaults[$n] = shift @arg; $n += 2; } %param = @defaults; } \%param;}```	*Die Argumente sind eine Referenz auf eine Argumentliste und eine Referenz auf ein Array (keinen Hash) von Parameternamen und Defaultwerten in fortlaufender Reihenfolge.**Überdecke benannte Parameter.**Oder benenne Positionsparameter.**Gib eine Referenz auf einen Parameterhash zurück.*

Und so könnte man sie verwenden:

```sub uses_anon_hash_params { my $param = do_params(\@_, [foo => 'val1', bar => 'val2']); for (keys %$param) { print "$_: $$param{$_}\n"; }}```	*Rufe zuerst* do_params *mit einer Referenz auf die Argumentliste und einem Array mit Defaults auf.* do_params *gibt eine Referenz auf einen Hash zurück.**Verwende nun* $$param{foo}, $$param{bar} *etc.*

Jede der hier illustrierten Techniken hat ihre eigenen Vor- und Nachteile. Verwenden Sie die Technik, die am besten zu Ihrer Anwendung paßt, oder, falls sich keine so richtig eignet, passen Sie eine nach Bedarf an.

Artikel 28

Benutzen Sie Prototypen zum Parsen spezieller Argumente

Perl unterstützt seit geraumer Zeit *Prototypen* für Subroutinen. Prototypen in Perl sind keine benannten, typisierten formalen Parameter wie in ISO-C,[28] sondern vielmehr ein Mechanismus, der Programmierern das Schreiben von Subroutinen gestattet, deren Argumente wie die von eingebauten Operatoren behandelt werden.

Betrachten wir als Beispiel die Implementierung einer Funktion pop2, die zwei Elemente vom Ende eines Arrays entfernt und zurückgibt. Nehmen wir an, wir möchten sie wie die eingebaute pop-Funktion nutzen:

```
@a = 1..10;
$item = pop @a;                    So funktioniert pop.
($item1, $item2) = pop2 @a;        So würden wir pop2 gerne sehen
```

Wollte man normalerweise so etwas wie pop2 implementieren, würde man Referenzen benutzen (siehe Artikel 26):

```
sub pop2_ref { splice @{$_[0]}, -2, 2 }
```

Aber das muß mit der Referenz auf ein Array und nicht mit dem Namen eines Arrays aufgerufen werden:

```
@a = 1..10;
($item1, $item2) = pop2_ref \@a;
```

Um eine Funktion zu schreiben, die eine Spezialbehandlung ihrer Argumentliste wie ein eingebauter pop-Operator erhält, muß man Prototypen benutzen. Ein Prototyp erscheint zu Beginn der Deklaration oder Definition einer Subroutine:

```
sub pop2 (\@) { splice @{$_[0]}, -2, 2 }
```

Prototypen bestehen aus Prototypatomen. Prototypatome sind Zeichen (möglicherweise mit vorangestelltem Backslash), die den Typ der Argumente anzeigen, die von dieser Subroutine akzeptiert werden sollen. In diesem Beispiel zeigt das Atom \@ an, daß die Subroutine pop2 ein einzelnes benanntes Arrayargument annimmt. Ein Atom mit Backslash wie \$ oder \@ veranlaßt Perl zur Übergabe einer Referenz an das entsprechende Argument, so daß in diesem Fall das Arrayargument an pop2 als Referenz und nicht als Liste von Werten übergeben wird.

---

28. Jedenfalls noch nicht.

Art	Syntax	Beschreibung
Name	\$, \@, \%, \&, *	Gibt eine Referenz auf einen Variablennamen oder Argument zurück, das mit $, @, % etc. beginnt.
Skalar	$	Erzwingt skalaren Kontext.
Liste	@, %	Verschlingt den Rest der Argumente; erzwingt Listenkontext.
Block	&	Codereferenz; Schlüsselwort sub optional, wenn es erstes Argument ist.
Glob	*	Erzeuge Referenz auf einen Typeglob.
Optional	;	Trenne erforderliche von optionalen Argumenten.

Tabelle 2: *Prototypen von Atomen*

Prototypen rufen auch Argumenttypen und Zahlenüberprüfung auf, wenn dies angebracht ist. Wenn man beispielsweise versucht, pop2 auf einem Wert aufzurufen, der kein Array ist

```
pop2 %hash
```

dann ist das Ergebnis ein Fehler zur Übersetzungszeit:

```
Type of arg 1 to main::pop2 must be array (not associative array deref)
```

Schauen wir uns einige Beispiele an. Wie wäre es zuerst mit einer Subroutine, die zwei Arrayargumente erhält und sie in eine einzelne Liste »mischt« – ein Element aus dem ersten Array, eines aus dem zweiten, dann wieder eines aus dem ersten und so weiter:

```
sub blend (\@\@) {
  local (*a, *b) = @_;         Schneller als viele Dereferenzierungen.
  my $n = $#a > $#b ? $#a : $#b;
  my @res;
  for my $i (0..$n) {          Könnte man auch map { $a[$_], $b[$_] } 0..$n
    push @res, $a[$i], $b[$i]; schreiben, aber for und push sind schneller.
  }
  @res;
}
```

Und so kann man es verwenden:

```
blend @a, @b;
blend @{[1..10]}, @{[11..20]};
```

Wie wäre es mit einer ähnlich gelagerten Subroutine, die wie `foreach` über die Elemente einer Liste iteriert, aber jeweils über *n* gleichzeitig?

```
sub for_n (&$@) {                     Erstes Argument ist eine Codereferenz (anonyme
  my ($sub, $n, @list) = @_;          Subroutine).
  my $i;                              Übergib $n Elemente gleichzeitig an die
  while ($i <= $#list) {              Subroutine.
    &$sub(@list[$i .. ($i + $n - 1)]);
    $i += $n;
  }
}
```

Eine mögliche Verwendung:

```
@a = 1..10;                                       Gehe @a durch mit jeweils zwei Elementen
for_n { print "$_[0], $_[1]\n" } 2, @a;           gleichzeitig.
```

Prototypen sind größtenteils für die Verwendung durch Modulprogrammierer gedacht, man kann sie aber auch für gewöhnliche Zwecke nutzen. Beispielsweise stellen Prototypen einen exzellenten Mechanismus zur Parameterprüfung bei Funktionen dar, die eine feste Anzahl skalarer Argumente annehmen.

Man sollte in Programmen, die man mit der Welt teilt, mit der Benutzung von Atomen wie \@ und \%n vorsichtig sein, weil andere Programmierer nicht unbedingt Subroutinen erwarten, die Argumente per Referenz ohne explizitem Backslash erhalten. Aber das sollte kein Problem sein, da Sie ja Ihren Code immer dokumentieren, oder?

Artikel 29

Verwenden Sie Subroutinen zur Erzeugung anderer Subroutinen

Es ist einfach, Perl dazu zu bringen, eine andere Subroutine »zurückzugeben«. Man erzeugt einfach eine *Codereferenz* (engl. *code ref*) – eine Referenz auf eine andere Subroutine (siehe Artikel 30) – und gibt diese zurück. Es gibt zwei Mechanismen zur Erzeugung von Codereferenzen: der Referenzoperator \ und der anonyme Subroutinenkonstruktor sub {...}:

```
sub named { print "Benannt!\n" }
sub code_ref1 {
   \&named;                         Gib eine Referenz auf &named zurück.
}
sub code_ref2 {
   sub { print "Anonym!\n" };       Gib eine Referenz auf eine anonyme Subroutine
}                                    zurück.
```

Die einfachste und (wie ich finde) ästhetisch ansprechendste Möglichkeit zum Aufruf einer Subroutine von einer Codereferenz erfolgt über den dereferenzierenden Pfeil ->:[29]

```
$func1 = code_ref1;              $func1 und $func2 enthalten Codereferenzen.
$func2 = code_ref2;

                                 Benannt!
$func1->();                      Anonym!
$func2->();
                                 Alternative Syntax für das obige.
&$func1();
&$func2();
```

Sicher erscheint das obige Beispiel nicht besonders nützlich. Es zeigt natürlich, wie man Codereferenzen zurückgibt und aufruft, aber es stellt auch eine unbrauchbare zusätzliche Ebene der Ablenkung dar. Dies ist keine produktive Art des Codeschreibens, sofern wir nicht Subroutinen zurückgeben können, deren Funktionalität zur Laufzeit *berechnet* wird.

---

29. Dieses Merkmal ist erst in letzter Zeit hinzugekommen. Falls Ihre Perl-Version es nicht unterstützt, verwenden Sie die alternative Syntax.

Erzeugung von Abschlüssen

Wenn eine anonyme Subroutine eine in einem begrenzten Gültigkeitsbereich definierte my-Variable benutzt, passiert etwas Interessantes. Mit jedem Eintritt in einen Gültigkeitsbereich erhält die Subroutine eine andere Kopie der my-Variablen. Eine anonyme Subroutine, die eine my-Variable aus einem begrenzten Gültigkeitsbereich referenziert, heißt *Abschluß* (engl. *closure*). Oder anders gesagt, ein Abschluß ist eine anonyme Subroutine, die Zugriff auf eigene private Variablen hat, auf die ansonsten nicht zugegriffen werden kann.

Abschlüsse stellen ein kniffliges Thema dar, dem man sich am besten mit Beispielen nähert. Schauen wir uns zuerst eine ganz einfache Verwendung von Abschlüssen an:

```
for (0..2) {                    Jedesmal ein neues $time.
  my $time = time;              Jede neue anonyme Subroutine hat ihr ganz
  push @stamp, sub { $time };   eigenes $time.
  sleep 2;
}
for (0..2) {                    Ausgabe:
  print "stamp->($_): ",        stamp->(0): 877051119
    $stamp[$_]->(), "\n";       stamp->(1): 877051121
}                               stamp->(2): 877051123
```

Die erste Schleife generiert drei Codereferenzen, von denen jede eine Referenz auf eine separate Kopie von `sub { $time }` ist. Jede dieser Kopien hat ihre eigene Kopie von `$time`, die erzeugt wurden, als `my $time` zu Beginn der Schleife zugewiesen wurde. Auf jede Kopie von `$time` kann über die Kopie von `sub { $time }`, an die sie gebunden ist, zugegriffen werden, selbst (oder gerade dann) später in der Programmausführung, wenn die my-Variable den Gültigkeitsbereich verlassen hat.

Im allgemeinen werden zur Erzeugung von Abschlüssen Subroutinen benutzt:

```
sub make_counter {              Erzeuge einen Abschluß und gib ihn zurück.
  my $i = 0;                    Jede Kopie der Subroutine hat ihren eigenen
  sub { $i++ };                 Zähler $i.
}
$count1 = make_counter;
$count2 = make_counter;         Ausgabe:
print "count1 ist ", $count1->(), "\n";   count1 ist 0
print "count1 ist ", $count1->(), "\n";   count1 ist 1
print "count2 ist ", $count2->(), "\n";   count2 ist 0
print "count2 ist ", $count2->(), "\n";   count2 ist 1
```

Bei jedem Aufruf von `make_counter` gibt sie eine Referenz auf eine neue Kopie von `sub { $i++ }` zurück, mit ihrer eigenen privaten Kopie von `$i`. Wird eine dieser Kopien später aufgerufen, hat sie immer noch Zugriff auf ihre Kopie von `$i` – selbst wenn der Aufruf von außerhalb desjenigen Gültigkeitsbereiches kommt, in dem die `my`-Variable ursprünglich definiert wurde.

Die Verwendungsarten von Abschlüssen in Perl ähneln denen objektorientierter Konstrukte (siehe Artikel 49). Wo objektorientiertes Programmieren sich um Daten mit assoziierten Funktionen dreht, sind es bei Abschlüssen Funktionen mit assoziierten Daten. Zwei oder mehr Abschlüsse können sich sogar eine gemeinsame Menge von Variablen teilen und ermöglichen so einen Programmierstil, der in der Tat schon sehr objektorientiert aussieht:

■ **Abschlüsse können eine Menge von Variablen teilen.**

Dieses Beispiel zeigt, wie Abschlüsse Variablen miteinander teilen können. Die Subroutine `make_iter` *erzeugt Abschlüsse, die benutzt werden können, um gleichzeitig durch jeweils mehrere Elemente eines Arrays zu gehen.*

```sub make_iter { my $aref = shift; die "make_iter benötigt Arrayreferenz" unless ref($aref) eq 'ARRAY'; my $i; { 'next' => sub { my $n = shift; if ($n + $i > @$aref) { $n = @$aref - $i; } my @result = @$aref[$i .. $i+$n-1]; $i += $n; @result; }, 'position' => sub { if (@_) { my $new = shift; $i = $new if $new >= 0 and $new <= $#$aref; return; } else { $i; } } } }```	*Die Subroutine* `make_iter` *erhält eine Arrayreferenz und gibt eine Hashreferenz mit Namenspaaren und Codereferenzen zurück.* *$i und $aref werden geteilt.* *Die Subroutine* next *erhält ein numerisches Argument und gibt die gleiche Anzahl von Werten von dem Array zurück, auf den $aref zeigt.* *Sie inkrementiert auch den Zähler $i.* *Einige Bereichsprüfungen.* *Ist ein Argument geliefert worden, setzt die Subroutine* position *die aktuelle Schleifenposition $i innerhalb des Arrays $aref.* *Ist kein Argument geliefert worden, gibt* position *die aktuelle Schleifenposition zurück.* *Codereferenzen werden in einen anonymen Hash zurückgegeben, so daß Aufrufer nicht verwirrt werden.*

■ Abschlüsse können eine Menge von Variablen teilen. (Forts.)

`@a = (1..10);`	*Unser Beispielarray.*

`($next_a, $posn_a) =`
`  @{make_iter \@a}{'next', 'position'};`
`$posn_a->(2);`
`while ((@b) = $next_a->(3)) {`
`  print join(", ", @b), "\n";`
`}`
`print "posn jetzt: ", $posn_a->(), "\n";`
	Weise zurückgegebene Codereferenzen an
	$next_a und $posn_a zu.
	Beginne bei Indexposition 2.
	`3, 4, 5`
	`6, 7, 8`
	`9, 10`
	`Position jetzt: 10`

Während die im nächsten Beispiel erzeugten Subroutinen strenggenommen keine Abschlüsse sind, wird im folgenden die Benutzung von `eval` zur Erzeugung von Codereferenzen erläutert, deren Rümpfe aus einer Datei gelesen werden:

`sub make_binary {`
`  eval "sub { $_[0] }";`
`}`
`while (<DATA>) {`
`  my ($name, $code) =`
`    split /\s+/, $_, 2;`
`  $op{$name} = make_binary $code;`
`}`
`for (sort keys %op) {`
`  print "2 $_ 3 = ",`
`    $op{$_}->(2, 3), "\n";`
`}`
`__DATA__`
`add $_[0] + $_[1]`
`sub $_[0] - $_[1]`
`mul $_[0] * $_[1]`
`div $_[0] / $_[1]`
`max $_[0] > $_[1] ? $_[0] : $_[1]`
	Subroutine zur Erzeugung einer Codereferenz mit der Zeichenkette `eval` *(siehe Artikel 54).*
	Lese Rümpfe der Subroutinen aus `<DATA>` *ein und erzeuge aus ihnen Codereferenzen.*
	
	Rufe jede der Subroutinen für die Argumente (2, 3) auf.
	Ausgabe bei Ablauf:
	`2 add 3 = 5`
	`2 div 3 = 0.6666666667`
	`2 max 3 = 3`
	`2 mul 3 = 6`
	`2 sub 3 = -1`
	(Man beachte die sortierte Reihenfolge.)

Erzeugung von Subroutinen zum Mustervergleich

Es ist nicht ungewöhnlich, daß einer oder mehrere Mustervergleiche (engl. *pattern matches*) durchgeführt werden sollen, die zur Laufzeit angegeben werden. Beispielsweise könnte man ein Perl-Programm zur Sortierung von Mail oder News schreiben. Ein solches Programm würde wahrscheinlich ein sog. *kill file*[30] mit Mustern einlesen, die

---

30. *Anm. d. Übers.:* Die in einer solchen Datei enthaltenen Muster identifizieren die Kopfzeilen solcher Mails oder News-Artikel, die erst gar nicht vom entsprechenden Client-Programm (Mail-/News-Reader) verarbeitet werden sollen – im Zeitalter massiv verteilter unerwünschter Werbebotschaften (leider) fast eine Notwendigkeit.

gegen die Kopfzeilen (Header) verglichen werden. Man kann zur Laufzeit Muster durch Interpolation von Variablen in reguläre Ausdrücke angeben, aber solche regulären Ausdrücke werden mit beträchtlichen Kosten an Geschwindigkeit wiederholt übersetzt (siehe Artikel 22). Die Option /o stellt ein Hilfsmittel zur Verfügung, um einen Mustervergleich mit interpolierten Variablen nur einmal zu übersetzen. Hat man es allerdings mit *mehreren* solchen Mustervergleichen zu tun, steckt man ziemlich in der Klemme.

Die Verwendung von Abschlüssen in Kombination mit eval gestattet die Erzeugung von Subroutinen, die bestimmte reguläre Ausdrücke mit derselben Flexibilität (und Effizienz!) »eingeschlossen« haben, als wären die Ausdrücke zur Übersetzungszeit angegeben worden. So macht man es:

■ **Erzeugen Sie Subroutinen zum Mustervergleich mit Abschlüssen und der Zeichenkettenform von eval.**

```sub make_grep {```
``` my $pat = shift;```
``` eval 'sub { grep /$pat/o, @_ }';```
```}```
```$find_us =```
``` make_grep q/(?i)\b(joseph|randal)\b/;```
```@found = &$find_us(<STDIN>);```
	Die »Subroutinenfabrik«. Das Muster wird als erster (einziger) Parameter als Zeichenkette übergeben.
	Erzeuge eine Codereferenz in `$find_us`, *die nach* joseph *oder* randal *schaut, ohne auf Groß-/Kleinschreibung zu achten.*
	Finde alle passenden Zeilen aus STDIN.

Der Schlüssel zu diesem Konstrukt liegt in der Verwendung von eval in make_grep. Die Benutzung von /o in der Zeichenkette eval bedeutet immer noch »übersetze einmal«, aber nun bedeutet es einmal pro eval und nicht einmal pro Programmausführung. Das sieht fast nach Schummeln aus.

Möchte man statt grep den guten alten Mustervergleich verwenden, so ist das kein Problem:

```sub make_match {```
``` my $pat = shift;```
``` eval 'sub { $_[0] =~ /$pat/o; }'```
```}```
```$is_big =```
``` make_match q/\b(big|large|huge)\b/;```
```if ($is_big->($_)) { ... }```
	Eine ähnliche Subroutine, die einfach einen Mustervergleich erzeugt.
	
	Erzeuge eine Subroutine, die nach big, large *oder* huge *sucht.*
	Verwende sie.

Referenzen

Referenzen in Perl sind im Grunde ein einfaches und extrem nützliches Merkmal, aber diese Einfachheit wird durch eine schwierige Syntax verschleiert. In diesem Abschnitt verschaffen wir uns einen Überblick über Referenzen und betrachten einige der nützlicheren Anwendungen.

Artikel 30

Verstehen Sie Referenzen und deren Syntax

Eine Referenz ist ein Skalarwert. Er kann in einer skalaren Variable oder als Element eines Arrays oder Hashes gespeichert werden, wie Zahlen und Zeichenketten auch. Man kann sich eine Referenz als eine Art Zeiger auf ein anderes Objekt in Perl vorstellen. Referenzen können auf jede Art von Objekt zeigen, einschließlich anderer Skalare (sogar Referenzen), Arrays, Hashes, Subroutinen oder Typeglobs.

Abgesehen von dem allgemeinen zeigerähnlichen Verhalten haben Referenzen allerdings nicht viel mit Zeigern in C oder C++ gemeinsam. Man kann nur auf bestehende Objekte Referenzen erzeugen; man kann sie danach nicht modifizieren, um sie etwa auf das nächste Element eines Arrays zeigen zu lassen. Man kann Referenzen in Zeichenketten oder Zahlen umwandeln, aber man kann umgekehrt keine Zahl oder Zeichenkette in eine Referenz zurückwandeln. Obwohl eine Referenz syntaktisch wie jeder andere Skalarwert behandelt wird, »weiß« eine Referenz, auf welche Art von Objekt sie zeigt. Schließlich erhöht jede Referenz auf ein Perl-Objekt dessen Referenzzähler, so daß es nicht von der Speicherbereinigung in Perl (engl. *garbage collector*) aufgelesen wird.

Erzeugung von Referenzen

Referenzen können auf mehrere verschiedene Arten erzeugt werden. Am einfachsten ist es, den Referenzoperator \ auf einer Variable anzuwenden:

```
$a = 3.1416;
$scalar_ref = \$a;          Eine Referenz auf $a.
```

Durch den Referenzoperator wird die Erzeugung einer Referenz bewirkt, die auf den Wert seines Arguments zeigt:

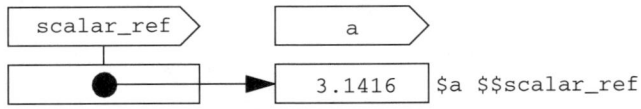

Der Referenzoperator funktioniert bei jeder Variablenart:

```
$array_ref = \@a;           Funktioniert bei Arrays,
$hash_ref = \%a;            Hashes,
$sub_ref = \&a;             Subroutinen und sogar
$glob_ref = \*a;            bei Typeglobs.
```

Er funktioniert auch bei Array- und Hashelementen sowie Werten:

```
$array_el_ref = \$a[0];            Erzeuge Referenzen auf Array- und Hashelemente.
$hash_el_ref = \$a{'hallo'};
$one_ref = \1;                     $one_ref ist nur lesbar.
$mode_ref = \oct('0755');          Wie auch $mode_ref.
```

Der Referenzoperator wirkt auf eine sehr merkwürdige Weise auf einer Liste von Werten und gibt statt einer Referenz auf eine Liste eine Liste mit Referenzen zurück. Er entscheidet unter Verwendung einer scheinbar willkürlichen Heuristik darüber, *was* Referenzen zurückgegeben werden soll:

Diese ergeben zu einem gewissen Grad Sinn.

```
sub val { return 1..3 };           Der ref-Operator gibt die Art der Referenz zurück.
$ref1 = \(&val);                   CODE
print ref $ref1, "\n";
$ref2 = \(val());                  SKALAR 3
print ref $ref2, " $$ref2\n";
($ref3) = \(val());                SKALAR 1
print ref $ref3, " $$ref3\n";
```

Aber diese hier sind etwas kurios

```
$ref4 = \(1..3);
print ref $ref4, " @$ref4\n";      ARRAY 1 2 3
$ref5 = \(1, 2, 3);
print ref $ref5, " $$ref5\n";      SKALAR 3
$ref6 = \(1, 2..3);
print ref $ref6, " @$ref6\n";      ARRAY 2 3
```

Sie verstehen, warum ich empfehle, den Referenzoperator vor Listen zu vermeiden.

Der Konstruktor für anonyme Arrays [...], der bis auf den in eckigen statt in runden Klammern umschlossenen Inhalt wie eine gewöhnliche Liste aussieht, erzeugt im Speicher einen unbenannten Array und gibt eine Referenz darauf zurück. Der Konstruktor für anonyme Arrays ist die übliche Methode zur Erzeugung einer Referenz auf eine Liste von Elementen:

```
$a_ref = [1..3];
print ref $a_ref, " @$a_ref\n";    ARRAY 1 2 3
```

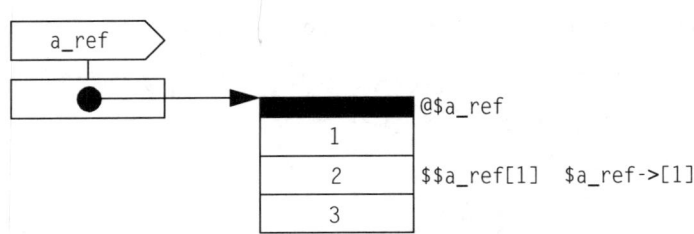

Der Konstruktor für anonyme Hashes {...}, der statt eckiger geschweifte Klammern verwendet, arbeitet in ähnlicher Weise:

```
$h_ref = {};                          Leerer anonymer Hash.
$h_ref->{'joe'} = 'bloe';             Füge ein Element hinzu.
$h_ref->{'john'} = 'public';          Füge ein weiteres hinzu.
```

Es gibt viele Verwendungsarten sowohl für anonyme Arrays als auch für anonyme Hashes; siehe die Artikel 32 und 33 für weitere Beispiele.

Eine sub-Definition ohne Namen gibt eine Referenz auf eine anonyme Subroutine zurück. Referenzen auf Subroutinen werden auch *Codereferenzen* (engl. *code refs*) genannt:

```
$greetings =                                      $greetings ist eine Codereferenz.
    sub { print "Hallo Welt!\n" };
$greetings->();                                   Hallo Welt!.
&$greetings();                                    Hallo Welt!.
$SIG{INT} =                                       Verwendung einer anonymen Sub-
    sub { print "noch nicht - bin beschäftigt\n" };  routine als Signalbehandler.
```

Referenzen auf anonyme Subroutinen sind sehr nützlich. Sie ähneln in gewisser Weise Funktionszeigern in C. Da andererseits anonyme Subroutinen dynamisch und nicht statisch erzeugt werden, haben sie besondere Eigenschaften, die mehr nach LISP aussehen (siehe Artikel 29).

Die Konstruktion einer Referenz auf einen anonymen Skalarwert benötigt man nicht gerade oft – falls doch, kann man etwa Folgendes tun:

```
undef $s_ref;
$$s_ref = 2.718;
print ref $s_ref, " $$s_ref\n";        SKALAR 2.718
```

Das klappt mit der im entsprechenden Abschnitt diskutierten »automatischen Belebung«.

Schließlich kann man (etwas mysteriös) Referenzen auf einen undokumentierten Typ LVALUE erzeugen (nicht genau die Bedeutung von L-Wert aus der Einführung):

```
$a = "Teste 1 2 3";
$lvref = \substr($a, 0, 7);         $lvref ist eine LVALUE-Referenz.
$$lvref = "Pelham";                 Wie die Zuweisung an substr!
print "a = $a\n";                   Pelham 1 2 3
```

Benutzung von Referenzen

Die Benutzung eines Wertes, auf den eine Referenz zeigt, nennt man *Dereferenzierung* (engl. *dereferencing*). Es gibt verschiedene Formen der Syntax für Dereferenzierungen. Die »kanonische« Form der Dereferenzierungssyntax besteht in der Verwendung eines Blocks, der eine Referenz zurückgibt, anstatt dort den Bezeichner einer Variable oder Subroutine zu benutzen. Erhält man bei der Verwendung eines Bezeichners den Wert der Variablen mit diesem Namen, bekommt man bei einem Block, der eine Referenz zurückliefert statt dessen den Wert, auf den die Referenz zeigt:

Kanonische Syntax für skalare Referenzen.

```
$a = 1;                             $a ist ein gewöhnlicher Skalar.
$s_ref = \$a;                       $s_ref ist eine Referenz auf den Wert von $a.

print "${$s_ref}\n";                Gibt 1 aus.
${$s_ref} += 1;                     Funktioniert wie eine Variable.
```

Kanonische Syntax für Arrayreferenzen.

```
@a = 1..5;                          $a_ref ist eine Referenz auf den Wert von @a.
$a_ref = \@a;                       Gibt 1 2 3 4 5 aus.
print "@a\n";                       Gibt auch 1 2 3 4 5 aus.
print "@{$a_ref}\n";                Fügt Elemente an @a hinzu.
push @{$a_ref}, 6..10;
```

Der Code innerhalb des Blocks kann beliebig komplex sein, so lange das Ergebnis des letzten ausgewerteten Ausdrucks eine Referenz ergibt:

```
$ref1 = [1..5];
$ref2 = [6..10];
$val = ${                              Erzeugt 3. Element eines Arrays – abhängig
  if ($hi) {$ref2} else {$ref1}        von $hi.
}[2];
print "$val\n";                        Entweder 3 oder 8.
```

Ist der Referenzwert in einer skalaren Variable enthalten, kann man die geschweiften Klammern weglassen und statt dessen lediglich den Namen der skalaren Variable mit vorangestelltem $ benutzen. Handelt es sich um eine Referenz auf eine Referenz, kann man mehr als ein $ benutzen:

Syntax für die Referenzen auf skalare Variablen.
```
$a = 'teste';
$s_ref = \$a;
$s_ref_ref = \$s_ref;
print "$$s_ref $$$s_ref_ref\n";        teste teste

$h_ref = {                             Initialisiere $h_ref mit einem anonymen
  'F' => 9, 'Cl' => 17, 'Br' => 35     Hash.
};

print "Elemente sind", join ' ',       Elemente sind Br Cl F
  sort(keys %$h_ref), "\n";
print "Zahl von F: $$h_ref{'F'}\n";    Zahl von F: 9
```

Ausdrücke wie $$h_ref{'F'} oder das noch umständlichere Äquivalent ${$h_ref}{'F'} tauchen häufig auf. Es gibt eine optisch ansprechendere »Pfeil«-Syntax, mit der man Arrayindizes und Hashreferenzen schreiben kann:

```
${$h_ref}{'F'}                         Kanonische Syntax.
$$h_ref{'F'}                           Syntax mit skalaren Variablen.
$h_ref->{'F'}                          Pfeil-Syntax.
```

Die Pfeil-Syntax funktioniert auch bei Codereferenzen:

```
sub { print sort @_ }->(4,2,5,3,1);   Ausgabe 12345.
```

Man kann Pfeile kaskadieren. Sind sowohl die linke als auch die rechte Seite eines Pfeils darüber hinaus Indexpositionen, kann der Pfeil entfallen:

```
$student->[1] = {                         Dies ist eine Referenz auf einen Array mit
  'Vorname' => 'joe', 'Nachname' => 'bloe' Referenzen auf Hashes.
};
print "$student->[1]->{'Vorname'}\n";     joe
print "$student->[1]{'Vorname'}\n";       joe – dasselbe.
```

Die Datenstruktur in diesem Beispiel sieht etwa so aus:

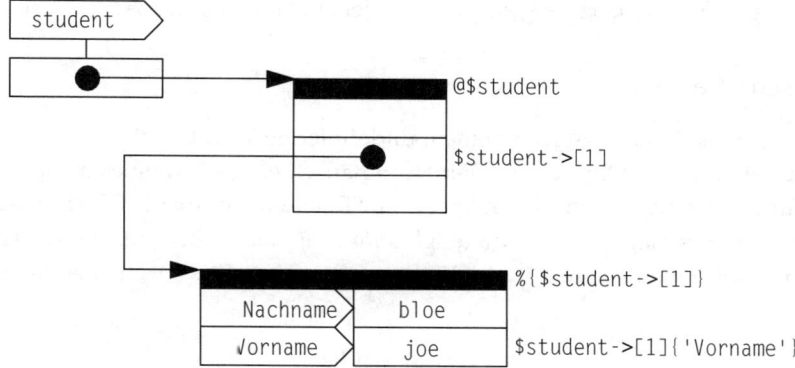

Seien Sie vorsichtig: Lassen Sie nicht zu viele Pfeile oder geschweifte Klammern aus. Wenn Sie z. B. den ersten Pfeil auslassen, bekommen Sie etwas anderes, nämlich ein Array mit Hashreferenzen:

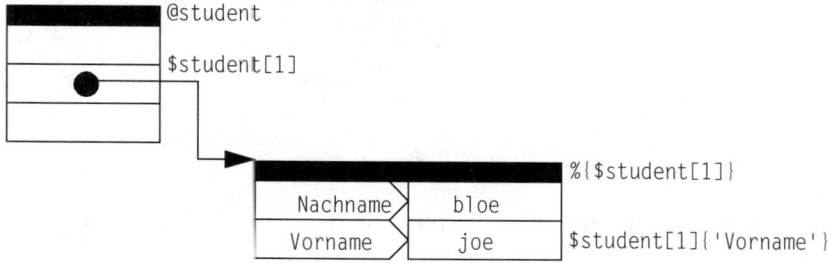

Es gibt in diesem Abschnitt noch mehr Beispiele für komplexe Datenstrukturen, die aus Referenzen aufgebaut sind.

Schließlich werden, wie schon früher angemerkt, alle Referenzen egal welchen Typs wie gewöhnliche Skalare behandelt – sie haben keinen speziellen »Typ«, der sie syntaktisch von anderen Skalaren unterscheidet.[31] Allerdings enthält ein Referenzwert Informationen über die Art des Objekts, auf das er zeigt. Man kann diese Informationen mit dem Operator ref erhalten:

```
$s_ref = \1;
print ref $s_ref, "\n";            SKALAR
$c_ref = sub { 'code!' };
print ref $c_ref, "\n";            CODE
```

Der ref-Operator funktioniert bei gesegneten Objekten anders (siehe Artikel 49).

Automatische Belebung

Wenn man einen skalaren L-Wert mit einem undefinierten Wert benutzt, als sei er eine Referenz auf ein anderes Objekt, wird Perl automatisch ein Objekt eines entsprechenden Typs für Sie erzeugen und diesen Skalar zur Referenz auf dieses Objekt machen. Dies nennt man *automatische Belebung* (engl. *auto-vivification*). Beispielsweise erzeugt der folgende Code einen Array mit vier Elementen und macht $ref zur Referenz darauf:

```
undef $ref;                        $ref ist jetzt leer.
$ref->[3] = 'vier';                $ref wird plötzlich lebendig!
```

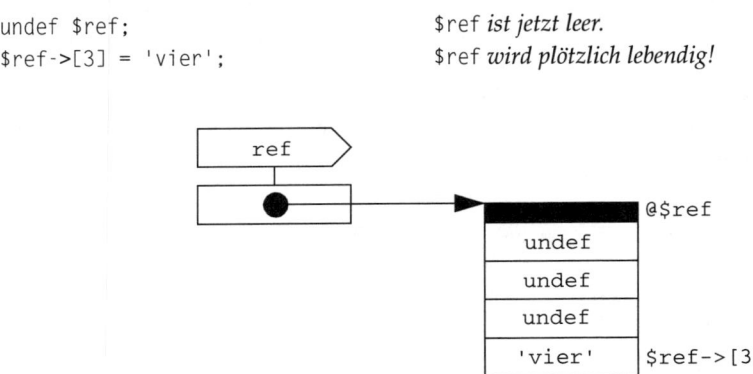

Ein längeres Beispiel für automatische Belebung wird in Artikel 31 erläutert.

---

31. Meistens jedenfalls. Verwenden Sie keine Referenz als *Schlüssel* in einem Hash. Hashschlüssel werden immer zu Zeichenketten umgewandelt, so daß sie nicht länger Referenzen wären. Müssen Sie Referenzen als Hashschlüssel verwenden, nutzen Sie das Modul Tie::RefHash.

Symbolische Referenzen

Dereferenziert man einen Zeichenkettenwert, gibt Perl den Wert der Variablen zurück, deren Namen in der Zeichenkette steht. Die Variable wird bei Bedarf erzeugt. Dies nennt man eine *symbolische Referenz* (engl. *soft reference*).

```
$str = 'pi';
${$str} = 3.1416;
print "pi = $pi\n";                 pi = 3.1416
${'e' . 'e'} = 2.7183;
print "ee = $ee\n";
                                    ee = 2.7183
```

Ein solcher Variablenname muß kein gültiger Bezeichner sein:

`${' '} = 'Leerzeichen';`	*Die Leerzeichenvariable.*
`${ } = 'Leerzeichen';`	*Jetzt UNGÜLTIG; war einmal dasselbe wie* `${' '}`.
	Die Leerzeichenleerzeichenvariable.
`${'  '} = 'Zwei Leerzeichen';`	*Die Nullvariable.*
`${"\0"} = 'Null';`	

Man beachte, daß symbolische Referenzen nichts mit Referenzzählungen zu tun haben (siehe Artikel 34). Nur gewöhnliche »echte« Referenzen inkrementieren Referenzzähler. Das Einschalten von `strict refs` deaktiviert symbolische Referenzen (siehe Artikel 36) – was oft eine gute Idee ist.

Artikel 31

Erzeugung von Listen von Listen mit Referenzen

Vor der Einführung von Referenzen gab es in Perl keine Unterstützung für komplexe Datentypen. Benötigten Programmierer Strukturen wie Listen von Listen, mußten sie sich mit Tricks behelfen. Ein typisches Hilfsmittel war die Verwendung von Zeichenketten zusammen mit `split` und `join`:

Faktorisiere Zahlen – sehr ineffizient.
```
@factor = ('') x 20;
for ($i = 2; $i < 20; $i++) {
  for ($j = 2; $j < $i; $j++) {
    if ($i % $j == 0) {
      $factor[$i] .= "$j ";      Baue Zeichenketten wie "2 3 4 6" auf.
    }
  }
}
for ($i = 2; $i < 20; $i++) {    12: 2 3 4 6
  print("$i: $factor[$i]\n");    13:
}                                etc.
```

Referenzen stellen eine Möglichkeit zur Erzeugung von Listen von Listen und anderen verschachtelten Strukturen dar – was *viel* effizienter und eleganter ist als das wiederholte Auseinandernehmen und Zusammensetzen von Zeichenketten.

Hier sind z.B. einige Listen von Listen:

```
@a = ( [1, 2], [3, 4] );         Ein Array mit Referenzen auf Arrays. – Gibt 3 aus.
print $a[1][0];

$a = [ [1, 2], [3, 4] ];         Eine Referenz auf einen Array mit Referenzen auf
                                 Arrays.
print $a->[1][0];                Gibt auch 3 aus.
```

Man beachte, daß der Typ der verwendeten runden/eckigen Klammern mit dem Typ der Struktur übereinstimmen muß, die man erzeugt (siehe Artikel 32).

Man kann solche Strukturen auch dynamisch erzeugen. Hier ist das Faktorisierungsbeispiel für die Verwendung mit Referenzen umgeschrieben:

Erzeugung von Listen von Listen mit Referenzen 143

Algorithmisch immer noch schlimm, aber zumindest werden Referenzen benutzt.
```
for ($i = 2; $i < 20; $i++) {
  for ($j = 2; $j < $i; $j++) {
    if ($i % $j == 0) {
      push @{$factor[$i]}, $j;           Baue Arrays statt Zeichenketten auf.
    }
  }
}
for ($i = 2; $i < 20; $i++) {            Schreibt man in der Arrayreferenz || [], werden
  print("$i: @{$factor[$i] || []}\n");   Warnungen bei -w vermieden.
}
```

In diesem Beispiel ist `@factor` ein Array mit Referenzen auf Arrays. Wir müssen ihn überhaupt nicht initialisieren, weil er automatisch durch die Belebung erzeugt wird (siehe Artikel 30), wenn wir versuchen, dem Array Elemente hinzuzufügen.

Schauen wir uns das etwas genauer an. Nehmen wir an, `@factor` sei zu Beginn undefiniert. Wenn wir der Anweisung mit dem push-Operator zum allerersten Mal begegnen, sind `$i` 4 und `$j` 2. Perl versucht zunächst, auf `$factor[4]` zuzugreifen. Dieses Element ist nicht vorhanden; also erzeugt Perl wie üblich ein Array der geforderten Größe und füllt es mit undef-Werten. Nun ist `@factor` definiert:

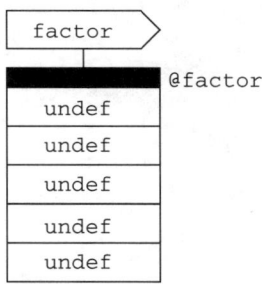

Perl versucht nun, mit push den Wert 2 an die Liste `@{$factor[4]}` zu hängen. Die Syntax suggeriert, daß `$factor[4]` eine Referenz auf ein Array sein sollte, und so belebt Perl automatisch ein leeres anonymes Array und belegt `$factor[4]` mit einer Referenz darauf:

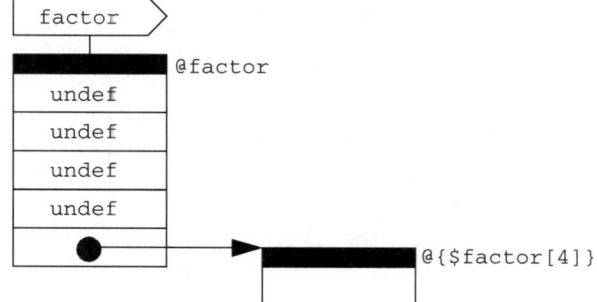

Schließlich setzt Perl den Wert 2 auf die neu erzeugte Liste.

Die in diesem Beispiel demonstrierten Prinzipien können zur Erzeugung anderer Strukturen wie multidimensionaler Arrays oder Hashes von Hashes genutzt werden:

```
$d3[2][2][2] = 5;                         Mal eben ein 3-dim. Array.
$d3[2]->[2]->[2] = 5;                     Dasselbe mit expliziten Pfeilen.
${${$d3[2]}[2]}[2] = 5;                   Häßliche kanonische Syntax.
$d3->[2][2][2] = 5;                       Ähnlich, beginnt aber mit Ref.
${${$d3->[2]}[2]}[2] = 5;                 Ziemlich häßlich ohne Pfeile, was?
${${${$d3}[2]}[2]}[2] = 5;
$course{'CS'}{'101'} =                    Ein Hash von Hashes, der mit %course beginnt.
  'Einführung in die Programmierung';
```

Artikel 35 enthält weitere Möglichkeiten zur Erzeugung und Manipulation verschachtelter Strukturen.

Artikel 32

Verwechseln Sie anonyme Arrays nicht mit Listenliteralen

Der Konstruktor für anonyme Arrays [...] sieht den runden Klammern, die Listenliterale umgeben, sehr ähnlich. Sie scheinen beide demselben Zweck zu dienen – Listen zu erzeugen. Allerdings unterscheiden sich Konstruktoren für anonyme Arrays in einigen wichtigen Punkten.

Ein Konstruktor für anonyme Arrays gibt eine Referenz und keine Liste zurück

Der Zweck eines Konstruktors für anonyme Arrays besteht darin, daß man eine Referenz auf ein Arrayobjekt erzeugen kann, ohne einen benannten Array erzeugen zu müssen:

`{ my @arr = 0..9; $aref = \@arr }`	*Hat man keine [...], kann man dies probieren.*
`print $$aref[4];`	*Gibt 4 aus.*
`$aref = do { \(my @arr = 0..9) };`	*Oder vielleicht dies.*
`$aref = [0..9];`	*Aber wir haben ja [...]!*

Man kann die von solchen Konstruktoren erzeugten Arrayreferenzen an Arrayvariablen zuweisen, aber das Ergebnis ist wahrscheinlich nicht das gewünschte. Man sollte bei der Verwendung von Arrayvariablen mit Listen vorsichtig sein und skalare Variablen mit Konstruktoren für anonyme Arrays verwenden:

▼ Verwechseln Sie nicht (..) und [...].

`@files = [ glob '*.c' ];` `print "@files\n";`	*Sollten vielleicht runde Klammern gemeint sein? So etwas wie* `ARRAY(0xa4600)`.

`@two_d_array = [`
`  [1..3], [4..6], [7..9]`
`];`
	Außen sollten runde und nicht eckige Klammern stehen.

`for $row (@two_d_array) {`
`  print join(',', @$row), "\n";`
`}`
	Ergibt das rätselhafte:
	`ARRAY(0xa45d0),ARRAY(0xa4654),`
	`ARRAY(0xa4558).`

Es ist leicht, einen ähnlichen Fehler mit Hashes und dem Konstruktor für anonyme Hashes zu machen:

```
%vars = {
    pi => 3.1416,
    ee => 2.7183
}
```

Hups – hätte runde statt geschweifte Klammern oder $vars anstelle von %vars benutzen sollen.

Ein Konstruktor für anonyme Arrays erzeugt einen Listenkontext, runde Klammern aber nicht

Listen- und skalarer Kontext werden durch Operatoren und Subroutinen erzeugt. Der Konstruktor für anonyme Arrays ist ein Operator. Runde Klammern sind dies *nicht*. Das bloße Setzen runder Klammern um etwas herum ändert noch keinen skalaren Kontext in einen Listenkontext.

Sehen Sie selbst:

Runde Klammern erzeugen keinen Listenkontext.
```
sub arrayish {
    print "arrayish\n" if wantarray
}
```
arrayish wird ausgegeben, wenn Routine in Listenkontext benutzt wird.

```
$foo = arrayish();
```
Nee.
```
$foo = (arrayish());
```
Noch nicht.
```
$foo = (arrayish(), ());
```
Mann, ist die verbohrt.

```
$foo = [ arrayish() ];
```
arrayish
```
($foo) = arrayish();
```
arrayish

Das ist zwar nicht das gesamte, aber ein Teil des Problems, das entsteht, wenn man versehentlich an eine skalare Variable ein Möchtegern-Listenliteral statt eines Konstruktors für anonyme Arrays zuweist. Der andere Teil des Problems wird bei der Dereferenzierung der skalaren Variablen sichtbar: Perl wird alles derefenzieren, was letztendlich an kuriosen Werten in dem Skalar auftritt, und es vielleicht als eine symbolische Referenz interpretieren. Natürlich erhält man dadurch totalen Unsinn, aber diese beiden Effekte können zusammengenommen den Prozeß der Fehlersuche erschweren, da sie einem damit einige sehr seltsame Verhaltensweisen bescheren. Beispielsweise:

```
$file_list_ref = ( glob '*.c' );
```
Sollten wahrscheinlich [...] statt runder Klammern gemeint sein.

```
print "@$file_list_ref\n";
```
Gibt nichs aus?
```
print "$file_list_ref\n";
```
Gibt foo.c oder sowas aus.

Mit all dem im Hinterkopf sollte ein cleverer Leser herausfinden können, was hier vor sich geht:[32]

```
$aref = (1..10);
print $$aref;            Gibt nichts aus?
print $aref;             Gibt auch nichts aus?
```

---

32. Überfragt? Der ..-Operator gibt eine Liste nicht in einem skalaren Kontext zurück. Statt dessen gibt er einen Booleschen Wert zurück, der in diesem Fall *false* sein wird – um genau zu sein, eine leere Zeichenkette. So erhält $aref die leere Zeichenkette, und $$aref ist eine symbolische Referenz auf die Variable mit der »leeren Zeichenkette« ${''}.

Artikel 33

Bilden Sie C-artige structs mit anonymen Hashes

Leute fragen mich oft, ob Perl »echte Datenstrukturen wie C« hat. Ich bin gezwungen, in der gleichen Weise zu antworten wie bei Fragen zu Listen von Listen:

»Nun, ja ... und nein.«

Sie wissen bereits, daß es nur wenige Datentypen in Perl gibt: Skalare, Arrays, Hashes, Subroutinen sowie einige Kleinigkeiten wie Dateizugriffskennungen. Strukturen, wie sie in C oder Pascal verwendet werden, gehören nicht zu diesen Typen. Perl hat also in diesem Sinne keine Strukturen. Andererseits bieten Hashes einen ganz ähnlichen Effekt:

```
$student{'Nachname'} = 'Smith';
$student{'Vorname'} = 'John';
$student{'Geburtstag'} = '01/08/72';
```

Bezieht man sich auf ein Hashelement, kann man die Anführungszeichen um den Schlüssel auslassen, solange er ein gültiger Perl-Bezeichner ist:

```
$student{Nachname} = 'Smith';
```

Das sieht etwa so aus wie das Element einer Struktur, oder? Die erste Reaktion darauf könnte so etwas sein wie »Hey, da wird doch eine Zeichenkette benutzt, um das Attribut einer Struktur nachzusehen! Das ist fürchterlich ineffizient! Eine wirkliche Struktur würde eine Art numerischen Versatz benutzen, der vom Compiler berechnet wird.« Das ist allerdings Wunschdenken, soweit es Perl betrifft, und man sollte sich nicht zu sehr darüber ärgern.[33] Perl ist eine interpretierte Sprache. Der Zugriff auf Variablen und Elemente von Arrays und Hashes ist in jedem Falle relativ langsam. Die erforderliche Zeit zum Nachschlagen eines Hashelements ist im kosmischen Ganzen nicht von allzugroßer Bedeutung.

Aus Hashes aufgebaute »Strukturen« können an Subroutinen übergeben und dort verwendet werden:

```
sub student_name {
  my %student = @_;
  "$student{Nachname} $student{Vorname}";
}
print student_name(%student);
```

---

33. Perl könnte letzten Endes bestimmte Fälle wie `$foo->{bar}` zu Arrayzugriffen optimieren, aber in den meisten Fällen dürfte dies keine dramatischen Geschwindigkeitsverbesserungen ergeben.

Nun mag dies sinnvoll erscheinen, ist aber nicht besonders effizient. Übergibt man einen Hash als Argument, dann entrollt man eigentlich den Hash in eine Liste mit Elementen und liest diese Elemente dann in einen komplett neuen Hash innerhalb der Subroutine zurück. Es gibt außerdem einige syntaktische Beschränkungen: Man kann nicht einfach auf diese Weise zwei Hashes übergeben:

```
sub roommates {
  my %roomie1 = @_;                  - roomie1 fraß alle Argumente.
  my %roomie2 = ????
```

Obwohl also Hashes eigentlich die richtige Idee sind, sind sie nicht perfekt. Was besser funktioniert, ist die Benutzung von Referenzen auf Hashes und insbesondere die Verwendung von Konstruktoren für anonyme Hashes, um sie zu erzeugen:

```
$student = {
  Nachname => 'Smith',
  Vorname => 'John',
  Geburtstag => '01/08/72'
};
```

Man kann auch eine leere Struktur erzeugen und sie Stück für Stück füllen. Verwendet man für den Zugriff auf diese »Strukturen« die Pfeilsyntax, sieht es noch mehr nach C oder C++ aus:

```
$student = {};                              Einfache Anführungszeichen sind
$student->{Nachname} = 'Smith';             nicht um Bezeichner innerhalb
$student->{Vorname} = 'John';               geschweifter Klammern
$student->{Geburtstag} = '01/08/72';        erforderlich.
```

Da man Skalare und nicht Hashes manipuliert, ist deren Übergabe an eine Subroutine effizienter; die gleichzeitige Übergabe von mehr als einem Skalar stellt kein Problem dar:

```
sub roommates {
  my ($roomie1, $roomie2) = @_;
  # Cleverer Code (zur Übung)...
}
roommates($student1, $student2);
```

Diese Technik ist die Grundlage für die Konstruktion von Objekten in den meisten Perl-Klassen. Artikel 49 enthält mehr zu objektorientiertem Perl, Artikel 27 beschreibt weitere Möglichkeiten zur Benutzung anonymer Hashes.

Artikel 34

Seien Sie vorsichtig mit zirkulären Datenstrukturen

Perl benutzt zur Speicherverwaltung den Ansatz der Referenzzählung[34]. Jedes Mal, wenn ein Objekt (Skalar, Array, Hash etc.) einen Namen oder eine neue Referenz erwirbt, inkrementiert Perl den Referenzzähler dieses Objekts. Wann immer ein Objekt einen Namen oder eine Referenz verliert, vermindert Perl den Referenzzähler um 1. Erreicht die Referenzzählung eines Objekts Null, löscht Perl das Objekt und beansprucht den von ihm genutzten Speicher wieder für sich.

Die Referenzzählung scheitert, wenn Objekte in einer zirkulären oder selbst-referentiellen Weise aufeinander zeigen. Ein einfaches $a = \$a erzeugt einen Zyklus, aber betrachten wir das folgende interessantere Beispiel:

```perl
package circular;
sub New {
    shift;                          # Ignoriere Paketnamen.
    bless { name => shift };
}
sub DESTROY {
    my $self = shift;
    print "$self->{name}: nuked\n";
}
package main;
{
    my $a = New circular 'a';
    my $b = New circular 'b';
    $a->{next} = $b;
    $b->{next} = $a;
}
print "Ende\n";
```

---

34. Es ist möglich, daß Perl in zukünftigen Versionen eine andere Strategie der Speicherverwaltung einsetzt, so daß in diesem Fall dieser Artikel nicht länger relevant wäre. Allerdings ist ist die Referenzzählung schnell und effizient, und es könnte eine Weile dauern, bis überzeugender Ersatz da ist.

Der Block innerhalb des main-Pakets erzeugt zwei Objekte, die zur Klasse circular gehören, und von denen jedes eine Referenz auf das andere enthält. Die Situation sieht demnach vor Ende dieses Blocks wie folgt aus:

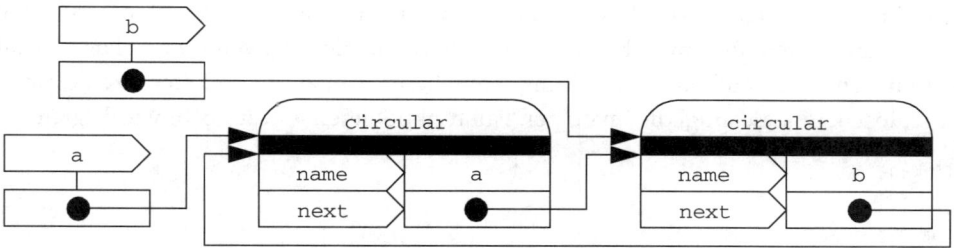

Jedes Objekt hat eine Referenzzählung von zwei: eine aufgrund der Referenz von $a/$b und die andere aufgrund der Referenz vom anderen Objekt. Die lexikalischen Variablen $a und $b verlassen mit Blockende den Gültigkeitsbereich, und wir haben dann die folgende Situation:

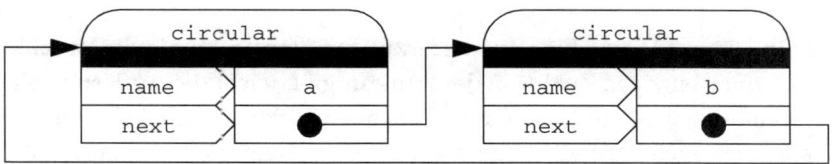

Hmm. Wir kommen nicht mehr an diese Objekte heran, da keines von ihnen einen Namen hat und wir keine externen Referenzen auf sie haben. Sie nehmen nur Platz ein. Unglücklicherweise gibt es nichts, womit Perl uns helfen könnte, da beide Objekte immer noch einen Referenzzähler von eins haben. Diese Objekte werden bis zum Ende des gesamten Programms weiter herumlungern. Letzten Endes *werden* sie aber formal gelöscht. Ganz am Ende eines Ausführungsthreads macht Perl einen Durchlauf mit einer *mark-sweep*-Speicherbereinigung. In diesem letzten Durchlauf werden alle durch den Interpreter erzeugten Objekte, seien sie zugreifbar oder nicht, gelöscht. Läßt man das obige Beispiel laufen, sieht man den finalen Durchlauf in Aktion:

```
% tryme
the end
b: nuked
a: nuked
```

Wie man erwarten darf, werden die Objekte gelöscht, *nachdem* der Interpreter die letzte Anweisung im normalen Kontrollfluß des Programms ausgeführt hat.

Dieser letzte Durchlauf ist wichtig. Perl kann als eingebettete Sprache benutzt werden. Würde der Interpreter innerhalb desselben Prozesses wiederholt benutzt werden, um Code wie den obigen auszuführen, würden Speicherlecks auftreten, wenn es keine todsichere Methode gäbe, um alle in diesem Thread erzeugten Objekte zu löschen. Es besteht keine Möglichkeit, dieses Durcheinander aufzuräumen, wenn mal erst mal hineingeraten ist, aber man kann dies durch vorsichtige Anwendung roher Gewalt verhindern. Man muß eine Technik implementieren, um zirkuläre Referenzen explizit aufzulösen. Eine Lösung, die im obigen Fall funktionieren würde, sieht wie folgt aus:

```
package main;
{
  my $a = New circular 'a';
  my $b = New circular 'b';
  $a->{next} = $b;
  $b->{next} = $a;
  $head = $a;                    Ein Verbindung zu den Daten.
}
undef $head->{next};             Unterbreche den Zyklus.
undef $head;                     Diesen hier ebenfalls.
```

Hier sichern wir eine Verbindung auf die zirkuläre Datenstruktur in die Variable $head. Weil es nur einen einzigen Zyklus in der Struktur gibt, reicht die Auflösung einer einzelnen Verbindung aus, um Perl zu erlauben, alle Objekte darin wieder zu beanspruchen. Falls dies nicht gründlich genug erscheint, kann man sie auch alle selbst behandeln:

```
while ($head) {                  Explizit durchgehen und löschen.
  $next = $head->{next};
  undef $head->{next};
  $head = $next;
}
undef $head;                     Jeden letzten.
```

Hier gehen wir die Struktur durch und löschen explizit jede der problematischen Referenzen. Man beachte, daß wir *Referenzen* auf jene Objekte entfernen, die wir löschen wollen, so daß ihre Referenzzähler Null werden. Es existiert keine Möglichkeit in Perl, um ein Objekt unabhängig von seinem Referenzzähler explizit zu löschen – gäbe es sie, wäre das eine üble Quelle von Fehlern und Abstürzen.

Ein anderer Ansatz sieht zwei Durchläufe in einer Weise vor, die der mark-sweep-Bereinigung ähneln. Zuerst besorgen wir uns eine Liste oder einen »Katalog« der Referenzen, die gelöscht werden müssen:

```
$ptr = $head;                        Konstruiere eine Liste von Referenzen (auf Referen-
do {                                 zen) in @refs.
  push @refs, \$head->{next};
  $head = $head->{next};
} while ($ptr != $head);
$ptr = $head = undef;                Laß nichts herumliegen.
```

Diese Schleife geht die selbst-referentielle Struktur durch und sammelt eine Liste von Referenzen auf alle Referenzen ein, die gelöscht werden müssen. Der nächste Durchlauf geht nur die Liste durch und löscht sie:

```
foreach (@refs) {
  print "Präventiver Schlag auf $$_\n";
  undef $$_;
}
```

Ein Ansatz mit zwei Durchläufen ist im Falle einer einfachen zirkulären Liste wie dieser extravagant, aber im Falle einer graphenartigen Struktur mit vielen Zyklen könnte er die einzige Alternative sein.

Artikel 35

Benutzen Sie map und grep zur Manipulation komplexer Datenstrukturen

Manchmal ist es nützlich, einen Slice aus einem mehrdimensionalen Array oder Hash herauszunehmen oder Slices mit bestimmten Eigenschaften auszuwählen. Umgekehrt könnte man eine Sammlung von Listen zu einem 2D-Array zusammenstellen oder vielleicht eine Sammlung von 2D-Arrays zu einem 3D-Array zusammenzustellen. Die Perl-Operatoren map und grep sind die perfekte Wahl für solche Pflichtaufgaben.

Sliceerstellung mit map

Beginnen wir mit einem Programm, das eine Datei mit 3D-Koordinaten in den Speicher einliest:

- Einlesen einer Datei mit 3D-Koordinaten in den Speicher

Dieses Programm liest eine Datei mit 3D-Koordinaten in den Speicher. Jede Zeile der Datei enthält die durch Leerraum getrennten x-, y- und z-Koordinaten eines Einzelpunktes. Beispiel:

```
# Punktdaten
1 2 3
4 5 6
9 8 7
```

```
open POINTS, "Punkte" or
  die "kann Punktdaten nicht lesen: $!\n";
while (<POINTS>) {
  next if /^\s*#.*$/;
  push @xyz, [ split ];
}
foreach $pt (@xyz) {
  print "Punkt ", $i++,
    ": x = $pt->[0], y = $pt->[1], ",
    "z = $pt->[2]\n";
}
```

Überspringe Kommentare, spalte eine Zeile in 3 Werte auf, setze sie in einen anonymen Array und füge ihn an @xyz an.

Ausgabe:
```
Punkt 1: x = 1, y = 2, z = 3
Punkt 2: x = 4, y = 5, z = 6
Punkt 3: x = 9, y = 8, z = 7
```

Die Punktdaten werden in die folgenden Struktur geladen:

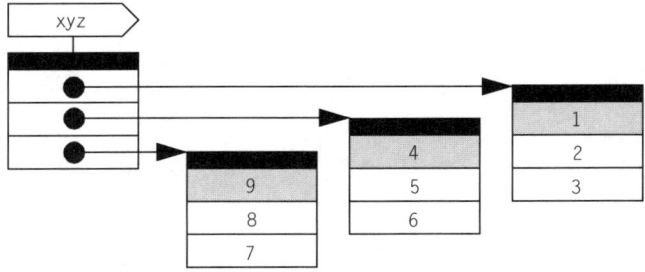

Benutzen Sie map und grep zur Manipulation komplexer Datenstrukturen   155

Nehmen wir nun an, wir wollten gerade das (0te) Element x von jedem Punkt haben, wie dies durch die Schattierung in der Abbildung angedeutet ist. Man kann dazu eine Schleife schreiben, die einen expliziten Index benutzt, oder vielleicht eine foreach-Schleife verwenden:

```
for ($i = 0; $i < @xyz; $i++) {        Hier ist eine for-Schleife mit einem expliziten Index.
  push @x, $xyz[$i][0];
}
foreach (@xyz) {                        Im Grunde dieselbe Idee mit einer foreach-Schleife.
  push @x, $_->[0];
}
```

Aber in Wirklichkeit ist dies eine natürlich Anwendung von map:

■ **Benutzen Sie** map**, um Slices von komplexen Datenstrukturen zu erzeugen**

@x = map { $_->[0] } @xyz;	*Wähle aus jedem anonymen Array in* @xyz *das 0-te Element aus.*

Verschachtelung mit map

Nehmen wir andererseits an, wir wollten mit den parallelen Arrays @x, @y und @z beginnen, die Punktvektoren enthalten:

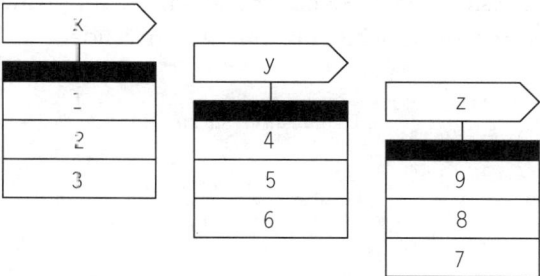

Man würde sie nun in eine einzelne 3D-Struktur wie die oben gezeigte zusammenstellen und wieder eine explizite Schleifenstruktur benutzen:

```
for ($i = 0; $i < @x; $i++) {          Wandle @x, @y und @z nach @xyz – auf die
  $xyz[$i][0] = $x[$i];                langsame und öde Art.
  $xyz[$i][1] = $y[$i];
  $xyz[$i][2] = $z[$i];
}
```

map bietet jedoch eine viel elegantere Alternative:

■ **Benutzen Sie [...] in map, um tiefer verschachtelte Strukturen zu erzeugen.**

```
@xyz = map                                      Wandle @x, @y und @z nach @xyz –
  { [ $x[$_], $y[$_], $z[$_] ] } 0 .. $#x;      nach Perl-Art.
```

Man kann sich ohne Zweifel eine Menge Varianten zum Thema Slicing und Verschachtelung vorstellen, z. B. das Vertauschen der (0ten) Koordinate x mit der 1-ten Koordinate y:

```
@yxz = map {                                    Vertausche Koordinaten x und y.
  [ $_->[1], $_->[0], $_->[2] ]
} @xyz;
@yxz = map                                      Die Benutzung eines Slices ist schöner.
  { [ @$_[1, 0, 2] ] } @xyz;
```

Oder vielleicht die Erzeugung einer neuen Liste mit den Größen der Punkte:

```
@mag = map { sqrt(                              Berechne Größe jedes Punktes in @xyz und
  $_->[0] * $_->[0] +                           stelle Ergebnisse in eine Liste
  $_->[1] * $_->[1] +
  $_->[2] * $_->[2]
) } @xyz;
```

Die Schwartzsche Transformation (siehe Artikel 14) ist eine Anwendung, die beide Operationen (Slicing und Verschachtelung) mit map verwendet:

```
@sorted_by_mtime =
  map { $_->[0] }                               ...dann slicen.
  sort { $a->[1] <=> $b->[1] }
  map { [ $_, -M $_ ] }                         Erst verschachteln...
  @files;
```

Auswahl mit grep

Nehmen wir an, wir wollten @xyz filtern, so daß es nur Punkte enthält, deren y-Koordinaten größer als deren x-Koordinaten sind.

Man könnte eine Schleife schreiben (wie haben Sie bloß erraten, was ich sagen wollte?):

```
foreach $pt (@xyz) {                            Wähle Punkte mit y > x unter Benutzung einer
  if ($pt->[1] > $pt->[0]) {                    foreach-Schleife aus.
    push @y_gt_x, $pt;
  }
}
```

Aber dieses Mal haben wir eine Aufgabe, die für grep maßgeschneidert ist:

- **Benutzen Sie grep, um Elemente aus verschachtelten Strukturen auszuwählen.**

```
@y_gt_x = grep { $_->[1] > $_->[0] } @xyz;        Wähle Punkte mit y > x aus
```

Natürlich kann man map und grep miteinander kombinieren – um z. B. die *x*-Koordinaten der Punkte zu sammeln, deren *y* größer ist als ihr *x*:

```
@x = map { $_->[0] }
  grep { $_->[1] > $_->[0] } @xyz;
```
Wähle x-Koordinaten mit y > x aus.

```
@x = map {
  $_->[1] > $_->[0] ?
    ($_->[0]) :
    ()
} @xyz;
```
Wähle x-Koordinaten mit y > x aus – eine andere Möglichkeit.

Debugging

Obwohl Perl eine großartige Sprache zum Schreiben von Einzeilern ist, eignet sie sich ebensogut zur Erstellung großer Programme. Perl-Programme mit mehreren hundert Zeilen sind an der Tagesordnung, und viele Leute haben nützliche Programme geschrieben, die mehrere tausend Zeilen lang sind. Größere Länge bedeutet im allgemeinen größere Komplexität, und mit der Komplexität häufen sich die Fehler. Fehler in Perl-Programmen zu finden und zu beseitigen (Debugging) ist ein wenig anders als bei Programmen, die in vollständig übersetzten Sprachen geschrieben sind. Schauen wir uns einige dieser Unterschiede an:

▶ **Perl besitzt einen kürzeren Zyklus der Übersetzung, Bindung und Ausführung.** Tatsächlich liegt der Schwerpunkt auf der »Ausführung«. Sie müssen ein Perl-Programm nicht explizit übersetzen, bevor Sie es ausführen. Perl-Programme *sind* übersetzt, sie werden aber weder in Maschinensprache übersetzt,[35] noch gibt es eine explizite Bindungsphase.[36] Ein Perl-Programm wird von Perl während der Übersetzungsphase geparst und in eine Struktur von Opcodes überführt. Der Übersetzungsphase folgt sofort eine Ausführungsphase, in der die Opcodes interpretiert werden.

Eine Konsequenz dieses kürzeren Zyklus ist, daß kleinere Änderungen an Perl-Programmen vorgenommen werden können als an Programmen, die in einer vollständig übersetzten Sprache wie C oder C++ geschrieben sind. Sie können z. B. ein Programm abbrechen, einige `print`-Anweisungen in einen verdächtigen Abschnitt des Quelltextes einstreuen, das Programm erneut ausführen und diesen Zyklus so schnell wiederholen, wie Sie den Quelltext Ihres Programms bearbeiten können. Sie müssen nicht jedesmal darauf warten, daß Ihr Programm übersetzt und gebunden wird.

---

35. Zur Zeit der Drucklegung dieses Buches wird ein Perl-Compiler getestet, der aber Perl nicht in native Maschinensprache übersetzt.
36. Perlmodule, die in C oder C++ geschrieben sind, können dynamisch geladen werden, aber dies geschieht zu Beginn der Ausführung eines Perl-Programms.

- **Perl-Programme werden in seltsamen Umgebungen verwendet.** Perl-Programme werden häufig in anderen Umgebungen als der Kommandozeile benutzt – CGI-Programmierung, TCP/IP-Clients und/oder -Server, cron-Jobs und die Verarbeitung von Email, um nur einige zu nennen. Perl ist eine großartige Verbindungssprache – sie ist das »*duct tape* des Internets«.[37] Man kann solche Programme natürlich auch in C oder C++ schreiben, sie sind in Perl aber wesentlich einfacher zu erstellen.

  Das Debugging von Programmen, die nicht die Standardeingabe und/oder die Standardausgabe verwenden oder die in ungewöhnlichen Umgebungen laufen, kann eine Herausforderung sein. Man kann und sollte solche Programme von der Kommandozeile aus testen, aber natürlich können Programme, die in der Kommandozeile gut laufen, immer den Bach runtergehen, wenn sie tatsächlich *in situ* verwendet werden.

  There's More Than One Way to Do It (TMTOWTDI)[38]. Perl bietet eine große Auswahl stilistischer Möglichkeiten. Man kann in der Manier von Shell-Skripten Perl-Programme schreiben, die eine Menge von Unterprozessen erzeugen, oder man schreibt Programme, die dasselbe ohne Erzeugung von Unterprozessen tun. Man kann hunderte Zeilen Perl schreiben, ohne eine einzige Variable zu initialisieren oder zu deklarieren, oder man aktiviert statische und Laufzeitüberprüfungen (siehe Artikel 36), die die Deklaration und Initialisierung aller Variablen verlangen. Man kann von Perls Merkmalen zur objektorientierten Programmierung Gebrauch machen oder auch nicht. Man kann unter Nutzung von Referenzen hierarchische Datenstrukturen (siehe Artikel 30) erzeugen oder denselben Effekt auf die altmodische Art mit parallelen Arrays und einigen Tricks erzielen. Man kann sogar Quelltext in C oder C++ schreiben und ihn in Perl einhängen (siehe Artikel 47).

  Der von Ihnen gewählte Programmierstil wird sich auch auf den Debugging-Stil auswirken. Wenn Sie Unterprozesse eine Menge Ihrer Arbeit tun lassen, wird Ihnen der Perl-Debugger vielleicht nicht so sehr helfen, als hätten Sie alles in Perl geschrieben. Sicherlich haben Sie auch weniger Text zu debuggen. Wenn Sie keine Lust haben, die Warnungen einzuschalten, schreiben Sie vielleicht kürzere Quelltexte, müssen sich aber mehr auf geschärfte Debugging-Fähigkeiten verlassen.

Die Kunst des Debuggings ist so unbegrenzt wie Perl selbst. Es gibt keine »richtige« Art, in Perl mit Fehlern umzugehen.

---

37. Offensichtlich von Hassan Schroeder, einem Java-Webmaster bei Sun Microsystems, in *Web Developer* (Vol. 2, No.1, Spring 1996) geprägt worden: «Weiß Gott, Perl war das *duct tape* des Internets." Ich denke, Perl *ist* immer noch das *duct tape* des Internets.
38. Anm. d. Übers.: Der Perl-Slogan! Man kann eben alles auf verschiedene Arten realisieren (vgl. Kamel-Buch).

Artikel 36

Aktivieren Sie statische und/oder Laufzeitüberprüfungen

Perl bietet sowohl statische als auch Laufzeitüberprüfungen für eine Vielzahl von Dingen an. Perl ist normalerweise eine weite, offene »Unbegrenzter Himmel«-Sprache, die am besten für Cowboys geeignet scheint, die ihren eigenen Weg finden; wenn Sie aber die Warnungen und `strict`-Pragmas einschalten, wird es zu einem viel zivilisierteren Werkzeug. Manchmal kann es ausgesprochen dogmatisch sein.

Von den folgenden Überprüfungen empfehle ich besonders `use strict` (was `strict vars`, `strict subs` und `strict refs` beinhaltet) zur allgemeinen Verwendung. Jedes Programm, das über 20 Zeilen hinausgeht, wird wahrscheinlich von `use strict` profitieren.

`-w` ist im allgemeinen auch ein nützliches Werkzeug, besitzt zur Zeit aber einige ärgerliche Beschränkungen, die ich im folgenden noch genauer erläutern werde.

Ein generelles Prinzip bezüglich der nun folgenden Überprüfungen lautet: Planen Sie überhaupt den Einsatz, dann fangen Sie *sofort von Anfang an* sie zu nutzen. Programme nachträglich mit `use strict` und `-w` auszustatten, kann sehr schwierig sein, wohingegen die Entwicklung einfach ist, wenn sie eingeschaltet sind.

Statische Überprüfungen – `strict vars` und `strict subs`

Schreibfehler sind eine der häufigsten Ursachen für Fehler in Perl-Programmen:

```
@temp = <FH>;                       Lies Zeilen nach @temp ein.
# ... irgendein Quelltext ...
while (@tmp) {                      HUCH – wollte eigentlich @temp
}                                   verwenden.
```

In einer Sprache, die nicht die Deklaration von Variablen vor ihrer Benutzung verlangt, schreibt man leicht einen Variablennamen fasch. Wenn Sie ein Cut-and-Paste-Programmierer sind (ich gebe zu, daß dies meine gebräuchlichste Methode zur Wiederverwendung von Code) ist, sind solche Fehler unvermeidbar. Zum Glück kann man das `strict vars`-Pragma verwenden, um solche Fehler abzufangen und zu vermeiden. Ein Perl-Programm, das `strict vars` verwendet, muß entweder alle seine Variablen durch `my` oder `use vars` deklarieren oder sie zusammen mit einem expliziten Paketnamen verwenden:

■ **Benutzen Sie strict vars, um Deklarationen zu erzwingen.**

`use strict vars;`	*Jetzt muß ich Variablen deklarieren.*
`$x, $y, $z;`	*FEHLER zur Übersetzungszeit.*
`use strict 'vars';`	*vars ist in Wirklichkeit eine Zeichenkette (siehe unten).*
`my $x;`	*Deklariere $x mit my.*
`use vars qw($y);`	*Deklariere $y mit use vars.*
`$x, $y, $::z;`	*Verwende explizit das main-Paket.*

Der auf `use strict` folgende Bezeichner `vars` ist in Wirklichkeit ein Zeichenkettenargument für die `import`-Methode des `strict`-Moduls (siehe Artikel 42). In einigen Fällen muß er zur Vermeidung von Warnungen oder Fehlern in Anführungszeichen gesetzt werden – zum Beispiel, `use strict 'vars'` oder `use strict qw(vars)` –; oder wenn Sie das vorziehen, können Sie es immer in Anführungszeichen setzen.

Sie können `strict vars` für einen Teil eines Programms mit `no strict vars` ausschalten:

```
use strict vars;
{
  no strict vars;            strict vars für diesen Block ausgeschaltet.
  $pi = 3.1416;              $pi OK.
}
print "pi = $::pi\n";        Aber $pi muß hier deklariert werden oder ein explizi-
                             tes Paket haben.
```

Es gibt einige Fälle, in denen Sie Variablen mit `use vars` (oder `use subs`) deklarieren müssen anstatt mit `my`:

```
use strict vars;
use vars qw($global1);
BEGIN {
  $global1 = 3.1416;         my $global2 existiert nur innerhalb dieses BEGIN-
  my $global2 = 2.7183;      Blocks.
}
print "global1 = $global1\n";   OK – deklariert.
print "global2 = $global2\n";   FEHLER – $global2 nicht deklariert.
```

Zur Zeit werden einige Variablen mit besonderen Verwendungen, wie $a und $b, von `strict vars` ignoriert. Dieses Verhalten kann sich in Zukunft ändern, verlassen Sie sich also nicht darauf.

Wenn Bezeichner keine andere Interpretation besitzen, behandelt Perl sie als Zeichenketten (dies wird manchmal als *Poesiemodus*[39] bezeichnet). Solche »Barewords« sind eine weitere potentielle Fehlerquelle:

```
for ($i = 0; $i < 10; $i++) {
  print $a[i];                HUCH – wollte eigentlich $a[$i] verwenden.
}
```

In diesem Beispiel wird der Index i, der eigentlich $i sein sollte, als Zeichenkette "i" interpretiert, die dann die Zahl 0 zu sein scheint – daher wird der Inhalt von $a[0] zehnmal ausgegeben. Die Verwendung von strict subs stellt den Poesiemodus ab und erzeugt Fehler für unpassend gebrauchte Bezeichner:

```
use strict subs;              Oder use strict 'subs' – subs ist eigentlich ein
                              Bareword, was wir ja zu meiden suchen.
for ($i = 0; $i < 10; $i++) {
  print $a[i];                FEHLER – Bareword "i" nicht erlaubt.
}
```

Das strict subs-Pragma kommt mit den erlaubten Zitierformen für Barewords zurecht – alleine innerhalb von geschweiften Klammern eines Hashschlüssels oder links von einem Pfeil:

```
use strict subs;
$a{name} = 'ok';              Bareword ist als Hashschlüssel OK.
$a{-name} = 'ok';             Auch OK.
%h = (last => 'Smith',        Bareword links von => ist OK.
  first => 'Jon');
```

Man kann sowohl mit strict vars als auch mit strict subs gut klarkommen. Diese Pragmas verletzen selten (wenn überhaupt) idiomatischen Perl-Code. Man muß nur seine Variablen deklarieren.

Dynamische Überprüfungen – strict refs

Das strict refs-Pragma deaktiviert symbolische Referenzen (siehe Artikel 30). Symbolische Referenzen zählen nicht zu den häufigen Fehlerquellen, sie sind aber ein etwas obskures Merkmal, das versehentlich falsch gebraucht werden kann. Probleme mit symbolischen Referenzen sind meist in einem Mangel an Verständnis für die Funk-

---

39. *Poesiemodus?* Was ist denn das, fragen Sie sich? Schlagen Sie unter »poetry« in *Programmieren mit Perl* nach.

tionsweise normaler Referenzen begründet. Wenn Sie z.B. versuchen, eine Datenstruktur in eine Datei zu schreiben und sie wieder auszulesen, schreiben Sie vielleicht fälschlicherweise folgendes:

▼ Vermeiden Sie die nicht beabsichtigte Nutzung symbolischer Referenzen

Das Grundproblem in diesem Beispiel ist, daß man weder Referenzen aus einer Datei lesen noch generell Zeichenketten- oder numerische Datentypen nicht in Referenzen umwandeln kann (siehe Artikel 30). Dies manifestiert sich auf eine seltsame Weise.

```
$a = { H => 1, He => 2, Li => 3, Be => 4 };      $a ist eine Hashreferenz.
open SAVE, ">save";
print SAVE $a, "\n";                              Dies schreibt etwas wie
close SAVE;                                       'HASH(0x9d450)' in die Datei.
open SAVE, "save";
chop($a = <SAVE>);                                Setzt $a = 'HASH(0x9d450)'.
print keys %$a;                                   Nichts? Natürlich – Kein Hash
                                                  vorhanden.
```

Was in diesem Beispiel in die Datei `save` geschrieben wird, ist die einzelne Zeile:

`HASH(0x9d450)`

Offensichtlich sind die Daten aus dem anonymen Hash nicht vorhanden, also besteht auch keine Hoffnung, sie jemals zurückzubekommen. Das werden Sie schnell sehen, wenn Sie sich den Inhalt von `save` anschauen. Was Sie aber vielleicht nicht verstehen, ist, warum das Programm »funktioniert«, ohne einen Fehler auszugeben.

Folgendes passiert: Die Variable `$a` wird der Zeichenkette `'HASH(0x9d450)'` zugewiesen. Wenn die letzte Zeile versucht, `$a` als Hashreferenz zu verwenden, behandelt Perl die Zeichenkette als *Namen einer Variablen*. Mit anderen Worten:

`print keys %{'HASH(0x9d450)'};`

Das ist überhaupt nicht das, was wir wollen. Wenn Sie `strict refs` einschalten, wird Perl dies zur Laufzeit abfangen:

```
Can't use string ("HASH(0x9d450)") as a HASH ref while "strict refs" in use at
tryme line 12, <SAVE> chunk 1.
```

Übrigens kann man solche Probleme »persistenter« Datenstrukturen am besten durch Benutzung des `Data::Dumper`-Moduls (siehe Artikel 37) lösen:

- **Benutzen Sie Data::Dumper, um Datenstrukturen zu sichern und zurückzuholen.**

```
use Data::Dumper;
$a = { H => 1, He => 2, Li => 3, Be => 4 };   Einige Beispieldaten.
open SAVE, ">save";
print SAVE Data::Dumper->Dump([$a], ['a']);   Löse die Hashreferenz namens 'a' auf.
close SAVE;

$a = undef;                                    Hab' nichts in petto...
do "save";                                     Lies und führe die Datei "save" aus.
print keys %$a;                                "HLiHeBe" oder so was ähnliches.
```

Die Kombination von `strict vars`, `strict subs` und `strict refs` ist als praktische Einheit verfügbar, nämlich `use strict`. Ich empfehle `use strict` für alle Programme von signifikanter Länge. Denken Sie daran, daß Sie `strict` vorübergehend ausschalten können, wenn es Ihnen hinderlich erscheint, indem Sie `no strict` (oder `no strict vars`, `no strict subs` etc.) in einen Block schreiben:

Hier nun ein Programm, das die Eingabe eines Variablennamens erwartet und seinen Inhalt in die Standardausgabe schreibt:

```
use strict;
print "Variablenname: ";                       Erwarte die Eingabe eines Namens.
chop(my $var = <STDIN>);                       Lies ihn nach $var ein.
{
  no strict 'refs';                            Da $var eine Zeichenkette ist, handelt es
  print "$var = $$var\n";                      sich bei $$var um eine symbolische Refe-
}                                              renz, so daß wir strict refs abschalten
                                               müssen.
```

Dynamische Überprüfungen – Warnungen mit -w

Perl besitzt ein Merkmal für Warnungen, das aus der Kommandozeile heraus mit dem -w-Kennzeichen eingeschaltet werden kann:

```
% perl -w myscript
```

oder aus einem Skript heraus, indem man das -w-Kennzeichen an die #!-Zeile anhängt:

```
#!/usr/local/bin/perl -w
```

Das Einschalten der Warnungen aktiviert eine *große* Zahl von Laufzeitüberprüfungen. Diese behandeln ein breites Spektrum an Möglichkeiten, von `Possible attempt to put comments in qw() list` bis `umask: argument is missing initial 0` zu `Misplaced _ in number`.

In den meisten Fällen wird sich -w allerdings über die Verwendung nicht initialisierter Werte beschweren:

```
#!/usr/local/bin/perl -w
print "$a\n";

% tryme
Use of uninitialized value at tryme line 2.
```

Quelltext, von dem man nicht unbedingt erwartet, daß er Warnungen hervorruft, tut das manchmal dennoch:

```
@a = (1,2);
print "@a[0..2]\n";            -w beschwert sich hier.
```

In früheren Perl-Versionen war -w sehr (oder sogar über alle Maßen) aggressiv, wenn es darum ging, die Verwendung nicht initialisierter Werte zu melden. Das Folgende rief in Perl 5.003 Warnungen wegen nicht initialisierter Werte hervor:

```
$sum += 1;                     Warnung, wenn $sum nicht initialisiert ist.
for $word (split) {            Noch ärgerlicher: für jedes neue Wort.
  $count{$word} += 1;
}
```

Neuere Perl-Versionen besitzen ein freundlicheres, sanfteres -w, das viel weniger überflüssige Warnungen hervorruft. Keiner der oben genannten Fälle produziert unter Perl 5.004 eine Warnung (vorausgesetzt, daß $sum, $word etc. deklariert wurden).

Man kann die Warnungen für einen Teil des Quelltextes ausschalten, indem man den Wert der Variablen $^W ändert. Es ist sinnvoll, die Veränderung local zu machen:

```
{
  local $^W = 0;               Warnungen ausgeschaltet bis zum Ende des Blocks.
  print "a = $a\n";            Keine Beschwerden, wenn $a noch nicht initialisiert
}                              ist.
```

Die größten Nachteile des momentanen Warnungssystems in Perl bestehen darin, daß (1) *Einzelwarnungen* nicht ein- und ausgeschaltet werden können, und (2) es in einem lexikalischen Gültigkeitsbereich keine Warnungen gibt (das ist dasselbe Problem mit dem Gültigkeitsbereich, das my und local voneinander unterscheidet – siehe Artikel 23). Das sind die »ärgerlichen Beschränkungen«, von denen ich oben sprach. Diesen beiden Problemen wird man sich sicherlich in zukünftigen Versionen von Perl widmen.

Ich empfehle Programmierern, die mit Perl noch nicht vertraut sind, unabhängig von ihren Erfahrungen in anderen Programmiersprachen, -w zumindest so lange zu verwenden, daß sie die Ergebnisse nicht mehr überraschen. Sie sollten -w auch in Verbindung mit use strict verwenden, wenn Sie Quelltext für wichtige Anwendungen oder für den öffentlichen Vertrieb entwickeln. Wenn Sie natürlich zu der Sorte Programmierer gehören, die »alle Warnungen, zu jeder Zeit« bevorzugen, stellen Sie es einfach an und belassen es dabei.

Laufzeitwarnungen stellen einen kleinen Geschwindigkeitsnachteil für Programme dar. Darüber hinaus ist es keine gute Idee, den Benutzern unerwartete oder unberechtigte Nachrichten über Warnungen zu zeigen. Daher sollten -w Warnungen nur während der Entwicklung verwendet werden. Warnungen sollten für Quelltext, der in die Welt entlassen wird, *abgeschaltet* sein, genauso wie assert()-Überprüfungen in den endgültigen Versionen von C-Programmen nicht übersetzt werden sollten.

Das use strict-Pragma ist unproblematisch und kann ohne schlimme Folgen in veröffentlichtem Quelltext verbleiben.

Aufspüren gefährlicher Daten – Makelüberprüfung

Perl-Programme, die mit setuid laufen (d. h., mit unterschiedlichen echten und effektiven Benutzer- und Gruppenkennungen), unterliegen der *Makelüberprüfung* (engl. *taint checking*). Die Makelüberprüfung kann man auch explizit mit der Option -T in der Kommandozeile aktivieren.

Die Makelüberprüfung ist ein Merkmal zur Laufzeit, das den Datenfluß innerhalb eines Perl-Programms ausfindig macht. Daten, die aus einer Benutzereingabe oder generell der Außenwelt stammen (Kommandozeilenargumente, Umgebungsvariablen, Eingaben aus Dateien oder Datenströmen) werden als *verdorben* (engl. *tainted*) gekennzeichnet. Perl erlaubt nicht, daß verdorbene Daten auf unsichere Art verwendet werden – zum Beispiel als Eingabe für eine Kommandozeile der Shell. Um einen Eindruck davon zu vermitteln, wie die Makelüberprüfung funktioniert, betrachten wir das folgende einfache Programm:

```
print "Gib ein Muster ein: ";
chop($pat = <STDIN>);
print `grep $pat *`;
```

Lassen Sie dies mit eingeschalteter Makelüberprüfung laufen, dann werden Sie die folgende Nachricht sehen:

```
Insecure dependency in `` while running with -T switch
```

Perl teilt uns mit, daß der Inhalt zwischen `` unsicher ist. Das kommt daher, daß die Daten in der Variablen $pat direkt aus der Standardeingabe stammen. Es ist keine gute Idee, die Benutzereingaben direkt an die Shell zu schicken – angenommen, der Benutzer tippt Folgendes ein:

```
Bitte Muster eingeben:  ; rm *
```

Um den Inhalt von `$pat` von Makeln zu befreien, müssen wir die Eingabe mit einem regulären Ausdruck vergleichen und `$pat` den Wert einer der Speichervariablen `$pat` (`$1`, `$2`, etc.) zuweisen. Für unverdorbene Daten ist das der einzige Weg in Perl. Hier eine mögliche Lösung:

`print "Bitte Muster eingeben: ";`	Frage nach Muster.
`chop($pat_in = <STDIN>);`	Lies es.
`$pat_in =~ tr/\0-\037\177-\377//d;`	Entferne nichtdruckbare Zeichen.
`$pat_in =~ s/(['\\])/\$1/g;`	Maskiere einfaches Anführungszeichen, Backslash.
`$pat_in =~ /(.*)/;`	Hier sorgen wir durch Benutzung des Muster-
`$pat = $1;`	speichers für unverdorbene Daten.
`print `grep '$pat' *`;`	Nun haben wir es sicherer gemacht – man beachte das Hinzufügen einzelner Anführungszeichen an das Argument von `grep`'.

Die Anweisungen, die die eigentliche Beseitigung der Makel leisten, sind die beiden Zeilen:

```
$pat_in =~ /(.*)/;
$pat = $1;
```

Man beachte, daß wir die Schritte `tr///` und `s///` auslassen könnten und dennoch die Makel des Inhalts von `$pat` beseitigen würden, ohne ihn irgendwie zu verändern. Tja, sogar bei der Makelüberprüfung kann man sich in den Fuß schießen. Einige Probleme mit Makeln lassen schönere Lösungen als diese zu, aber der eigentliche Zweck, der hinter diesem nötigen Schritt zur Beseitigung des Makels steckt, ist der, daß Sie gezwungen sind, sich zumindest jede mögliche Quelle verdorbener Eingaben anzuschauen und sie dann auf irgendeine Art zu behandeln. Es liegt an Ihnen, sicherzustellen, daß dies die richtige Art ist.

Zurück zu unserem Beispiel – wenn Sie es in diesem Zustand laufen lassen, bekommen Sie eine andere Fehlermeldung:

```
Insecure $ENV{PATH} while running with -T switch
```

Perl teilt uns mit, daß unsere Umgebungsvariable PATH unsicher ist. Um unseren PATH abzusichern, müssen wir ihn auf eine bekannte Anzahl setzen. Ist er einmal belegt, überprüft Perl auch, ob alle im Pfad aufgeführten Verzeichnisse von seinem Besitzer und/oder seiner Gruppe schreibbar sind.

Um das Programm zu berichtigen, fügen Sie die Zeile

```
$ENV{PATH} = "/bin:/usr/bin";
```

irgendwo am Anfang ein.

Die Makelüberprüfung ist für Anwendungen der CGI-Programmierung nützlich, besonders wenn CGI-Skripte mit setuid als Benutzer mit mehr Rechten als nobody laufen müssen. Eine konservative Art, CGI-Skripten anzufangen, ist:

- **Benutzen Sie in CGI-Skripten Makelüberprüfungen und andere Sicherheits- und Debuggingmerkmale.**

`#!/usr/local/bin/perl -Tw`	*Überprüfung auf Makel und Warnungen eingeschaltet.*
`use strict;`	*Saubere Programmierung.*
`$ENV{PATH} = "/bin:/usr/bin";`	*Der »gradlinige« PATH.*
`$| = 1;`	*Entferne* STDOUT *aus dem Puffer.*

Wegen der Makelüberprüfung können Perl-Skripte tatsächlich sicherer sein als in C geschriebene Programme.

Artikel 37

Verwenden Sie die Module zum Debugging und zum Erstellen von Profilen

Zusätzlich zu den obengenannten use strict-Pragmas gibt es eine Vielzahl von Modulen, die für das Debugging und die Optimierung von Software besonders nützlich sind. Einige dieser Module werden mit der Basisdistribution von Perl ausgeliefert. Andere müssen Sie sich aus dem CPAN besorgen.

Ausführliche Nachrichten erhalten Sie mit diagnostics

Finden Sie, daß Perls Warnungen und Fehlermeldungen dazu neigen, ein wenig undurchsichtig zu sein? Dann probieren Sie das diagnostics-Pragmamodul. Es liefert eine ausführliche Ausgabe von Warnungen und Fehlern:

```
use diagnostics;            Stell den Plappermaul-Modus an.
$^W = 1;                    Stell die Warnungen an.

print $not_defined;         Warnung wegen nicht initialisierter Variable.
print 1/$not_defined;       Fehler wegen Division durch Null.
```

```
% tryme
Use of uninitialized value at tryme line 7 (#1)

    (W) An undefined value was used as if it were already defined.  It was
interpreted as a "" or a 0, but maybe it was a mistake.  To suppress this
warning assign an initial value to your variables.

Use of uninitialized value at tryme line 8 (#1)

Illegal division by zero at tryme line 8 (#2)
    (F) You tried to divide a number by 0.  Either something was wrong in your
logic, or you need to put a conditional in to guard against meaningless input.

Uncaught exception from user code:
        Illegal division by zero at tryme line 8.
```

Da haben Sie es! Mehr als Sie jemals wissen wollten.

Da diagnostics Fehler auf eine Art meldet, die für Entwickler nützlicher ist als für den Endnutzer, sollten sie wahrscheinlich nicht in veröffentlichtem Code aktiviert sein und insbesondere nicht in Modulen.

Führen Sie Bewertungen mit Benchmark durch

Benchmark ist ein leicht handhabbares Modul, das es Ihnen ermöglicht, die relative Geschwindigkeit von Teilen Ihres Perl-Quelltextes zu vergleichen. Verwenden wir als Beispiel Benchmark, um die relativen Geschwindigkeiten verschiedener Methoden zu vergleichen, mit denen man über ein Array iteriert:

```
use Benchmark;
@a = (1..10000);

timethese (100, {
  for => q{
    my $i;
    my $n = @a;
    for ($i = 0; $i < $n; $i++) { $a[$i]++ }
  },

  foreach => q{
    foreach $a (@a) { $a++ }
  },
} )

% tryme
Benchmark: timing 100 iterations of for, foreach...
       for: 27 secs (27.18 usr  0.00 sys = 27.18 cpu)
   foreach: 11 secs (10.54 usr  0.00 sys = 10.54 cpu)
```

Ich bin von der foreach-Schleife begeistert. Wie steht's mit Ihnen?

Man beachte die Verwendung der q{...}-Zeichenketten in einfachen Anführungszeichen im obigen Beispiel. Diese Zitierform ist besonders bei Zeichenketten mit Perl-Quelltext angebracht.

Datenausgabe mit Data::Dumper

Data::Dumper ist ein vielseitiges Modul und ermöglicht es Ihnen, den Inhalt von einer oder mehreren Variablen oder Datenstrukturen als Textstrom auszugeben (engl. *to dump*). Das ist an sich schon praktisch, aber der von Data::Dumper geschriebene Textstrom ist in Wirklichkeit Perl und kann zur Rekonstruktion der Originaldaten mit eval ausgewertet werden.

Data::Dumper bearbeitet bereitwillig einfache Konstruktionen:

```
use Data::Dumper;
$a = { H => 1, He => 2, Li => 3, Be => 4 };
print Dumper $a;

% tryme
$VAR1 = {
```

```
        H  => 1,
        Li => 3,
        He => 2,
        Be => 4
      };
```

Sie können Namen mit Daten durch Aufruf der Dump-Methode verknüpfen:

```
use Data::Dumper;
$a = { H => 1, He => 2, Li => 3, Be => 4 };
$b = { B => 5, C => 6, N => 7, O => 8 };
print Data::Dumper->Dump([$a, $b], [qw(a b)]);

$a = {
       H  => 1,
       Li => 3,
       He => 2,
       Be => 4
     };
$b = {
       B => 5,
       C => 6,
       N => 7,
       O => 8
     };
```

Data::Dumper kann auch selbstreferentielle Strukturen bearbeiten:

```
use Data::Dumper;
$c = { name => "C" };
$b = { name => "B", next => $c };
$a = { name => "A", next => $b };
$c->{next} = $a;
print Data::Dumper->Dump([$a, $b, $c], [qw(a b c)]);

% tryme

$a = {
       name => 'A',
       next => {
                 name => 'B',
                 next => {
                           name => 'C',
                           next => $a
                         }
               }
     };
$b = $a->{next};
$c = $a->{next}{next};
```

Verwenden Sie die Module zum Debugging und zum Erstellen von Profilen   173

Data::Dumper hat viele andere Fähigkeiten und wird auf einer langen Manualseite beschrieben, die man sich auf jeden Fall anschauen sollte.

Dump im Detail mit Devel::Peek

Wenn Ihnen die Ausgabe von Data::Dumper nicht alle benötigten Einzelheiten liefert, sollte Devel::Peek Ihre Neugierde befriedigen. Devel::Peek gibt den Inhalt von Variablen oder Datenstrukturen in einem Low-level-Format aus, das für Entwickler besonders geeignet ist, die an Perl XSUBs (siehe Artikel 47) und Programmen arbeiten, in denen Perl aufgerufen wird.

Hier operiert Devel::Peek auf einem einfachen Skalar:

```
use Devel::Peek qw(Dump);
$a = 1234;
Dump $a;

% tryme
SV = IV(0xa6460)
  REFCNT = 1
  FLAGS = (IOK,pIOK)
  IV = 1234
```

Wenn man dieses Kauderwelsch entschlüsselt, bedeutet es, daß der SV (skalare Wert) vom IV (Integerwert)-Datentyp ist, mit einer Referenzzählung von eins und einem gültigen (IOK) Integerwert von 1234. Angenommen, wir verwenden auch $a als Zeichenkette:

```
use Devel::Peek qw(Dump);
$a = 1234;
"$a";
Dump $a;

% tryme
SV = PVIV(0xa5108)
  REFCNT = 1
  FLAGS = (IOK,POK,pIOK,pPOK)
  IV = 1234
  PV = 0xff528 "1234"
  CUR = 4
  LEN = 11
```

Jetzt besitzt $a sowohl Integer- (IV) als auch Zeichenkettenwerte (PV). Schauen Sie sich als abschließendes Beispiel eine »magische« Variable wie $! an:

```
use Devel::Peek qw(Dump);
open F, "bogus-file";
Dump $!;
$a = $!;
Dump $a;
```

Das liefert uns:

```
SV = PVMG(0xa5ec8)
  REFCNT = 1
  FLAGS = (GMG,SMG)
  IV = 0
  NV = 0
  PV = 0
  MAGIC = 0xa5188

SV = PVMG(0xa5d48)
  REFCNT = 1
  FLAGS = (NOK,POK,pNOK,pPOK)
  IV = 0
  NV = 2
  PV = 0xb6148 "No such file or directory"
  CUR = 25
  LEN = 26
```

Die erste ausgegebene Variable ist $!, die eine größere »magische« Struktur verwendet. Magische Variablen können ihre Werte über Funktionen erhalten – das Feld MAGIC zeigt den Wert des Funktionszeigers.

Die zweite Variable ist $a, die, wie Sie bemerkt haben werden, sowohl Zeichenkettenwerte (PV) als auch Fließkommawerte (NV) enthält. Diese beiden wurden belegt als $a den Wert von $! zugewiesen bekam. Man beachte, daß obwohl $a letztendlich auch die größere PVMG-Struktur besitzt, sie an sich nicht magisch ist, weil keines der Kennzeichen für magisch gesetzt wurden.

Erstellen Sie Profile mit Devel::DProf

Um ein Profil von der Ausführung eines Perl-Programms zu erstellen, verwenden Sie Devel::DProf.

Vorausgesetzt, DProf ist auf Ihrem System installiert, wenden Sie es auf Ihre Programme an, indem Sie die Option -d in der Kommandozeile verwenden:

```
% perl -d:DProf my_script
```

Wenn die Ausführung des Skripts beendet ist, finden Sie im aktuellen Verzeichnis eine Datei mit der Bezeichnung tmon.out, die reine Profildaten enthält. Das Programm dprofpp (das als Teil der DProf-Distribution installiert wird) kann zur Analyse dieser Daten verwendet werden.

Hier nun eine Beispielausgabe von dprofpp:

```
% dprofpp
Total Elapsed Time =   103.31 Seconds
  User+System Time =    70.35 Seconds
Exclusive Times
%Time Seconds      #Calls sec/call Name
 55.9  39.39          376   0.1048 News::NNTPClient::fetch
 10.2   7.190          62   0.1160 main::decode_uu
  3.92  2.760          70   0.0394 main::save_data
  3.71  2.610          13   0.2008 MIME::Base64::decode_base64
  1.35  0.950         379   0.0025 News::NNTPClient::response
  1.01  0.710         378   0.0019 News::NNTPClient::cmd
  0.87  0.610          13   0.0469 main::decode_mime_multi
  0.44  0.310         378   0.0008 News::NNTPClient::command
  0.34  0.240         379   0.0006 News::NNTPClient::returnval
  0.27  0.190         259   0.0007 News::NNTPClient::head
  0.23  0.160         516   0.0003 main::CODE(0xa6a78)
  0.21  0.150         516   0.0003 main::CODE(0x130ac0)
  0.21  0.150         516   0.0003 main::CODE(0x1f748c)
  0.20  0.140         129   0.0011 main::skip_article
  0.20  0.140         379   0.0004 News::NNTPClient::okprint
```

Das Programm dprofpp kann viele andere Arten von Ausgaben erzeugen – schauen Sie sich die Manualseite für weitere Informationen an.

Artikel 38

Lernen Sie den Umgang mit einer Debug-Version von Perl

Eine Perl-Version mit Debug-Code braucht man eigentlich nicht zum Debuggen von Programmen. Dennoch macht es Spaß, eine zum Spielen zu haben, und außerdem ist es lehrreich, eine aufzubauen, so daß Sie lernen, wie Sie mehr als eine Kopie von Perl auf Ihrem System installieren. Sie *brauchen* allerdings eine Debug-Version von Perl, wenn Sie vorhaben, XS-Module zu erstellen (siehe Artikel 47) oder Perl aus einem anderen Programm aufzurufen.

Aufbau einer Debug-Version von Perl

Wenn die Option -D in der Kommandozeile mit Ihrer installierten Version von Perl nicht funktioniert, müssen Sie zur eigenen Nutzung eine Debug-Version bauen. Wenn die -D-Option doch *funktioniert*, fragen Sie Ihren Systemadministrator, wieso Perl so installiert wurde, da die Debug-Version Perl ein wenig langsamer macht.

Um eine Debug-Version von Perl zu bauen, müssen Sie sich zuerst eine Kopie der Perl-Distribution besorgen, die Sie installieren wollen, und diese auspacken. Das kann entweder eine offiziell herausgegebene Version oder eine aktuelle Entwicklungsversion sein. Beide sollten beim CPAN erhältlich sein. Konfigurieren Sie diese Version, indem Sie ./Configure im obersten Verzeichnis der Quelldateien ausführen. Bei manchen Fragen müssen Sie einige Antworten geben, die ein wenig von den normalen abweichen:

- Entscheiden Sie, wo Sie den Perl-Baum installieren wollen, und antworten dann entsprechend auf die Frage:
  `Installation prefix to use? (~name ok) [/usr/local]`

  Wollen Sie den Perl-Baum z.B. in `/home/joseph/perl` installieren, antworten Sie hier mit `/home/joseph/perl`.

  Sie sollten die Debug-Version von Perl *nicht* an derselben Stelle installieren wie die normale Fassung, weil die normale Version dadurch überschrieben würde. Installieren Sie die Debug-Version an anderer Stelle, so daß sich dieser Perl-Baum *überhaupt nicht* mit dem existierenden Baum überschneidet.

- Die nächste zu beachtende Frage ist:
  `What optimizer/debugger flag should be used? [-O]`

  Sie müssen die Compileroptimierung *ausschalten* und die Debugsymbole *aktivieren*. In den meisten Fällen bedeutet dies, daß sie diese Frage mit dem einzelnen Kennzeichen -g beantworten; allerdings ist die Antwort von dem benutzten C-Compiler abhängig. Kombinieren Sie nicht -O mit -g – Quelltextdebugger funktionieren im allgemeinen nicht gut bei optimiertem Code.

▶ Dann werden Sie so etwas sehen wie:
Any additional cc flags? [-DDEBUGGING -I/usr/local/include]

Beantworten Sie diese Frage auf jeden Fall mit -DDEBUGGING – diese Option aktiviert Perls -D Kommandozeilenoption. (Configure schlägt normalerweise -DDEBUGGING vor, wenn Sie das Compilerkennzeichen -g angegeben haben.) Es sollte per Default erscheinen, wenn Sie die Frage nach dem Optimierungskennzeichen mit -g beantwortet haben. Wahrscheinlich sollten Sie auch -DDEBUGGING_MSTATS hinzufügen, was das Sammeln von Statistiken über die Speicherbelegung aktiviert, wenn Sie Perls eingebaute Funktion malloc() verwenden. Wenn Configure hier andere Kennzeichen vorschlägt, lassen Sie sie drin.

▶ Wenn Sie -DDEBUGGING_MSTATS aktiviert haben, beachten Sie die Frage:
Do you wish to attempt to use the malloc that comes with perl5? [y]

und antworten auf jeden Fall mit y (yes). Perls malloc() ist sehr schnell und sollte auf den meisten Systemen laufen. Funktioniert es auf Ihrem System allerdings nicht, müssen Sie noch einmal das komplette Configure-Ritual durchstehen; vermeiden Sie dann das Kennzeichen -DDEBUGGING_MSTATS und beantworten diese Frage mit n.

Nach der Ausführung von Configure sollten Sie make starten und dann make test. Sind die Überprüfungen erfolgreich (»skipped« ist in Ordnung, aber »failed« zeigt ein Problem an), können Sie ein make install ausführen.

Haben Sie eine Entwicklungsversion von Perl installiert, wollen Sie sie wahrscheinlich ab und zu mit einer neueren Entwicklungsversion auf den neuesten Stand bringen. Wenn Sie es vermeiden wollen, dabei jedesmal von Configure ausgequetscht zu werden, kopieren Sie einfach die vorherige config.sh-Datei in das neue Quellverzeichnis und editieren Sie sie, um die für diese Version relevanten Antworten auf den neuesten Stand zu bringen. Wenn Sie z. B. von der Unterversion 17 auf die Unterversion 19 wechseln, bedeutet das, daß Sie nach der Zeichenkette 17 in config.sh suchen müssen und diese an allen Stellen, an denen sie als Teil einer Versionsnummer verwendet wird, durch 19 ersetzen. Machen Sie das per Hand, weil Zahlen an anderen Stellen in config.sh verwendet werden. Dann können Sie ./Configure -d ausführen und sich eine Menge Tipparbeit ersparen.

Verwendung einer Debug-Version von Perl

Eine richtig aufgebaute Debug-Version von Perl ermöglicht Ihnen sowohl die Verwendung der Kommandozeilenoption -D als auch das Debuggen von Quelltext mit Hilfe eines Debuggers wie gdb.

Wir werden an dieser Stelle das Debugging von Quelltext nicht weiter erläutern, obwohl es praktisch ist, anderen Quelltext, wie z. B. ein XSUB (siehe Artikel 47), mit Perl zu binden.

Perls -D Kommandozeilenoption ist nützlich, um »unter die Haube« zu schauen, und die Ausführung eines Perl-Programms zu untersuchen. Man nutzt sie durch Anhängen von Debugoptionen an die Option -D, entweder einen oder mehrere Buchstaben wie x (Syntaxbaum) oder s (Momentaufnahmen des Stacks (engl. *stack snapshots*)), oder eine dezimale Zahl, die angibt, welche Debuggingbits gesetzt werden sollen (schauen Sie sich die Manualseiten mit der Liste an).

Hier haben wir z. B. eine Ausgabe der Kommandozeilenoption -Dx , die der Anweisung $x += 1 entspricht:

```
9       TYPE = add    ===> 10
        TARG = 1
        FLAGS = (SCALAR,KIDS,STACKED)
        {
            TYPE = null   ===> (8)
              (was rv2sv)
            FLAGS = (SCALAR,KIDS,REF,MOD)
            {
7               TYPE = gvsv   ===> 8
                FLAGS = (SCALAR)
                GV = main::x
            }
        }
        {
8           TYPE = const  ===> 9
            FLAGS = (SCALAR)
            SV = IV(1)
        }
```

Auf den ersten Blick ist das ein wenig lang und undurchsichtig; was aber hier passiert, ist, daß Perls interner Compiler vier Knoten erzeugt hat, welche die Operationen innerhalb des Ausdrucks repräsentieren. Diese »Ops« sind eine ausführbare Repräsentation des Perl-Quelltextes.

Die Ops sind numeriert. Die Zahlen zeigen die tatsächliche Ausführungsreihenfolge der Ops an. Der erste hier auszuführende Op ist 7 (gvsv), der sich eine Referenz auf den Inhalt von $main::x besorgt und diesen auf den Stack schiebt. Der nächste ist 8 (const), der die Konstante 1 auf den Stack schiebt. Danach kommt 9 (add), der zwei Werte auf dem Stack addiert. Das Kennzeichen STAcKED zeigt an, daß das Ergebnis in das Argument auf der linken Seite, d. h., in den zweiten Wert auf dem Stack kommt.

Der null-Op ist ein Ergebnis des *peephole optimizers* von Perl, der Knoten miteinander kombiniert und/oder Knoten entfernt, während er die initiale Ausgabe des Compilers durchläuft.

Mit einer anderen Menge von Optionen können Sie den Ablauf eines Programms beobachten. Hier nun ein Beispielprogramm mit einigen Ausgaben, die von der Option -Dtls generiert wurden:

```
#!/usr/local/bin/perl -Dtls
$x = 10;
$x += 1;
```

```
% tryme

EXECUTING...

    =>
(tryme:0)      enter
Entering block 0, type BLOCK
    =>
(tryme:0)      nextstate
    =>
(tryme:5)      const(IV(10))
    => IV(10)
(tryme:5)      gvsv(main::x)
    => IV(10)  UNDEF
(tryme:5)      sassign
    => IV(10)
(tryme:5)      nextstate
    =>
(tryme:6)      gvsv(main::x)
    => IV(10)
(tryme:6)      const(IV(1))
    => IV(10)  IV(1)
(tryme:6)      add
    => PVNV(11)
(tryme:6)      leave
Leaving block 0, type BLOCK
```

Die Ops enter- und leave zeigen das Eintreten und Verlassen des Gültigkeitsbereichs an den Grenzen des Programms an. Jede Perl-Anweisung fängt mit einem nextstate-Op an, die einige vorübergehende Zustände, die sich während der Auswertung der vorherigen Anweisung angesammelt haben, verwirft und andere verwalterische Tätigkeiten übernimmt. Die anderen Ops greifen auf Variablen und Konstanten zu und führen mit ihnen arithmetische Operationen und Zuweisungen aus.

Der obige -Dtls-Ablauf enthält Momentaufnahmen des Stacks zur Ausführungszeit (die Werte rechts von den Pfeilen). Man beachte, daß sich vor dem add-Op zwei Werte, 10 und 1, auf dem Stack befinden, und daß die Summe 11 dort nach Ausführung von add plaziert wird. Man beachte auch, daß das Ergebnis ein Fließkommawert ist (PVNV anstatt IV). Die Verwendung des `integer`-Moduls würde eine Integeraddition erzwingen. Da ich es gerade erwähne, wollen Sie sehen, wie eine Integeraddition funktioniert?

Da die Debugoptionen dazu neigen, große Mengen an Ausgaben zu produzieren, und weil Debugging-Protokolle am nützlichsten sind, wenn sie auf einen kleinen Ausschnitt von Quelltext angewendet werden, schaltet man am besten das Debugging dynamisch mittels der speziellen Variable `$^D` an und aus. Im folgenden Beispiel ist es eine gute Idee, mit ausgeschalteter Fehlerbehandlung anzufangen. Man beachte, daß `$^D` ein Integerargument benötigt und keine Zeichenkette – es ist ein bißchen weniger anwenderfreundlich als die `-D` Kommandozeilenoption:

Gehen wir davon aus, daß wir mit ausgeschaltetem Debugging anfangen (kein -D), um beim Start einen Haufen Ausgaben zu vermeiden, dann:

`use integer;`	*Erzwinge Integer-Arithmetik.*
`$^D = 14;`	*Schalte die Fehlerbehandlung ein (14 = Bits für tls).*
`$x = 10;`	*Sehen Sie Integer-Arithmetik bei der Arbeit.*
`$x += 1;`	

Artikel 39

Testen Sie, indem Sie den Debugger als Perl-»Shell« verwenden

Der Perl-Debugger ist natürlich ein praktisches Werkzeug zum Debugging von Perl-Programmen. Aber er ist auch nützlich, um Sachen auszutesten oder einfach nur, um herumzuspielen. Zum Start des Debuggers muß man ihm ein Programm zur Verfügung stellen. Das Programm »0« sollte ausreichen:

```
% perl -d -e 0
Stack dump during die enabled outside of evals.

Loading DB routines from perl5db.pl patch level 0.94
Emacs support available.

Enter h or `h h' for help.

main::(-e:1):   0
  DB<1>
```

Ist man erst einmal im Debugger, wird das wichtigste Werkzeug zum »einfach nur etwas auszuprobieren« das x-Kommando, welches Code in einem Listenkontext ausführt und das Ergebnis in einer strukturierten Art ausgibt. Man kann auch das »Perl«-Kommando verwenden – jede Anweisung, die nicht als Debugger-Kommando erkannt wird, wird als eine Zeile Perl ausgeführt. Also wie funktioniert das? Nehmen wir an, Sie wären auf einige Perltrivialitäten neugierig, z.B. ob Ihre Perl-Version das Löschen von Hashslices (mit delete) zuläßt. Sie starten den Debugger und tippen dann etwas wie:

```
  DB<1> %x = ( a => 1, b => 2, c => 3, d => 4 )

  DB<2> x delete @x{ 'a', 'b' }
```

Arbeiten Sie mit einer älteren Version von Perl, erhalten Sie:

```
delete argument is not a HASH element at (eval 6) line 2, <IN> chunk 2.
```

Nun gut. Aber in einer neueren Version sehen Sie:

```
  DB<2> x delete @x{ 'a', 'b' }
0  1
1  2
```

Die Antwort ist der Rückgabewert von delete, der eine Liste der gelöschten Werte darstellt.

Sie können den Inhalt des Hashes mit x untersuchen, aber die alleinige Verwendung des direkten Ansatzes führt zu keinem schönen Ergebnis:

```
    DB<3> x %x
0   'c'
1   3
2   'd'
3   4
```

Das Ergebnis ist eine Listendarstellung des Hashes, die sich nicht gut lesen läßt. Was Sie wirklich brauchen, ist:

```
    DB<4> x \%x                     Gib statt dessen eine Referenz auf %x aus.
0   HASH(0x1153b0)
      'c' => 3
      'd' => 4
```

Wie Sie sehen, gibt der Debugger Hashreferenzen in einem besser verständlichen Format aus.

Ein weiteres nützliches Werkzeug innerhalb des Debuggers ist der ansonsten selten gebrauchte Perl-Operator do. Wird er auf eine Zeichenkette angewendet, behandelt do die Zeichenkette als einen Dateinamen und evaluiert den Inhalt dieser Datei im richtigen Kontext. Dies stellt eine angenehme Alternative zum wiederholten Tippen oder Einfügen von Codeausschnitten dar:

Angenommen, dies stünde in der Datei tryme:
@x{'A'..'J'} = 0..9;   *Erzeuge eine Tabelle mit Zeichen und einigen dazugehörigen Zahlen.*

Übergib sie nun dem Debugger:
DB<10> do 'tryme'

```
    DB<11> x \%x
0   HASH(0x106c50)
      'A' => 0
      'B' => 1
      'C' => 2
      'D' => 3
      'E' => 4
      'F' => 5
      'G' => 6
      'H' => 7
      'I' => 8
      'J' => 9
```

(Hmm ... Ich glaube wir sind auf Resonanz in Perls Hashalgorithmus gestoßen!)

Sind Sie nicht sicher, welche Variablen genau ein bestimmtes Stück Code definiert? Führen Sie es in einem anderen Paket aus:

```
DB<17> package foo; do 'tryme'
```

Und schauen sich dann seine Symboltabelle an:

```
    DB<18> x \%foo::
0   HASH(0x28f8bc)
      'x' => *foo::x
```

Wollen Sie anstatt bloß des Namens auch den Inhalt der Paketvariablen sehen, verwenden Sie das V-Kommando:

```
    DB<19> V foo
%x = (
    'A' => 0
    'B' => 1
    'C' => 2
    'D' => 3
    'E' => 4
    'F' => 5
    'G' => 6
    'H' => 7
    'I' => 8
    'J' => 9
```

Das V-Kommando und das X-Kommando (wie V, aber für das aktuelle Paket) können auch zur Ausgabe einzelner Variablen verwendet werden, aber ich denke, es ist einfacher, x für alles zu verwenden, da es für beliebige Ausdrücke funktioniert. Sie können natürlich das verwenden, was Sie bevorzugen. Lassen Sie Ihrer Phantasie freien Lauf. Vielleicht werden Sie den Debugger nicht verwenden, um Fehler im Code zu beseitigen. In der Tat verwende ich ihn im allgemeinen nicht – ich selbst bin ein atavistischer Benutzer der print-Anweisung. Aber ungeachtet der Tatsache, ob Sie mit dem Debugger Fehler suchen, merken Sie sich seine anderen Anwendungsgebiete.

Artikel 40

Behandeln Sie nicht zu viele Fehler auf einmal

Das grundlegendste Problem, das ich bei Lernenden beobachte, die versuchen, schlechtlaufenden Perl-Code zu korrigieren, hat überhaupt nichts mit Perl zu tun. Dieses Problem ist ein Mangel an Debugging-Strategien. Gute Debugger (will sagen, Programmierer, die Fehler gut beheben können) werden gemacht, nicht geboren. Einige Leute scheinen ein besonderes Debugging-Talent zu haben, aber meistens sind sie »zufälligerweise« sehr erfahrene Programmierer, die das Programmieren in ungünstigen Umgebungen gelernt haben. Ich habe selbst einige Debugging-Kunststücke zu meiner Zeit vollbracht, einschließlich des Debuggings über Telefon von Programmen, die ich nicht geschrieben und noch nie gesehen hatte. Daran ist allerdings nichts Magisches. Ich weiß halt zufällig, was ich tue, genauso wie andere gute Debugger.

Gute Debugger besitzen gute Debugging-Strategien. Solche Strategien sind unabhängig von Programmiersprachen. Gute Debugging-Strategien sind etwas, was sich Perl-Programmierer genausogut zunutze machen können wie Programmierer anderer Sprachen. Hier nun drei einfache Regeln, die Sie in die richtige Richtung lenken sollen. Es sind weder perfekte noch vollständige Strategien, aber wenn Sie sie bedachtsam anwenden, werden Sie sehen, daß das Debugging in Perl eigentlich gar keine so furchterregende Aufgabe darstellt.

Testen Sie Ihren Quelltext so oft wie möglich

Oder anders gesagt: *Schreiben Sie immer nur ein kleines bißchen*.

Wenn Sie ein Perl-Neuling sind oder Merkmale ausprobieren, derer Sie sich nicht sicher sind, tippen Sie kein 300-Zeilenprogramm in Ihren Texteditor und versuchen es dann zum ersten Mal auszuführen. Es wird nicht laufen, Sie erhalten seitenweise verwirrende Fehlermeldungen und werden keinen derartigen Fortschritt erzielen, daß es am Ende läuft. Suchen Sie statt dessen nach Möglichkeiten, Ihre Programme jeweils nur in kleinen Stücken zu schreiben.

Was ein angemessen großes Stück Code ist, hängt von Ihren Fähigkeiten, Ihrer Vertrautheit mit dem Problem und der Sprache und davon ab, wie schwierig die Ausführung des Programms ist, während es noch »in der Mache« ist.

Eine kleine Anekdote: Ich habe einmal mehrere Tage damit verbracht, eine C++-Klassenbibliothek für Kollektionen von Templates nach Makros umzuschreiben (ich weiß, das ist umgekehrter Fortschritt). Die Bibliothek bildete die Innereien eines 25.000-Zeilenprogramms, und es bestand keine Möglichkeit, sie zu testen, bevor ich fertig war. Unglaublich, aber es funktionierte *beim ersten Mal*, als ich es schließlich übersetzen und

»den Schalter umlegen« konnte, und die hunderte, meist mit der Hand geänderten Zeilen wiesen keinen Fehler auf! Geschockt nahm ich den Rest des Tages frei. Im richtigen Leben allerdings kommt so etwas fast nie vor. Ein paar Stunden Arbeit bedeuten für gewöhnlich auch ein paar neue Fehler.

Perl unterscheidet sich von übersetzten Sprachen wie C und C++ dadurch, daß es keinen Übersetzen-Binden-Ausführen-Zyklus gibt, der das Testen verlangsamt. Wenn Sie inkrementelle Veränderungen an einem Programm vornehmen, sollten Sie versuchen, es so oft wie möglich auszuführen und zu testen. Da ein Perl-Programm im allgemeinen schneller mit der Ausführung beginnt, als Sie das Kommando tippen können, das es startet, entstehen beim inkrementellen Testen sehr geringe Kosten. Für gewöhnlich versuche ich alle paar Minuten ein Programm, das ich gerade schreibe, auszuführen und versuche es gleichzeitig so zu schreiben, daß es während seiner gesamten Entwicklung zumindest teilweise Funktionalität besitzt.

Selbst wenn Sie der Funktionalität Ihres Programms keine kleinen Steigerungen hinzufügen können, so können Sie doch versuchen, kleine Teile des Codes, den Sie hinzufügen, zu testen. Verwenden Sie den Perl-Debugger, um Programmstückchen auszuprobieren (siehe Artikel 39) oder schreiben Sie kleine Programme, die Ihre neuen Zusätze verifizieren und führen diese aus. Es ist wesentlich einfacher, ein paar funktionierende Teile zusammenzufügen als ein großes kaputtes Durcheinander zu reparieren.

Finden Sie heraus, an welcher Stelle und warum Ihr Programm versagt

Das mag unheimlich offensichtlich erscheinen, aber Sie können nicht darauf hoffen, mit dem Debuggen eines Programms zu beginnen, ohne zu wissen, an welcher Stelle es genau versagt. Perl hilft Ihnen durch Ausgabe der Zeilennummer und des Namens der Datei, in der ein fataler Laufzeitfehler aufgetreten ist. Dennoch ist der Fehler, der bei Perl zu einem Schluckauf führt, nicht notwendigerweise der Fehler, nach dem Sie suchen. Betrachten wir z. B. ein Programm mit folgendem Quelltext:

Ein Programm, das einen Hash mit Konfigurationswerten aus einer Textdatei einliest.

```
open F, $config_file;
while (<F>) {                   Lies eine Zeile ein.
  ($k, $v) = split;             Trenne Schlüssel und Wert.
  $config{$k} = $v;             Speichere sie im Hash %config.
}
```

Dann, weiter unten:

```
$x_real =
  $x / $config{X_SCALE};        Fehler wegen Division durch Null?
```

Dieser Code könnte gut und gerne an der angezeigten Zeile mit einem Fehler wegen Division durch Null abbrechen, aber das eigentliche Problem besteht darin, daß dem Quelltext einige substantielle Überprüfungen fehlen. Zum einen wird der Rückgabewert von open am Anfang des Beispiels ignoriert. Wenn $config_file nicht existiert, wird %config nichts enthalten und alle seine Werte scheinen undef zu sein. Ein richtiges open sähe eher so aus:

```
open F, $config_file or
  die "konnte $config_file nicht öffnen: $!"
```

Es wäre auch klug, die Gültigkeit der gelesenen Daten zu verifizieren:

```
die "X_SCALE muß spezifiziert sein" unless exists $config{X_SCALE};
```

```
die "X_SCALE darf nicht Null sein" unless $config{X_SCALE};
```

Fehler können aber viel seltsamer sein. Ich habe mal ein Programm gesehen, daß ungefähr das Folgende beinhaltete:

```
use FileHandle;

sub file_func {
  my $fh = shift;
  # irgendwas, das $fh verwendet
  return *fh;
}
open FH, "einedatei.txt" or
  die "konnte nicht öffnen: $!";

my $fh = file_func(\*FH);
```
An dieser Stelle funktioniert $fh *nicht – was war passiert?*

Dieses Programm war von jemandem geschrieben, der versucht hat, gleichzeitig my, Typeglobs und Referenzen anzugehen, und der offensichtlich die Regel »Teste deinen Code so oft wie möglich« verletzt hat. Sein Quelltext war in Wirklichkeit viel komplizierter als dieses ein wenig bereinigte Beispiel, und die Probleme damit waren auf den ersten Blick nicht offensichtlich.

Als ich den Code bekam, waren die beiden Typeglobs das erste, was mir auffiel. Die Übergabe von Dateizugriffskennungen durch Globref (*FH) ist erlaubt (siehe Artikel 26), aber die Rückgabe eines Typeglobs ist ungewöhnlich. Das Innere von file_func funktionierte korrekt – man kann Globrefs auf Dateizugriffskennungen genau wie Dateizugriffskennungen verwenden – aber der Rückgabewert von file_func war offensichtlich keine gültige Dateizugriffskennung. Hmm. Nun, durch Ansehen des Quelltextes konnte ich spontan nicht sagen, welche Art von Wert das sein könnte. Ich griff zu Data::Dumper und fand heraus, daß der Wert, den file_func zurückgab, in

Wirklichkeit ein Globref auf eine Variable namens `$fh` war, aber `$fh` war undefiniert. Der Quelltext war offensichtlich nicht richtig, aber was ich sah, machte immer noch keinen Sinn. Nachdem ich ein wenig darüber nachgedacht hatte, fiel mir auf, daß der `*fh`-Glob die globale Variable `$fh` referenzierte, nicht `my $fh` innerhalb von `file_func`. (Erinnern Sie sich daran, daß `my`-Variablen nicht in der Symboltabelle auftauchen? Artikel 23 – das vergißt man schnell.) Perl verhält sich allen Arten von Mißbräuchen von Typeglobs gegenüber tolerant, so daß es nie einen Laufzeitfehler gab, der irgendetwas mit dem eigentlichen Problem zu tun hatte.

Ich habe das Ganze zusammengeflickt und dem Programmierer geraten, `return *fh` in `return $fh` zu ändern, aber überlegen Sie sich andere Möglichkeiten, dieses Programm zu schreiben – vielleicht durch Benutzung von `FileHandle`.

Erachten Sie nie etwas als selbstverständlich

Ab und zu tritt ein Fehler auf, für dessen Beseitigung man eine ungewöhnlich lange Zeit braucht. Wenn Sie sich ein bißchen auskennen, dann wissen Sie, was ich meine. Sie sind es vielleicht gewohnt, die meisten Fehler innerhalb von Minuten zu finden und zu beheben und fast den ganzen Rest dann in ein oder zwei Stunden, aber alle Jubeljahre treffen Sie auf einen Fehler, der wirklich *resistent* ist. Dies ist die Art, die Stunden oder sogar Tage braucht, um beseitigt zu werden. Oft findet man gar nicht heraus, was schiefläuft oder wo die Quelle des Fehlers sitzt. Für erfahrene Programmierer sind die meisten dieser Fehler das Ergebnis eines grundlegenden menschlichen Versagens, das wenig mit der Programmierung zu tun hat: *das Offensichtliche zu übersehen*.

Ich kann Ihnen keine Liste mit »offensichtlichen« Dingen geben, die Sie nicht übersehen sollten, aber ich kann Ihnen einige peinliche Beispiele vorführen, die veranschaulichen, wovon ich hier rede. Vor nicht allzulanger Zeit probierte ich einige Stückchen eines Perl-Programms im Debugger aus. Ich verwendete mehrere verschiedene Versionen von Perl, und in einer fügte ich so etwas ein:

```
%x = { foo => 1, bar => 2, baz => 3 };
```

Kommentarlos akzeptierte es den Code. Denselben Code fügte ich in den Debugger in einer späteren (Entwicklungs-) Version von Perl ein, und er stieß eine Seite mit Kauderwelsch aus, die mit »`Odd number of elements in hash list at (eval 3) line 2`« anfing. Die Seite mit dem Kauderwelsch kam mir wie ein Debuggerproblem vor, da das meiste davon unverständlich war. Darauf hatte ich mich fixiert und trat einige Zeit auf der Stelle. Ich brauchte ungefähr eine Stunde, um zu bemerken, daß ich, zusätzlich zu dem Debuggerproblem, das wirklich bestand, auch runde Klammern durch geschweifte ersetzt hatte – was mir die erste Zeile der Fehlermeldung auf Umwegen mitzuteilen versuchte. Ich hätte schreiben sollen:

```
%x = ( foo => 1, bar => 2, baz => 3 );
```

Da fällt mir noch ein deutlicherer Fall ein, in dem ich das Offensichtliche übersehen habe. Ich versuchte einen Fehler in einer Seitenlayout-Routine einer großen C++-Anwendung (die im Vorwort erwähnte) zu beseitigen. Es hatte mich viel Zeit gekostet, die Fehlerquelle zu lokalisieren, und noch ein bißchen mehr, um auf die Lösung des Problems zu kommen. Ich fing an die Reparationsroutine zu schreiben. Als ich teilweise fertig war, ließ ich es testweise übersetzen, führte das Programm aus und sah, daß ich Fortschritte machte. Mit einiger Erleichterung stand ich von meinem Schreibtisch auf, um mir ein Glas Wasser zu holen und eine Pause einzulegen. Als ich zurückkam, schrieb ich meine Reparationsroutine weiter, ließ das Ganze nochmal testweise übersetzen und führte das Programm nochmal aus. Nun war das Programm plötzlich kaputt. In der Tat schienen die Veränderungen, die ich vor meiner Pause gemacht hatte, nicht mehr da zu sein.

Ich schaute noch einmal auf den Quelltext, der schon in einem anderen Fenster geöffnet war. Meine Änderungen waren immer noch im Editor sichtbar. Sehr seltsam. Ich fragte mich, ob die zweite Menge an Änderungen, die ich gemacht hatte, einen Ausfall mit Symptomen des Ursprungsfehlers auslösten. Ich fing an, alle möglichen Debugginganweisungen und grundlegende Überprüfungen in den gesamten Quelltext einzustreuen. Das schien überhaupt keine Wirkung zu haben. In der Tat schienen sie überhaupt nicht im übersetzten Programm aufzutauchen!

Zu dieser Zeit fing ich dann an, die wildesten Gedanken wie korrupte Dateisysteme, kaputte NFS-Server und was nicht sonst noch zu hegen. Etwas total Verrücktes war im Gange, das meine Veränderungen, die ich abgespeichert und übersetzt hatte, nicht in der ausführbaren Version erscheinen ließ.

Nach drei Stunden wildester Spekulationen und zunehmender Verwunderung fand ich das Problem. Die Version des Programms, die ich ausführen ließ, war nicht die Version, die ich bearbeitete und übersetzte. Aus irgendeinem Grund hatte ich nach meiner Pause angefangen, meine make- und Ausführanweisungen in einem Shellfenster einzutippen, das eine andere PATH-Umgebung hatte als die, die ich gewohnt war. Das hatte ich an diesem Tag geändert und es wieder vergessen. Die Änderungen, die ich gemacht hatte, wurden in ein ausführbares Programm übersetzt, aber ich habe nicht diese Version laufen lassen!

Übersehen Sie nicht das Offensichtliche.

Verwendung von Paketen und Modulen

Artikel: 41

Erfinden Sie das Rad nicht neu – verwenden Sie Perl-Module

Module sind Perls »Software-ICs«. Perl-Module stellen ein vielseitiges und sauberes Mittel dar, um Perl zusätzliche Funktionalität zu verleihen. In ihrer einfachsten Erscheinungsform definieren Module gewöhnliche Funktionen, die in Perl-Programmen benutzt werden können. Darüber hinaus können sie auch Objekte und Methoden hinzufügen (siehe Artikel 49). Module können vollständig in Perl geschrieben werden, was der Normalfall ist, oder auch in einer Mixtur von C oder C++ und Perl (siehe Artikel 47). Module können auch erstellt werden, um das eigentliche Verhalten von Perls Übersetzungs- oder Laufzeitphase zu modifizieren, wie es bei Pragmamodulen wie `strict` (siehe Artikel 36) der Fall ist.

Perl-Programmierern steht eine Vielzahl verschiedener Module zur Verfügung. Eine große Spannbreite alltäglicher Programmieraufgaben ist in frei verfügbaren Modulen eingearbeitet worden, die im Comprehensive Perl Archive Network (CPAN) erhältlich sind. Das schließt E-Mail-, Netnews-, FTP- und World Wide Web (WWW)-Utilities mit ein; graphische und zeichenbasierte Werkzeuge für Benutzungsschnittstellen; Erweiterungen der Sprache Perl; und Datenbanken-, Textverarbeitungs-, mathematische und auch Bildverarbeitungs-Utilities. Diese Liste ließe sich noch weiterführen – und das noch einige Zeit lang!

Wie erhält man Module vom CPAN?

Das CPAN ist ein reproduziertes Archiv, das weltweit auf vielen verschiedenen FTP- und WWW-Servern gespiegelt wird. Eine Möglichkeit, Module vom CPAN zu erhalten, besteht darin, sie herunterzuladen und dann selbst zu installieren. Wenn Sie eine CPAN-Site »in Ihrer Nähe« kennen (d.h. eine, zu der Sie eine gute Netzverbindung haben), können Sie die Dateien direkt von diesem Ort über FTP herunterholen. Sollten

Sie andererseits nicht wissen, wo Sie eine CPAN-Site finden, können Sie den CPAN-Multiplexer unter www.perl.com verwenden, der dann für Sie eine findet. Greifen Sie einfach mit ihrem Lieblings-Webbrowser auf die folgende URL zu:

```
http://www.perl.com/CPAN/
```

Nun wird automatisch eine Site für Sie ausgewählt. Lassen Sie den letzten Schrägstrich weg, bekommen Sie eine Liste zur Auswahl präsentiert. Eine weitere Möglichkeit, Module vom CPAN zu bekommenn, besteht darin, das CPAN-Modul zu verwenden. Das CPAN-Modul gehört seit der Version 5.004 zur Perl-Distribution und kann auch für frühere Versionen installiert werden. Bei installiertem CPAN-Modul können Sie es interaktiv benutzen, indem Sie in der Kommandozeile Folgendes eingeben:

```
% perl -MCPAN -e shell
```

Wenn Sie das Modul zum ersten Mal benutzen, werden Ihnen einige Fragen bezüglich der Konfiguration gestellt. Die Default-Antworten sind für die meisten Fragen in Ordnung. Gegen Ende werden Sie nach der URL der von Ihnen bevorzugten CPAN-Site gefragt. Im Normalfall antworten Sie so:

```
We need to know the URL of your favorite CPAN site.
Please enter it here: ftp://Hier.Ihre.Site.com/pub/perl/CPAN/
```

Wenn Sie sich in der glücklichen Lage befinden, auf Ihrer eigenen Maschine einen CPAN-Spiegel zu besitzen (eigentlich gar nicht so schwierig zu installieren, aber das sprengt den Rahmen dieses Buches), können Sie eine Datei als URL angeben:

```
Please enter it here: file:///home/joseph/CPAN/
```

Nun gelangen Sie in den interaktiven Modus des CPAN-Moduls. Hier können Sie sich alle verfügbaren Module auflisten lassen und sie erforschen. Sie können sie auch herunterladen, aufbauen und installieren. Um z. B. eine neue Version des CPAN-Moduls aufzubauen und zu installieren (unter der Annahme, daß Sie die richtigen Rechte besitzen) tippen Sie einfach:

```
cpan> install CPAN
Running make
CPAN-1.28/
CPAN-1.28/lib/
. . . etc.
```

Sie können die neue Version sogar neu starten, ohne die alte zu beenden:

```
cpan> reload CPAN

Subroutine AUTOLOAD redefined at (eval 8) line 61, <GEN8> chunk 1.
Value of $term will not stay shared at (eval 8) line 92, <GEN8> chunk 1.
 . . . Blah Blah Blah . . .
```

Installation von Perl-Modulen

Wenn Sie mit einer älteren Version von Perl arbeiten und das `CPAN`-Modul nicht installiert haben oder wenn Sie ein Modul installieren möchten, das nicht Teil des CPANs ist (z. B. eines, das Sie selbst schreiben), müssen Sie make ausführen und das Modul von Hand installieren. Glücklicherweise geht diese Prozedur ziemlich einfach vonstatten.

Das Modul sollte in einem komprimierten `tar`-Archiv vorliegen. Es sollte einen Namen tragen, der ungefähr wie `File-Magic-1.03.tar.Z` aussieht – wenn nicht, wurde es vielleicht ohne `h2xs` und `MakeMaker` (siehe Artikel 45) erzeugt, und alle Voraussagen für die Installation gelten nicht mehr. Obwohl »irre« Module in der Frühzeit von Perl 5 gang und gäbe waren, sind sie jetzt glücklicherweise eher selten.

Es existiert kein `File::Magic`-Modul (jedenfalls nicht nach meinem Kenntnisstand), so daß das nachfolgende Beispiel nur der Veranschaulichung dient. Ersetzen Sie `File-Magic` durch den Namen des Moduls, das Sie installieren wollen. Auch kann die Ausgabe während des Aufbaus und der Installation eines Moduls ein wenig von dem Folgenden abweichen.

Hinweis: Wenn Sie den unten beschriebenen Schritten folgen, installieren Sie ein Modul *in Ihre bestehende Perl-Installation*. Wollen Sie dies nicht oder besitzen nicht die nötigen Rechte, finden Sie weiter unten in diesem Artikel Möglichkeiten zur Installation und Verwendung eines Moduls in einem anderen Verzeichnis beschrieben.

Als ersten Schritt dekomprimieren Sie das Paket und packen es mit `tar` aus. Abhängig von Ihrer Unix-Version sieht das ungefähr so aus:

```
% uncompress File-Magic-1.03.tar.Z
% tar xvf File-Magic-1.03.tar
File-Magic-1.03/
File-Magic-1.03/Makefile.PL
File-Magic-1.03/Changes
File-Magic-1.03/test.pl
File-Magic-1.03/Magic.pm
File-Magic-1.03/MANIFEST
```

Als nächstes wechseln Sie mit cd in das neu erzeugte Verzeichnis und erzeugen die Makefile-Datei des Moduls:

```
% cd File-Magic-1.03
% perl Makefile.PL
Checking if your kit is complete...
Looks good
Writing Makefile for File::Magic
```

Sie können nun make ausführen und das Modul testen:

```
% make
cp Magic.pm ./blib/lib/File/Magic.pm
Manifying ./blib/man3/File::Magic.3
% make test
PERL_DL_NONLAZY=1 /usr/local/bin/perl -I./blib/arch -I./blib/lib -I/usr/local/
lib/perl5/sun4-solaris/5.004 -I/usr/local/lib/perl5 test.pl
1..2
ok 1
ok 2
```

Wenn alles reibungslos abgelaufen ist, können Sie mit der Installation des Moduls weitermachen:

```
% make install
Installing /usr/local/lib/perl5/site_perl/./File/Magic.pm
 ... etc.
```

In Artikel 42 erfahren Sie mehr über die Verwendung von Perl-Modulen.

Installation von Perl-Modulen in privaten oder Ausweichverzeichnissen

Wenn Sie nicht der offizielle Perl-Administrator auf Ihrem System sind oder nicht die neue Version eines Moduls in die eigentliche Distribution einbinden wollen, ohne sie zuerst auszuprobieren, müssen Sie neue Module in ein anderes Verzeichnis installieren als das voreingestellte. Es gibt mehrere Möglichkeiten, ein Modul an einer anderen Stelle als der standardmäßigen zu installieren, wir werden hier aber nur die einfachste vorstellen: die LIB-Variable.

Um den Installationsort eines Moduls zu ändern, müssen Sie die Makefile-Datei ändern, die es installiert. Dies machen Sie, indem Sie den Wert der LIB-Variablen belegen, wenn Sie das Makefile.PL-Skript ausführen. Beispielsweise möchten wir das Modul in /home/joseph/perllib installieren:

```
% perl Makefile.PL LIB=/home/joseph/perllib
```

Erfinden Sie das Rad nicht neu – verwenden Sie Perl-Module

Wenn Sie nun make ausführen, das Modul testen und installieren, landet es schließlich in /home/joseph/perllib anstatt im Perl-Baum.

Um ein Modul zu verwenden, das nicht an einer standardmäßigen Stelle installiert ist, müssen Sie im allgemeinen den Suchpfad @INC modifizieren. Dies macht man am besten mit dem use lib-Pragma:

```
use lib '/home/joseph/perllib';        Füge dieses Verzeichnis zum Suchpfad hinzu.
use File::Magic qw(SchwingeZauberstab); Jetzt gelangen wir an File::Magic.
SchwingeZauberstab glob "*.h";
```

Weitere Informationen über den Modulsuchpfad finden Sie in Artikel 43.

Artikel: 42

Verstehen Sie Pakete und Module

Perl-Module sind in Wirklichkeit eine spezialisierte Form von Perl-*Paketen*. In diesem Artikel besprechen wir Pakete, danach die Spezialisierungen, die ein Paket zu einem Modul machen.

Pakete

Ein Perl-Paket ist ein Namensraum. So einfach ist das. Ob Sie nun schon mit Paketen vertraut sind oder nicht; wenn Sie schon ein Perl-Programm geschrieben haben, haben Sie zumindest schon ein Paket benutzt: das main-Paket. Per Default sind alle in einem Perl-Programm erzeugten Variablen Bestandteil des main-Pakets.

Um sich auf eine Variable in einem anderen Paket zu beziehen, müssen Sie dem Variablennamen den Namen des Pakets voranstellen, gefolgt von zwei Doppelpunkten (ein sogenannter »qualifizierter Name«). Zwei Doppelpunkte ohne Angabe eines Paketnamens stehen als Abkürzung für das main-Paket:

```
$a = 'Test';
```
Zuweisung an $a, *gleichbedeutend mit* $main::a.

```
print "main::a = $main::a\n";
$foo::a = 'eins zwei drei';
print "$main::a $foo::a\n";
print "$::a $foo::a\n";
```

main::a = Test
Zuweisung an $foo::a.
Test eins zwei drei
Test eins zwei drei

Die Direktive package verändert das aktuelle Default-Paket. Es bleibt bis zum Ende des aktuellen Blocks oder der aktuellen Datei bestehen:

Fortsetzung von oben:

```
{
```
Anfang eines neuen Gültigkeitsbereichs.
foo *ist nun das Default-Paket.*

```
  package foo;
  $a = 'vier fünf sechs';
```
Zuweisung an $a, *gleichbedeutend mit* $foo::a.

```
  print "$::a $a\n";
}
print "$a $foo::a\n";
```

Test vier fünf sechs

Test vier fünf sechs, *da* $a *jetzt wieder* $main::a *bedeutet.*

Pakete können verschachtelt werden. Zum Beispiel ist `$foo::bar::bletch` eine Variable mit der Bezeichnung `bletch`, die in ein Paket mit der Bezeichnung `bar` in ein Paket mit der Bezeichnung `foo` geschachtelt ist. Dennoch müssen qualifizierte Namen immer vollständig auftreten – man kann nicht `$bar::bletch` verwenden, um sich auf die obige Variable `bletch` zu beziehen, selbst wenn das Default-Paket `foo` ist.

Pakete werden als Symboltabellen implementiert, die nur gewöhnliche Perl-Hashes für einen speziellen Zweck sind (siehe Artikel 55). Der Name einer Paket-Symboltabelle ist der Paketname, gefolgt von zwei Doppelpunkten, z. B. `%foo::` und `%::` (die Symboltabelle des `main`-Pakets). Obwohl Gelegenheiten zur direkten Manipulation der Symboltabellen selten sein sollten, können Sie z. B. Namen von einem Paket in ein anderes importieren:

```
package foo;                        Definiere einige Variablen im Paket foo.
($a, $b, $c, $d) =
  qw(Test eins zwei drei);
sub Bar { 3 };                      Definiere eine Subroutine $foo::Bar.
package main;
@::{qw(a b c Bar)} =                Importiere a, b, c und Bar aus foo.
  @foo::{qw(a b c Bar)};
print "$a $b $c ", Bar(), "\n";     Test eins zwei 3
```

Eine mögliche unerwartete Nebenwirkung dieser Art von Manipulation besteht darin, daß sie Aliasvariablen von einem Paket im anderen erstellt. Im obigen Beispiel beziehen sich `$main::a` und `$foo::a` nun auf dasselbe:

```
Fortsetzung von oben:
$foo::a = 'TEST';                   Ändere den Wert von $foo::a.

print "$a $b $c ", Bar(), "\n";     TEST eins zwei drei – $main::a ist ein Alias für
                                    $foo::a.
```

Mehr von dieser Art von Perl-»Magie« sehen Sie in Artikel 55. Denken Sie daran, daß `my`-Variablen niemals in einem *Paket* sind (siehe Artikel 23).

Module

Ein Perl-Modul ist ein Paket, das bestimmte Kriterien erfüllt. Um als Perl-Modul zu gelten, muß ein Paket:

▶ in einer separaten Datei mit der Endung `.pm`(Perl-Modul) enthalten sein,[40]

---

[40]. Perl-Bibliotheken alten Stils waren in Dateien mit der Endung `.pl` enthalten. Ab und zu trifft man sie in altem Code an. Es besteht aber kein Grund mehr, diese alte Art von Bibliotheken zu erstellen oder zu verwenden, außer es ist notwendig, alte Software zu pflegen.

- eine `import`-Methode definieren – dies geschieht normalerweise durch Bildung einer Unterklasse des `Exporter`-Moduls[41] und
- eine (möglicherweise leere) Liste von Symbolen definieren, die automatisch exportiert werden, genauso wie eine (möglicherweise leere) Liste von Symbolen, die auf Anforderung exportiert werden können.[42]

Der Zweck eines Moduls besteht in der Implementierung wiederverwendbarer, modularer Funktionalität. Im allgemeinen definieren Module Subroutinen und/ oder Klassen in Perl (siehe Artikel 49). Module können auch Variablen definieren (Skalare, Arrays etc.). Sie können beim Start Aktionen ausführen und sogar Syntax oder Semantik der Sprache verändern (siehe Artikel 37).

Module werden gemeinhin in einem Bibliotheksverzeichnis gespeichert, auf das über Perls voreingestellten Suchpfad zugegriffen werden kann (siehe Artikel 43). Die genaue Stelle hängt von Ihrer Installation ab, aber ein typischer Ort wäre z. B. `/usr/local/lib/perl5/`.

Module können verschachtelt werden. Verschachtelte Module werden in einer verschachtelten Verzeichnis-/Dateistruktur gespeichert. Nehmen wir z. B. eine Installation an, deren Bibliotheken in `/usr/local/lib/perl5/` gespeichert sind, so wird das Modul `File::Basename` höchstwahrscheinlich in `/usr/local/lib/perl5/File/Basename.pm` zu finden sein.

Verwendung von Modulen

Es ist einfach, ein Modul für sich arbeiten zu lassen. »Verwenden« Sie einfach das Modul – mit Perls `use`-Direktive. Die `use`-Direktive lädt ein Modul und importiert die Subroutinen und andere Symbole, die von diesem Modul per Default exportiert werden:

`use SomeModule;`   *Lade das Modul* `SomeModule.pm` *und führe defaultmäßige Importierungen durch.*

Angenommen, Sie hätten z.B. gerade erst vom `File::Basename`-Modul erfahren. Nehmen wir weiterhin an, daß Sie die von ihm definierte Subroutine `dirname` verwenden möchten. Dies ist eine Möglichkeit:

`use File::Basename;`   *Lade das* `File::Basename`*-Modul – exportiert* `dirname`, `basename` *etc.*

---

41. Wieso `importiert` die `Exporter`-Klasse Dinge? Hmm. Dies ist ein weiteres Rätsel von Perl, über das man nicht zu ausführlich nachdenken sollte.
42. Dies ist eine Konvention, keine Erfordernis. Dennoch wird sie selten verletzt.

```
setpwent;
while (@pwinfo = getpwent) {            Iteriere durch die Paßwort-Informationen und suche
  my ($usr, $sh) = @pwinfo[0, -1];      nach Shells, die nicht mit /bin beginnen.
  if ($sh and
      dirname($sh) ne "/bin") {
    print "Shell $sh für $usr?\n"
  }
}
```

Die use-Directive kann eine Argumentliste übernehmen. Diese werden an die import-Methode des Moduls übergeben, und, unter der Voraussetzung, daß die import-Methode des Moduls die übliche Semantik besitzt, sollte diese Liste eine Liste von Symbolen sein – Subroutinennamen und ähnliches –, die in das aktuelle Paket importiert werden sollen. Wenn Sie z. B. nur dirname und basename aus File::Basename importieren wollen, können Sie dies folgendermaßen aufrufen:

```
use File::Basename qw(dirname basename);
```

Wollen Sie überhaupt keine Symbole importieren, übergeben Sie explizit eine leere Liste:

```
use File::Basename ();
```

Vergessen Sie nicht, daß Perl Sie nicht am Zugriff auf Symbole hindert (sofern es keine my-Variablen sind), die sich nicht im aktuellen Paket befinden. Wenn Sie ein Modul verwenden, sich aber gegen den Import von Symbolen entscheiden, können Sie sich immer über deren vollständig qualifizierte Namen auf sie beziehen:

```
use File::Basename ();                  Lade File::Basename.pm, aber
                                        importiere keine Symbole.
print "Pfadname: ";
$file = <>;
$dir =                                  Nun müssen wir dirname auf die lange Art aufrufen.
  File::Basename::dirname($file);
print "dir = $dir\n";
```

Artikel: 43

Stellen Sie sicher, daß Perl die von Ihnen verwendeten Module finden kann

Aus Artikel 42 wissen Sie, daß Perl-Module in Dateien mit der Endung .pm enthalten sind und daß die use-Direktive Module in Ihre Programme einbindet. Dennoch bleibt noch eine unbeantwortete Frage:

»Wie findet use meine Module eigentlich?«

Antwort: Perl durchsucht den *Modulsuchpfad* (engl. *module include path*), eine in der globalen Variablen @INC gespeicherte Verzeichnisliste. Der voreingestellte Suchpfad wird bei der Übersetzung von Perl in die ausführbare Perl-Datei eingebaut. Man kann auf verschiedene Weise den aktuellen Suchpfad erfahren. Eine besteht natürlich darin, ein kleines Skript zu schreiben, das ihn ausgibt. Aus der Kommandozeile klappt das hiermit:

```
% perl -e 'print "include is @INC\n" '
```

Eine etwas einfacher einzugebende Alternative besteht in der Ausgabe der Perl-Konfiguration mittels der Kommandozeilenoption -V:

```
% perl -V
Summary of my perl5 (5.0 patchlevel 4 subversion 1) configuration:
Platform:
    osname=solaris, osvers=2.5.1, archname=sun4-solaris
. . . Blah Blah Blah . . .

Characteristics of this binary (from libperl):
  Built under solaris
  Compiled at Jun 16 1997 15:37:41
  @INC:
    /usr/local/lib/perl5/sun4-solaris/5.00401
    /usr/local/lib/perl5
    /usr/local/lib/perl5/site_perl/sun4-solaris
    /usr/local/lib/perl5/site_perl
    .
```

Wie auch immer Sie das angehen, der Suchpfad listet die Verzeichnisse auf, in denen die use-Direktive nach den Perl-Modulen sucht, oder im Fall geschachtelter Module wie File::Basename die Verzeichnisse, in denen die verschiedenen Modulbäume wie File ihren Ursprung haben.

Modifizierung des Suchpfads

Haben Sie Module an anderen Stellen installiert, als an denen im eingebauten @INC aufgelisteten, müssen Sie den Suchpfad modifizieren, um zu erreichen, daß Perl sie (mit use) nutzt. Unter normalen Umständen wird dies nicht oft vorkommen. Wenn Sie Module aufbauen und installieren – entweder indem Sie das CPAN-Modul verwenden, oder indem Sie sie einfach von Hand auspacken und make ausführen – das Perl-Modul MakeMaker generiert automatisch eine Make-Datei, die die .pm-Datei des Moduls an die richtige Stelle Ihrer Perl-Installation stellt. Ist das nicht die Stelle, an der Ihr Modul stehen soll, müssen Sie MakeMaker dazu zwingen, es anderswohin zu stellen (siehe Artikel 42).

Aber nehmen wir einfach einmal an, Sie hätten ihr Modul an eine ungewöhnliche Stelle, sagen wir /share/perl gestellt. Sie mögen jetzt der Versuchung erliegen, einfach den Suchpfad im Quelltext Ihres Programms zu modifizieren:

```
unshift @INC, "/share/perl";     Wo MyModule.pm zuhause ist.

use MyModule;                    FALSCH! Keine Wirkung.
```

Leider wird dieser einfache Ansatz *nicht funktionieren*. Das Problem besteht darin, daß die use-Direktive ein Merkmal zur Übersetzungs- anstatt zur Laufzeit ist. An der Stelle, an der use Module in Ihrem Programm auftritt, bedeutet es in Wirklichkeit:

```
BEGIN { require "Module.pm"; import Module; }
```

Der Code innerhalb des BEGIN-Blocks wird zur Übersetzungszeit statt zur Laufzeit ausgeführt. Dies bedeutet, daß Veränderungen an @INC zur Laufzeit keine Wirkung auf use-Direktiven besitzen. (Mehr Informationen über BEGIN erhalten Sie in Artikel 59. In Artikel 54 erfahren Sie mehr über require.)

Eine eher unverschämte Möglichkeit, dies zu umgehen, besteht darin, die Änderung an @INC in einen eigenen BEGIN-Block zu setzen:

```
BEGIN {
  unshift @INC, "/share/perl";    Wo MyModule.pm zuhause ist.
}
use MyModule;                     Jetzt funktioniert es!
```

Jetzt wird der Suchpfad zur Übersetzungszeit eingerichtet, und use kann das Modul finden. Obwohl diese Strategie funktioniert, gibt es eine bessere Möglichkeit zur Kontrolle des Suchpfads: das lib-Pragmamodul. Es wurde ziemlich früh in der Entwicklung von Perl 5 hinzugefügt und wird von allen aktuellen Versionen unterstützt. Um dem Suchpfad ein oder mehrere Verzeichnisse voranzustellen, übergeben Sie sie einfach als Argumente an use lib:

```
use lib "/share/perl";          Füge /share/perl hinzu.
use lib qw(
  /xtra/perl                    Füge mehr Verzeichnisse hinzu.
  /xtra/perl5
);

use MyModule;                   Jetzt kann's losgehen.
```

Neben der verbesserten Lesbarkeit besitzt use lib einen weiteren Vorteil gegenüber expliziten Änderungen am Suchpfad. Das lib-Pragma fügt auch einen entsprechenden architekturspezifischen Pfad für das automatische Laden an, wenn solch ein Verzeichnis existiert. Dies kann zu verbesserter Leistung führen, wenn Sie ein Modul verwenden, das automatisch geladen wird. Ist die Maschinenarchitektur z. B. "sun4-solaris", dann fügt use lib "/share/perl" Folgendes

/share/perl/sun4-solaris/auto

zusätzlich zu /share/perl an, wenn ein Verzeichnis für das automatische Laden existiert.

Es bestehen einige andere Möglichkeiten, den Suchpfad in solchen Fällen zu ändern, in denen use lib nicht angebracht ist. Sie können die -I Kommandozeilenoption verwenden:

```
% perl -I/share/perl myscript
```

Sie können auch -I in der #!-Zeile verwenden:

```
#! /usr/local/bin/perl -I/share/perl
```

Zu guter Letzt können Sie auch einen oder mehrere Verzeichnisnamen, durch Doppelpunkte getrennt, in die PERL5LIB Umgebungsvariable setzen.

Modifizierung des Suchpfads: Sonderfälle

Wie ich schon oben erwähnt habe, wird der Suchpfad bei der Übersetzung von Perl eingebaut. Im allgemeinen leitet er sich aus dem Installationspräfix ab, das bei der Ausführung des Configure-Skripts angegeben wird:

```
Installation prefix to use? (~name ok) [/usr/local]
```

Die Veränderung des Installationspräfixes ermöglicht es Ihnen, private oder alternative Kopien von Perl zu Test- oder vielleicht zu Debuggingzwecken aufzubauen und zu installieren (siehe Artikel 38).

Normalerweise befinden sich die eingebauten Module und Bibliotheksdateien im Unterverzeichnis lib/perl5 unter dem Präfixverzeichnis, sagen wir /usr/local/lib/perl5. Es ist eine gute Idee, sie dort zu belassen, aber wenn Sie sie irgendwo anders hinstellen möchten, können Sie das auch mit Configure kontrollieren:

```
Pathname where the private library files will reside? (~name ok) [/usr/local/
lib/perl5]
```

Wenn Sie das private Bibliotheksverzeichnis ändern, wird auch der Suchpfad für diese Perl-Version entsprechend geändert. Wenn Sie schließlich ein Perl-Modul schreiben, wollen Sie wahrscheinlich Skripten mit ihm testen, ohne das Modul tatsächlich zu installieren. Das Pragmamodul blib (von engl. build library)- erweist sich in solchen Fällen als nützlich:

```
#!/usr/local/bin/perl
use blib "/home/joseph/Magic";          Sucht nach blib in /home/joseph/Magic.
```

obwohl es öfter aus der Kommandozeile heraus aufgerufen wird:

```
% perl -Mblib my_script                 Suche im aktuellen Verzeichnis nach blib.
```

Artikel: 44

Verwenden Sie `perldoc`, um die Dokumentation für installierte Module zu extrahieren

Perl enthält eine Menge Dokumentation – eine sehr große Menge. Die in frühen Distributionen von Perl 5 enthaltenen Manualseiten beliefen sich auf über 500 Seiten. Die Seitenzahl für neuere Versionen ist wesentlich größer. Die Standarddistribution enthält auch viele Module, von denen jedes eine eigene Manualseite besitzt. In den Manualseiten findet sich eine enorme Menge nützlicher Informationen, so daß sich die Lektüre auszahlt. Es gibt zwei einfache Möglichkeiten zum Lesen der Online-Dokumentation von Perl: `perldoc` und `man`. Von diesen beiden Möglichkeiten ist `perldoc` im allgemeinen die beste – lesen Sie weiter, um herauszufinden warum.

Ihre Site hat vielleicht auch Dokumentation in HTML. Fragen Sie Ihren Perl-Administrator, ob sie verfügbar ist, und wenn ja, wie man sie bekommt.

Warum `man` Manualseiten nicht finden kann

Für einige Betriebssysteme ist es *nicht* so einfach, an die Manualseiten von Perl zu gelangen: Man kann dort nicht einfach `man perl` eintippen. Das Problem besteht darin, daß der `man`-Befehl nicht immer die Dateien mit den Manualseiten finden kann.

Ältere Versionen des Unix `man`-Befehls verlassen sich auf explizite Suchen des Dateisystems. Es gibt einen eingebauten »man-Pfad«, der unter Verwendung der `MANPATH`-Umgebungsvariable geändert werden kann. Der `man`-Befehl durchsucht die Verzeichnisse und Unterverzeichnisse, die aus dem `man`-Pfad erreichbar sind, bis die richtige Datei gefunden ist.

Auf diese Weise eine Manualseite zu finden kostet Zeit und Ressourcen. Als Ergebnis werden die meisten Unix-Versionen nun mit Versionen von `man` ausgeliefert, die *keine* erschöpfende Suche durchführen, zumindest nicht per Voreinstellung. Statt dessen konsultieren sie eine »whatis«-Datenbank, um herauszufinden, welche Manualseiten installiert sind und wo sie sich befinden. Das Problem mit der whatis-Datenbank besteht darin, daß sie von einem Systemadministrator immer auf den neuesten Stand gebracht werden muß (normalerweise mit dem `catman`-Befehl). Ist die Datenbank nicht auf dem neuesten Stand, lassen sich aktuell installierte Manualseiten nicht mit dem `man`-Befehl finden.[43]

---

[43] Sind sie ein Administrator, der versucht, die Manualseiten zu Perl zum Laufen zu bringen, denken Sie daran, daß die Manualseiten für Module unter dem privaten Bibliotheksverzeichnis installiert sind – z. B. `/usr/local/lib/perl5/man` anstatt `/usr/local/man`. Die Manualseiten für lokal installierte Module befinden sich in einem anderen Bibliotheksverzeichnis der Site.

Zu man gibt es verschiedene Umwege. Die meisten Versionen des man-Befehls ermöglichen es Ihnen, eine explizite Suche zu erzwingen (und somit jegliche whatis-Datenbank zu ignorieren) und/oder Verzeichnisse aufzulisten, in denen Sie nach Manualseiten suchen wollen. Allerdings bringt das eine Menge an Tipparbeit mit sich; darüber hinaus ist man von Maschine zu Maschine anders.

Auftritt perldoc.

Warum perldoc Manualseiten finden *kann*

Der perldoc-Befehl ist ein Perl-Skript, das zusammen mit der ausführbaren Perl-Datei und anderen Utilities wie s2p und h2xs installiert wird.

Der perldoc-Befehl sucht nicht nach Manualseiten. Statt dessen durchsucht er den Perl-Baum nach Perl-Modulen (.pm) mit eingebetteter Dokumentation, genauso wie reine Dokumentationsdateien (.pod) (siehe Artikel 46). Dies bedeutet, daß perldoc an Stellen sucht, an denen man nicht schaut. Wird eine entsprechende Datei gefunden, formatiert perldoc den Inhalt als Manualseite und zeigt ihn an. Ein Beispiel:

```
% perldoc perldoc
PERLDOC(1)    User Contributed Perl Documentation    PERLDOC(1)

NAME
     perldoc - Look up Perl documentation in pod format.

SYNOPSIS
     perldoc [-h] [-v] [-t] [-u] [-m] [-l]
. . . etc.
```

Um an die Dokumentation über ein Modul zu gelangen, geben Sie den Modulnamen als Argument für perldoc an:

```
% perldoc File::Basename
```

Außer dem letzten Teil des Modulnamens können Sie alles weglassen. Der perldoc-Befehl führt auch Suchen unabhängig von Groß- und Kleinschreibung durch:

```
% perldoc basename                Dasselbe wie File::Basename.
```

Sie gelangen auch an die Dokumentation einer einzelnen Perl-Funktion, indem Sie die -f-Option verwenden:

```
% perldoc -f length               Dokumentation der length-Funktion.
```

Natürlich muß `perldoc` korrekt installiert sein, damit es funktioniert. Das Verzeichnis, in dem `perl` installiert ist, sollte auch die verschiedenen Perl-Utilities – `perldoc`, `pod2man`, `h2xs` und so weiter – enthalten. Die Installationsroutine von Perl tut das automatisch, wenn Sie aber eine Maschine benutzen, auf der ein Administrator Perl »per Hand« installiert hat, indem er die ausführbare Perl-Datei aus einem anderen Verzeichnis kopiert und gebunden hat, könnten Sie Probleme bekommen. Scheint `perldoc` kaputt zu sein oder können Sie nicht darauf zugreifen, werden Sie bei Ihrem Administrator vorstellig.

Erstellung von Paketen und Modulen

Artikel 45

Verwenden Sie h2xs zur Generierung von Modulschablonen

Aus Artikel 42 wissen wir, daß Module Pakete sind, die gewissen Konventionen folgen. In diesen Konventionen gibt es genug pingelige Details, die einem die Erstellung eigener Module ohne Hilfe erschweren. Das gilt ganz besonders dann, wenn man vorhat, ein Modul zur öffentlichen Verwendung zusammenzustellen und freizugeben. Glücklicherweise gibt es Hilfe in Form eines Utilities namens h2xs.

Das Programm h2xs wurde ursprünglich entworfen, um den Prozeß der Erstellung eines XS-Moduls zu vereinfachen (siehe Artikel 47), dient aber schon seit langer Zeit auch anderen Zwecken, nämlich als Ausgangspunkt zur Erstellung aller Perl-Module, seien es nun XS-Module oder nicht. Man sollte *immer* h2xs verwenden, um die Schablone für ein neues Perl-Modul zu erstellen. Das wird Ihnen und den potentiellen Benutzern Ihres Moduls viele Stunden des Kummers, der Verwirrung und Frustration ersparen. Das können Sie mir glauben.

Am einfachsten macht man sich mit h2xs vertraut, indem man es selbst ausprobiert. Schauen wir uns ein Beispiel an.

Erzeugung eines Moduls unter Verwendung von h2xs

Verwenden wir h2xs, um das Grundgerüst für ein neues Modul namens File::Cmp zu erzeugen, und füllen es dann aus, damit es funktioniert. File::Cmp soll eine Funktion enthalten, die den Inhalt zweier Dateien miteinander vergleicht und dann einen Wert zurückgibt, der anzeigt, ob sie identisch sind. (Es existiert schon ein Modul File::Compare, das dasselbe leistet, aber – nur zur Erinnerung – dies ist lediglich ein Beispiel.)

Der erste Schritt besteht in der Ausführung von h2xs, wodurch einige Verzeichnisse und Dateien erzeugt werden; stellen Sie also sicher, daß Sie diesen Befehl in einem »leeren« Verzeichnis ausführen, in dem Sie ohne Einschränkungen arbeiten können. Wir verwenden die Optionen -A, -X und -n. Die Option -A weist h2xs an, keinen Code zum automatischen Laden von Funktionen zu generieren. Die Option -X teilt h2xs mit, daß es sich hierbei um ein gewöhnliches Modul handelt und daß wir kein XS-Grundgerüst benötigen (siehe Artikel 47). Die Option -n liefert den Modulnamen. Dies ist die übliche Kombination von Optionen, die die Arbeit an einem »guten alten Modul« einleitet:

■ **Beginnen Sie die Arbeit an einem Modul mit** h2xs**.**

% h2xs -A -X -n File::Cmp	*Kein XS oder automatisches Laden.*
Writing File/Cmp/Cmp.pm	h2xs *erzeugt einige Dateien.*
Writing File/Cmp/Makefile.PL	
Writing File/Cmp/test.pl	
Writing File/Cmp/Changes	
Writing File/Cmp/MANIFEST	

Zu diesem Zeitpunkt hat man schon ein »funktionierendes« Modul, das nichts tut. Man sollte es aufbauen, testen und installieren, als hätte man es gerade aus dem CPAN heruntergeladen (siehe Artikel 41). Bevor wir dies allerdings tun, wollen wir ein wenig Code hinzufügen, so daß es tatsächlich nützliche Funktionen beinhaltet. Beginnen wir mit der Datei Cmp.pm, die den Quelltext des neuen Perl-Moduls enthält. Dieser sollte ungefähr so aussehen – ohne die kursiv gesetzten Anmerkungen natürlich:

- **Die Datei** Cmp.pm

Setze am Anfang das Defaultpaket auf File::Cmp, *schalte* strict *ein und deklariere einige Paketvariablen.*
package File::Cmp;

use strict;
use vars qw($VERSION @ISA @EXPORT @EXPORT_OK);
Verwende das Exporter*-Modul aus Perls Bibliothek. Statt* use *können wir* require *verwenden, da dieses Modul mit* use *genutzt wird.*
require Exporter;
Bilde Unterklassen zu Exporter *und* AutoLoader. *Da wir* AutoLoader *in diesem Beispiel eigentlich nicht verwenden, kann man alle Referenzen darauf auflösen, wenn man möchte. Artikel 50 enthält mehr zur Erstellung von Unterklassen und über Vererbung in Perl.*
@ISA = qw(Exporter AutoLoader);

- **Die Datei** `Cmp.pm` **(Forts.)**

An dieser Stelle fügen wir Funktionsnamen und andere Paketvariablen an, die wir per Default exportieren möchten. Wenn wir dieses Modul mit use *benutzen, importiert* Exporter *diese Namen in das aufrufende Paket. Namen kann man auch an ein Array namens* @EXPORT_OK *anfügen. Auf Anfrage gestattet* Exporter *den Export dieser Namen.*

```
# Items to export into callers namespace by default. Do not export
# names by default without a very good reason. Use EXPORT_OK instead.
# Do not simply export all your public functions/methods/constants.
@EXPORT = qw(

);
```

Eine Versionsnummer, die bei jeder weiteren Generierung einer neuen Version des Moduls inkrementiert werden sollte.

```
$VERSION = '0.01';
```

Einfügen der Funktion(en) nach der nächsten Zeile.

```
# Preloaded methods go here.
```

Da wir nichts automatisch laden, kann das ignoriert werden.

```
# Autoload methods go after =cut, and are processed by the autosplit program.
```

Module müssen einen true-Wert zurückliefern, um ordentlich geladen zu werden (siehe Artikel 54). Stellen Sie sicher, daß Sie die überaus wichtige 1 *nicht loswerden.*

```
1;
__END__
```

Die Schablone für die eingebaute POD-Dokumentation (siehe Artikel 46) folgt nach dem __END__ *des Quelltextes.*

```
# Below is the stub of documentation for your module. You better edit it!
=head1 NAME

File::Cmp - Perl-Erweiterung für Blah Blah Blah
=head1 SYNOPSIS

  use File::Cmp;
Blah Blah Blah
```

- **Die Datei** Cmp.pm **(Forts.)**

```
=head1 DESCRIPTION

Stub documentation for File::Cmp was created by h2xs. It looks like
the author of the extension was negligent enough to leave the stub
unedited.

Blah Blah Blah.

=head1 AUTHOR

A. U. Tor, a.u.tor@eine.galaxie.weit.weit.weg
=head1 SEE ALSO

perl(1).

=cut
```

Fügen wir eine Funktion namens cmp_file an. Sie vergleicht den Inhalt zweier Dateien und gibt 0 zurück, wenn sie identisch sind, eine positive Zahl, wenn sie unterschiedlich sind, und -1, wenn irgendeine Art von Fehler auftrat. Fügen Sie folgenden Code nach der Zeile Preloaded methods go here ein:

- cmp_file: **Vergleiche den Inhalt zweier Dateien**

`sub cmp_file {`
`  my ($file1, $file2) = @_;`
`  local(*FH1, *FH2);`
	Diese Subroutine nimmt zwei Dateinamen als Argumente an.

`  return -1 if !-e $file1 or !-e $file2;` `  return 0 if $file1 eq $file2;`	*Existiert die Datei?* *Gleiche Dateien = gleicher Inhalt.*

`  open FH1, $file1 or return -1;`
`  open FH2, $file2 or`
`      close(FH1), return -1;`
	Öffne die Dateien.

`  return 1 if -s FH1 != -s FH2;`	*Unterschiedliche Größen = unterschiedlicher Inhalt.*
`  my $chunk = 4096;`	*Wir lesen jeweils einen Chunk ein.*

`  my ($bytes, $buf1, $buf2, $diff);`
`  while ($bytes =`
`      sysread FH1, $buf1, $chunk) {`
`    sysread FH2, $buf2, $chunk;`
`    $diff++, last if $buf1 ne $buf2;`
`  }`
	Lies einen Chunk aus jeder Datei ein und vergleiche sie als Zeichenketten.

- cmp_file: **Vergleiche den Inhalt zweier Dateien** (Forts.)

```
    close FH1;                          Schließe die Dateien, gib den Status zurück.
    close FH2;
    $diff;
}
```

Wir wollen cmp_file automatisch aus diesem Modul exportieren (siehe Artikel 42). Fügen wir es einfach der Liste @EXPORT hinzu:

```
@EXPORT = qw(

    cmp_file

);
```

Jetzt benötigen wir ein Testskript. Öffnen Sie die Datei test.pl und fügen das Folgende an das Ende an:

- **Testskript für** File::Cmp

Dieses Skript erzeugt drei Dateien, die irgendwelche Daten enthalten. Zwei Dateien sind identisch und die dritte ist davon verschieden. Fangen wir mit der Erzeugung der Daten an:

```
srand();
for ($i = 0; $i < 10000; $i++) {
  $test_blob .= pack 'S'. rand 0xffff;
}
$test_num = 2;
```

Führen Sie den Test innerhalb eines eval*-Blocks aus (siehe Artikel 54), um die Fehlerbehandlung zu vereinfachen.*

```
eval {
  open F, '>xx' or die "Konnte nicht erzeugt werden: $!";
  print F $test_blob;

  open F, '>xxcopy' or die "Konnte nicht erzeugt werden: $!";
  print F $test_blob;

  open F, '>xxshort' or die "Konnte nicht erzeugt werden: $!";
  print F substr $test_blob, 0, 19999;
```

Nach Erzeugung der Testdateien benutzen wir cmp_file, *um sie miteinander zu vergleichen.*

```
  if (cmp_file('xx', 'xxcopy') == 0) {
    print "In Ordnung ", $test_num++, "\n";
  } else {
    print "NICHT in Ordnung ", $test_num++, "\n";
  }
```

- **Testskript für** File::Cmp (Forts.)

```
  if (cmp_file('xx', 'xxshort') > 0) {
    print "In Ordnung ", $test_num++, "\n";
  } else {
    print "NICHT in Ordnung ", $test_num++, "\n";
  }
};
```

Melde alle Ausnahmen aus dem eval-*Block, räume auf, und wir sind fertig.*

```
if ($@) {
  print "... Fehler: $@\n";
}

unlink glob 'xx*';
```

Man sollte auch die Zeile am Anfang von test.pl ändern, so daß die Anzahl der Tests korrekterweise so aussieht:

```
BEGIN { $| = 1; print "1..3\n"; }
```

An diesem Punkt angelangt, können wir das Modul aufbauen und testen (siehe Artikel 41):

```
% perl Makefile.PL
Checking if your kit is complete...
Looks good
Writing Makefile for File::Cmp

% make test
cp Cmp.pm ./blib/lib/File/Cmp.pm
AutoSplitting File::Cmp (./blib/lib/auto/File/Cmp)
PERL_DL_NONLAZY=1 /usr/local/bin/perl -I./blib/arch -I./blib/lib -I/usr/local/
lib/perl5/sun4-solaris/5.003 -I/usr/local/lib/perl5 test.pl
1..3
ok 1
ok 2
ok 3
```

Cool.

Einige Sachen müssen allerdings noch erledigt werden. Der Dokumentationsabschnitt in Cmp.pm sollte durch etwas Informativeres ersetzt werden (siehe Artikel 46). Außerdem sollte man eine Beschreibung der Änderungen in das Changes-Protokoll eintragen. Weiterhin könnte man noch einige gründlichere Tests in test.pl einfügen.

Verwenden Sie h2xs zur Generierung von Modulschablonen

Ist das Modul einmal in der endgültigen Fassung, kann man eine Distribution vorbereiten. Dazu führt man einfach `make tardist` aus:

```
% make tardist
rm -rf File-Cmp-0.01
/usr/local/bin/perl -I/usr/local/lib/perl5/sun4-solaris/5.003 -I/usr/local/lib/
perl5 -MExtUtils::Manifest=manicopy,maniread \
        -e 'manicopy(maniread(),"File-Cmp-0.01", "best");'
mkdir File-Cmp-0.01
tar cvf File-Cmp-0.01.tar File-Cmp-0.01
File-Cmp-0.01/
File-Cmp-0.01/Makefile.PL
File-Cmp-0.01/Changes
File-Cmp-0.01/test.pl
File-Cmp-0.01/Cmp.pm
File-Cmp-0.01/MANIFEST
rm -rf File-Cmp-0.01
compress File-Cmp-0.01.tar
```

Voilà! Nun haben wir eine Datei namens `File-Cmp-0.01.tar.Z`, die den Quelltext unseres Moduls enthält. Diese Datei folgt den Konventionen des CPAN und ist zur weltweiten Verbreitung geeignet.

Haben Sie ein nützliches Modul erstellt, sollten Sie in Erwägung ziehen, es mit dem Rest der Welt zu teilen – siehe Artikel 48.

Artikel 46

Einbettung von Dokumentation mit POD

Ahh, Dokumentation! Der Lieblingszeitvertreib aller Programmierer, mit der sie die Zeit verschwenden, in der sie hacken oder vielleicht NetHack spielen könnten oder sich computerfreak-untypischen Aktivitäten wie Freunden, der Familie oder einer sportlichen Betätigung widmen könnten. Geht man davon aus, daß einige Entwickler zehn, zwölf oder noch mehr Stunden am Tag damit verbringen, einfach nur ihren Code zum Laufen zu bekommen, ist es nicht weiter verwunderlich, daß eine Menge Dokumentation letztendlich nur halbherzig erstellt wird oder von Leuten geschrieben wird, die keine Programmierer sind, oder überhaupt nicht geschrieben wird.

Viele Softwareentwickler, besonders solche, die an ziemlich großen Projekten arbeiten, arbeiten mit Programmierrichtlinien, die von ihnen verlangen, daß sie Funktionsdefinitionen mit Kommentarblöcken versehen, die grundlegende Informationen über die jeweilige Funktion liefern – einen Überblick, Eingaben, Ausgaben, Voraussetzungen, Revisionsgeschichte und solche Dinge. Sind diese eingebetteten Kommentare genau genug formatiert, können sie von Skripten (wahrscheinlich Perlskripten!) analysiert und als Dokumentation umformatiert werden. Eine Quelltextdatei könnte daher ihre eigene Programmierreferenz enthalten (oder sein). Das ist eine gute Sache, da Entwicklern bei jeder Bearbeitung des Codes auch die Dokumentation bearbeiten, ohne ein separates Dokument lokalisieren und bearbeiten zu müssen. Manchmal entspricht das genau der Menge an Dokumentation, die ein Entwickler korrekt hinbekommt.

Der Nachteil eingebetteter Dokumentation liegt allerdings darin, daß, solange man nicht in einer Sprache oder einer Entwicklungsumgebung arbeitet, die dies unterstützt, Sie oder jemand in Ihrer Gruppe Werkzeuge erstellen und pflegen muß, die die Leckerbissen aus Ihren Quelltextdateien extrahieren und daraus Dokumentation generieren. Außerdem muß jemand entscheiden, in welchem Format die Kommentare stehen müssen und sich auch darum kümmern, daß sie eingehalten werden. Es wäre natürlich begrüßenswert, wenn Ihre Kommentare in derselben Art und Weise wie die aus anderen Gruppen formatiert wären, so daß man Werkzeuge teilen könnte, aber ohne irgendwelche Standards wird das wohl nicht passieren.

Glücklicherweise unterstützt Perl direkt eingebettete Dokumentation. Perl tut dies auf eine standardisierte Art, die zum Kern der Sprache gehört: mit einem Merkmal namens POD (engl. *plain old documentation*). Quelltext in Perl kann eingebettete Dokumentation im POD-Format enthalten. Der Perl-Parser ignoriert bei der Übersetzung und Interpretation von Skripten Abschnitte mit POD, aber andere Programme, die Teil der Perl-Distribution sind, können die Quelltextdateien nach Abschnitten mit Dokumentation absuchen und diese als Manualseiten, HTML, normalen Text oder alle möglichen anderen Formate setzen.

Grundlagen von POD

POD ist eine sehr einfache Auszeichnungssprache (engl. *markup language*), die so entworfen wurde, daß in POD geschriebene Dokumentation ohne großen Aufwand in andere Formate (Text, HTML etc.) umgewandelt werden kann. POD ist schlimmstenfalls auch in seiner reinen Form einfach zu lesen, wenn es hart auf hart kommt.

Ein POD-Dokument besteht aus Absätzen, die durch leere Zeilen abgesetzt sind. Es gibt drei verschiedene Arten von Absätzen:

▶ **Wörtlicher Text.** Ein Absatz, dessen Zeilen eingerückt sind, wird genau so wiedergegeben – kein Zeilenumbruch, keine besondere Interpretation von Maskierungssequenzen, rein gar nichts. Übersetzungsanwendungen, die verschiedene Zeichensätze anzeigen können, reproduzieren wörtlichen Text für gewöhnlich mit nichtproportionalem Zeichensatz.

▶ **Ein POD-Befehl.** Ein Befehl besteht aus einer Zeile, die mit dem Zeichen = beginnt, gefolgt von einem Bezeichner und dann optionalem Text. Aktuell definierte Befehle, die möglicherweise nicht von allen Übersetzungsanwendungen verstanden werden, werden unten erläutert:

Befehl	Beschreibung	Beispiel	
=head1 =head2	Überschriften der Ebenen 1 und 2.	=head1 *Lernen Sie Pakete und Module zu verstehen.*	
		=head2 *Pakete*	
=item	Ein Posten in einer numerierten oder mit Punkten versehenen Liste.	=item 1	*Ein numerierter Posten.*
		=item *	*Ein mit Punkt versehener Posten.*
		=item B<NOTE>	*Ein fett gesetzter »anderer« Posten.*
=over N	Einrückung über N Leerzeichen.	=over 4	*4 ist die gebräuchliche Anzahl.*
=back	Einrückung aufheben.	=back	

Tabelle 3: POD-Befehle

Befehl	Beschreibung	Beispiel	
=cut	Ende von POD.	=cut	
=pod	Anfang von POD.	=pod	
=for X	Nächster Absatz steht im Format X.	=for html	Nächster Absatz in HTML.
=begin X =end X	Klammerung von Anfang und Ende des Formats X.	=begin text Wenn Sie dies lesen können, verwenden Sie eine Text-Übersetzungsanwendung. =end text	

Tabelle 3: POD-Befehle (Forts.)

▶ **Gefüllter Text.** Ein Absatz, der keinen wörtlichen Text oder einen POD-Befehl enthält, wird wie gewöhnlicher Text behandelt. Formatieranwendungen wandeln diesen im allgemeinen in einen bündigen Absatz um, wenn möglich in einem proportionalen Zeichensatz. Einige besondere Formatierungssequenzen werden innerhalb gefülltem Text erkannt:

Sequenz	Beschreibung	Beispiel	
I<text> B<text>	Kursiv gesetzter Text, fett gesetzter Text.	Du wirst I<sehr> froh sein, daß B<John> für dich arbeitet.	
C<text>	Quelltext.	Addiere nun 5 zu C<$d[$a,$b]>	
S<text>	Text mit festem Leerzeichen (ohne Umbruch).	C< S<foreach $k (keys %hash)> >	
E<code>	Eine Zeichenmaskierung (wird im allgemeinen nicht gebraucht).	E<lt> E<34>	Kleiner als-Zeichen<. Doppelte Anführungszeichen " (in ASCII)
L<text>	Eine Referenz oder ein Querverweis.	L<name> L<name/ident> L<name/"sec"> L<"sec">	Manualseite. Artikel auf einer Manualseite. Abschnitt einer Manualseite. Abschnitt auf dieser Manualseite.
F<name>	Dateiname.	Stellen Sie sicher, daß Sie F<config.dat> nicht löschen!	

Tabelle 4: POD-Formatiersequenzen

Sequenz	Beschreibung	Beispiel
X<text>	Indexeintrag.	
Z<text>	Zeichen mit Nullweite.	

Tabelle 4: POD-Formatiersequenzen (Forts.)

Man beachte, daß einige POD-Formatierer Funktionsnamen (ein Bezeichner gefolgt von runden Klammern) und andere besondere Konstrukte »im Kontext« erkennen und automatisch die entsprechende Formatierung auf sie anwenden. Darüber hinaus können die meisten POD-Formatierungsanwendungen gerade Anführungszeichen in typographische Anführungszeichen, doppelte Trennstriche in Gedankenstriche und so weiter umwandeln.

Hier nun ein Beispiel einer POD-Datei:

- **POD-Datei**

```
=head1 Mein POD-Beispiel

=head2 Meine Überschrift der zweiten Ebene

I<POD> ist eine einfache, praktische Auszeichnungssprache für
Perl-Programmierer genauso wie für andere Leute, die nach einer
anderen Möglichkeit suchen, "gute alte Dokumentation" zu schreiben.

Mit POD kann man:

=over 4

=item 1
```

- **POD-Datei (Forts.)**

```
Dokumentationen erstellen, die ohne größeren Aufwand in verschiedene
Formate überführt werden können.

=item 2

Dokumentation direkt in Perl-Programme einbetten.

=item 3

Seine Freunde in Erstaunen und seine Feinde in Angst und Schrecken versetzen.
(Möglicherweise.)

=back

    Autor: Joseph N. Hall
    Datum: 1997
```

Eine Übersetzung – in diesem Fall durch den `pod2mif`-Filter – bringt Folgendes hervor:

- Übersetzte POD-Datei

Mein POD-Beispiel

Meine Überschrift der zweiten Ebene

POD ist eine einfache, praktische Auszeichnungssprache für Perl-Programmierer genauso wie für andere Leute, die nach einer Möglichkeit suchen, »gute alte Dokumentation« zu schreiben

Mit POD kann man:
1. Dokumentationen erstellen, die ohne größeren Aufwand in andere Formate überführt werden können.
2. Dokumentation direkt in Perl-Programme einbetten.
3. Seine Freunde in Erstaunen und seine Feinde in Angst und Schrecken versetzen. (Möglicherweise.)

Autor: Joseph N. Hall
Datum: 1997

Manualseiten in POD

Obwohl man POD zu vielen verschiedenen Zwecken verwenden kann, sollten in POD geschriebene Manualseiten gewisse Konventionen einhalten, so daß sie wie andere Manualseiten zu Unix aussehen. Variablen- und Funktionsnamen sollten *kursiv* gesetzt werden. Programmnamen, genauso wie Kommandozeilenoptionen, sollten **fett** gesetzt werden.

Die Manualseite sollte ein richtiges Grundgerüst haben. Überschriften der ersten Ebene stehen traditionell in GROSSBUCHSTABEN. Die wichtigsten Überschriften der ersten Ebene sind (in ihrer traditionellen Reihenfolge):

Überschrift	Beschreibung
NAME	Name des Programms/ der Bibliothek/was auch immer.
SYNOPSIS	Kurzes Verwendungsbeispiel.
DESCRIPTION	Detaillierte Beschreibung, wenn nötig in Abschnitte unterteilt.
EXAMPLES	Wie man es benutzt.
SEE ALSO	Verweise auf andere Manualseiten etc.
BUGS	Dinge, die noch ein wenig überarbeitet werden müssen.
AUTHOR	Ihr Name im Rampenlicht.

Tabelle 5: Überschriften von Manualseiten

Auf der Manualseite zu pod2man finden sich weitergehende Informationen über das Layout von Manualseiten.

Artikel 47

Verwenden Sie XS für Low-Level-Schnittstellen und/oder zur Geschwindigkeit

Neuere Perl-Versionen besitzen eine dokumentierte Schnittstellensprache namens XS,[44] die zur Erstellung von C oder C++-Funktionen verwendet werden kann, die aus Perl heraus aufgerufen werden können. Innerhalb von *XSUBs*, wie sie auch genannt werden, hat man vollen Zugriff auf die Interna von Perl. Man kann Variablen erzeugen, ihre Werte ändern, Perl-Code ausführen oder so ziemlich alles andere tun, was einem einfällt.

Ein XS-Modul ist eigentlich eine dynamisch geladene teilbare Bibliothek (engl. *shareable library*).[45] Die Erzeugung eines solchen Moduls ist ein mit Details überlasteter komplexer Prozeß. Glücklicherweise bekommt man für die XS-Schnittstelle einen Haufen Werkzeuge, die die meisten Details für einen erledigen. Für angemessen einfache Situationen verwendet man einfach x2hs, um eine Menge von Schablonendateien zu erhalten, fügt ein bißchen Perl- und XS-Code hinzu und führt make aus. Es existieren make-Ziele zum Aufbau und zur Überprüfung einer teilbaren Bibliothek und zum Aufbau eines Distributionssatzes und dessen Installation.

XSUBs sind eine praktische Möglichkeit zur Erweiterung von Perl um Merkmale, die vom Betriebssystem unterstützt werden – das ist tausend Mal schneller als syscall. XSUBs kann man auch verwenden, um Skripten Beine zu machen, die einen wesentlichen Teil ihrer Zeit in kleinen Subroutinen verbringen. Und man kann XSUBs natürlich dazu verwenden, einer eigenen C- oder C++-Bibliothek eine Perl-Schnittstelle hinzuzufügen.

Als ein Beispiel für die Art von Dingen, für die man ein XSUB schreiben könnte, nehmen wir an, daß wir eine Subroutine schreiben wollen, die eine Kopie einer Liste zurückgibt, bei der aber alle Elemente in zufälliger Reihenfolge erscheinen. In Perl könnte man das so schreiben:

```
sub shuffle1 {
  my @orig = @_;
  my @result;
  push @result, splice @orig, rand @orig, 1 while @orig;
  @result;
}
```

---

44. Einige Teile von XS sind zur Zeit immer noch in Entwicklung. XS sollte sich in naher Zukunft zwar nicht ändern, aber man sollte nicht überrascht sein, wenn man zwischen der eigenen Version und der hier dokumentierten einige Unterschiede feststellt.

45. Unterstützt Ihr System keine teilbaren Bibliotheken, können Sie trotzdem XSUBs verwenden, indem Sie sie an das ausführbare Perl-Programm selbst binden.

Das ist nicht gerade ein Modell an Effizienz, da man `splice` jeweils einmal für jedes Element in der Liste aufrufen muß – das ist nicht gut, wenn man vorhat, lange Listen zu mischen. Ein effizienterer Ansatz wäre:

```perl
sub shuffle2 {
  my @result = @_;
  my $n = @result;
  while ($n > 1) {
    my $i = rand $n;
    $n--;
    @result[$i, $n] = @result[$n, $i];
  }
  @result;
}
```

Das ist schon besser, aber nicht *wesentlich* besser. Hier haben wir zwar kein `splice`, andererseits bringt das Vertauschen der Werte eine Menge Zuweisungs- und Indizierungsanweisungen mit sich, was überraschend viel Zeit in Anspruch nimmt (vgl. die Testwerte am Ende dieses Artikels.) Das Mischen schreibt man am besten *nicht* in Perl, wenn Effizienz von großer Wichtigkeit ist. Schreiben wir also `shuffle` als XSUB in C.

Generierung der Schablone

Beim Erstellen von XSUBs sollte man immer mit `h2xs` anfangen, um eine Menge von Schablonendateien zu generieren, ziemlich genauso, wie man es mit einem nur in Perl geschriebenen Modul macht (siehe Artikel 45). Fangen wir in diesem Fall mit der Erzeugung einer Schablone für ein Modul namens `List::Shuffle` an.

```
% h2xs -A -n List::Shuffle
Writing List/Shuffle/Shuffle.pm
Writing List/Shuffle/Shuffle.xs
Writing List/Shuffle/Makefile.PL
Writing List/Shuffle/test.pl
Writing List/Shuffle/Changes
Writing List/Shuffle/MANIFEST
```

Dies ähnelt dem Beispiel in Artikel 45. Da wir aber einen hierarchischen Paketnamen gewählt haben, werden die Schablonendateien in einem Verzeichnis namens `Shuffle` erzeugt, das selbst wieder in ein Verzeichnis namens `List` geschachtelt ist.

Wie schon zuvor müssen wir auch hier eine Makefile-Datei generieren:

```
% perl Makefile.PL
```

Bevor man mit der Erstellung der XSUB beginnt, sollte man vielleicht einige Veränderungen am Schablonencode vornehmen. Wenn man z. B. in der Lage sein möchte, die shuffle()-Subroutine aufzurufen, ohne ihr den Paketnamen voranzustellen, muß man ihren Namen nach Shuffle.pm exportieren:

```
@EXPORT = qw(shuffle);
```

Erstellen und Testen einer XSUB

Die XS-Sprache, in der XSUBs geschrieben werden, ist eigentlich nur eine Art C-Präprozessor, der entworfen wurde, um das Schreiben von XSUBs zu vereinfachen.

XS-Quelltext steht in Dateien mit der Endung ».xs«. Der XS-Compiler xsubpp übersetzt XS in C-Code mit den für eine Schnittstelle zu Perl nötigen Verbindungen. Wahrscheinlich muß man selbst allerdings nie xsubpp aufrufen, da es automatisch durch die generierte Makefile-Datei aufgerufen wird.

XS-Quelldateien fangen mit einem Prolog in C-Code an, der unverändert von xsubpp weitergegeben wird. Dem Prolog folgt eine MODULE-Direktive, z. B.:

```
MODULE = List::Shuffle    PACKAGE = List::Shuffle
```

Dies zeigt den eigentlichen Anfang des XS-Quelltextes an, der selbst eine Liste von XSUBs ist.[46]

Wie wär's nun mit einigen Beispielen für XS?

Hier nun eine sehr einfache XSUB, die einfach nur die log-Funktion der C-Standardbibliothek aufruft und dann das Ergebnis zurückgibt:

```
double
log(x)
  double x
```

Zuerst erscheint der Rückgabetyp ganz alleine am Anfang einer einzigen Zeile. Danach kommen der Funktionsname und eine Liste von Parameternamen. Die dem Rückgabetyp und dem Funktionsnamen folgenden Zeilen sind zur besseren Lesbarkeit gewöhnlich eingerückt. In diesem Fall haben wir es nur mit einer einzelnen Zeile im XSUB-Rumpf zu tun, die den Typ des Parameters x deklariert.

---

46. Unglücklicherweise würde eine gründliche Beschreibung der Erstellung von XSUBs ein ganzes Buch füllen (und wahrscheinlich wird es das auch irgendwann einmal); hier reicht der Platz nicht aus, um XSUBs in vielen Einzelheiten zu erläutern. Für den Moment müssen Sie sich mit der Perl beiliegenden Dokumentation zu XS zufriedengeben, insbesondere mit den Manualseiten zu perlxs-, perlxstut- und perlguts.

In solch einem einfachen Fall generiert xsubpp Code, der eine Perl-Subroutine namens log() erzeugt, die wiederum die C-Funktion gleichen Namens aufruft. Der generierte Code enthält auch die notwendigen Verbindungen, um das Perl-Argument in einen C double-Wert zu konvertieren und das Ergebnis zurückzukonvertieren. (Wenn Sie wissen wollen, wie dies geschieht, schauen Sie sich den durch xsubpp generierten C-Code an – er ist eigentlich ziemlich gut lesbar.)

Hier nun ein etwas komplexeres Beispiel, das die Funktion realpath() von Unix aufruft (die findet sich nicht auf allen Systemen):

```
char *
realpath(filename)
  char *filename
  PREINIT:
    char realname[1024]; /* oder benutze MAXPATHLEN */
  CODE:
    RETVAL = realpath(filename, realname);
  OUTPUT:
    RETVAL
```

Dies erzeugt eine Perl-Funktion, die ein Zeichenkettenargument annimmt und einen Rückgabewert vom Typ Zeichenkette besitzt. Die XS-Verbindung übernimmt die Konvertierung von Perl-Zeichenketten in den char *-Typ von C und zurück:

```
$realname = realpath($filename);
```

Der Abschnitt CODE enthält den Anteil des Codes, der verwendet wird, um das Ergebnis der Subroutine zu berechnen. Der Abschnitt PREINIT enthält die Deklarationen von Variablen, die im Abschnitt CODE verwendet werden; sie sollten hier stehen, anstatt im Abschnitt CODE. RETVAL ist eine »magische« Variable, die von xsubpp bereitgestellt und zur Speicherung des Rückgabewerts verwendet wird. Zu guter Letzt listet der Abschnitt OUTPUT Werte auf, die dem Aufrufer zurückgegeben werden. Dies schließt gemeinhin auch RETVAL mit ein. Er kann auch Eingabewerte beinhalten, die wie durch einen Objektaufruf (engl. *call by reference*) modifiziert und zurückgegeben werden.

All diese Beispiele geben einzelne Skalarwerte zurück. Um shuffle zu schreiben, das eine Liste von Skalaren zurückgibt, müssen wir einen Abschnitt PPCODE verwenden und selbst einige Argumente auf den Stack legen und von dort wieder abziehen und Werte zurückgeben. Das ist leichter, als es sich anhört. Um das Ganze in Schwung zu bringen, setzen wir den folgenden Code in Shuffle.xs nach der Zeile MODULE ein:

- **XS-Quelltext zu** `List::Shuffle`

`PROTOTYPES: DISABLE`	*Schalte die Prototypverarbeitung von Perl für die folgenden XSUBs ab.*

`void`
`shuffle(...)`
  `PPCODE:`
  `{`
	Als `void` *deklariert, weil wir die Werte »von Hand« mit* `XPUSHs` *zurückgeben.*

`int i, n;`
    `SV **array;`
    `SV *tmp;`
	SV ist der Skalarwert-Typ.

`array = New(0, array, items, SV *);`	*Belege Speicher.* `New()` *fordert Speicher vom Perl-Mechanismus zur Speicherbelegung an.*

`for (i = 0; i < items; i++) {`
      `array[i] = sv_mortalcopy(ST(i));`
    `}`
	Kopiere die Eingabeargumente.

`n = items;`
    `while (n > 1) {`
      `i = rand() % n;`
      `tmp = array[i];`
      `array[i] = array[--n];`
      `array[n] = tmp;`
    `}`
	Und jetzt fröhlich mischen!

`for (i = 0; i < items; i++) {`
      `XPUSHs(array[i]);`
    `}`
	Lege das Ergebnis (eine Liste) auf den Stack.

`Safefree(array);` `}`	*Gib Speicher frei.* `Safefree()` *gibt Perl den Speicher zurück.*

Die Direktive `PROTOTYPES: DISABLE` schaltet die Prototypverarbeitung von Perl (siehe Artikel 28) für die nachfolgenden XSUBs aus.

Unsere Strategie besteht hier darin, die Eingabeargumente in ein temporäres Array zu kopieren, sie zu mischen und das Ergebnis dann auf den Stack legen. Die Argumente sind skalare Werte, die in Perl intern durch den Typ `SV *` repräsentiert werden.

Anstelle eines `CODE`-Blocks verwenden wir innerhalb dieser `XSUB` einen `PPCODE`-Block. Damit schalten wir die automatische Behandlung der Rückgabewerte auf dem Stack aus. Die Anzahl der übergebenen Argumente steht in der magischen Variable `items`; die Argumente selbst sind in `ST(0)`, `ST(1)` und so weiter enthalten.

Die SV-Zeiger auf dem Stack verweisen auf die tatsächlichen durch die Funktion `shuffle()` bereitgestellten Werte. Das wollen wir nicht. Statt dessen wollen wir Kopien, also benutzen wir die Funktion `sv_mortalcopy()`, um von jedem hereinkommenden Skalar einen Klon mit Referenzzählung zu erzeugen.

Die Skalare werden in ein Array plaziert, das mit Perls interner `New()`-Funktion angelegt wurde, und dann gemischt. Nach dem Mischen legen wir mit der `XPUSHs()`-Funktion jeweils einen Rückgabewert auf den Stack und geben so den für die Speicherung der Arrayzeiger genutzten temporären Speicher frei. Wem das alles zu bruchstückhaft erscheint, was es wahrscheinlich ist, sollte sich die Manualseiten zu `perlguts` und `perlxs` für weitere Details ansehen.

An diesem Punkt können wir `Shuffle.xs` speichern und es aufbauen:

```
% make
```

Während `Shuffle.xs` (hoffentlich) übersetzt wird, sehen wir einige Zeilen Kauderwelsch; gleichzeitig werden einige andere Dateien erzeugt und an ihre jeweiligen Stellen vor der Installation kopiert. War der Aufbau erfolgreich, sollte man ein Testskript erzeugen. Öffnen Sie die Testskriptschablone `test.pl` und fügen die folgenden Zeilen am Ende an:

```
@shuffle = shuffle 1..10;
print "@shuffle\n";
print "ok 2\n";
```

Tippen Sie nun:

```
% make test
```

Nun sollten Sie am Ende der Ausgabe ungefähr das Folgende sehen:

```
ok 1
6 4 1 5 3 7 10 2 8 9
ok 2
```

Voilà! Jetzt muß man nur noch die POD-Dokumentation erstellen (siehe Artikel 46). Das bleibt dem Leser zur Übung vorbehalten.

Nehmen wir dieses Modul und lassen es durch einige Bewertungsprogramme laufen. In diesem Prozeß probieren wir auch das `blib`-Pragma aus (siehe Artikel 43). Erzeugen wir zunächst ein kurzes Testprogramm, das wie immer `tryme` heißt:

```
use Benchmark;
use List::Shuffle;
# Fügen Sie an dieser Stelle shuffle1() und shuffle2() von oben ein
timethese(500, {
    'shuffle'  => 'shuffle 1..1000',
    'shuffle1' => 'shuffle1 1..1000',
    'shuffle2' => 'shuffle2 1..1000',
});
```

Obwohl List::Shuffle nicht installiert ist, können wir es trotzdem mit use benutzen, wenn wir Perl mitteilen, wie es die Kopie in der aufgebauten Bibliothek finden kann. Üblicherweise ruft man das blib-Pragma dazu aus der Kommandozeile auf (wir gehen dabei davon aus, daß tryme im selben Verzeichnis steht wie das blib-Verzeichnis):

```
% perl -Mblib tryme
Using /home/joseph/perl-play/xs/List/Shuffle/blib
Benchmark: timing 500 iterations of shuffle, shuffle1, shuffle2...
   shuffle:  3 secs ( 3.31 usr  0.00 sys =  3.31 cpu)
  shuffle1: 28 secs (28.79 usr  0.00 sys = 28.79 cpu)
  shuffle2: 31 secs (30.68 usr  0.00 sys = 30.68 cpu)
```

Nun, das nenne ich eine Steigerung der Geschwindigkeit. Wie Sie sehen, lief das XSUB-shuffle ungefähr achtmal schneller (zumindest auf meinem Rechner) als die beiden in Perl geschriebenen Versionen. Mit einer besseren Stackbehandlung und einigen anderen Optimierungen könnte es noch ein bißchen schneller gemacht werden. Aber auch das überlassen wir dem interessierten Leser zur Übung.

Artikel 48

Reichen Sie Ihre nützlichen Module beim CPAN ein

Obwohl das CPAN schon viele Module von hoher Qualität für einen großen Bereich an Anwendungen besitzt, müssen noch viele nützliche Module in Perl geschrieben werden.

Wenn Sie in Erwägung ziehen, ein Modul zu erstellen, das von allgemeinem Interesse ist oder Sie schon eins geschrieben haben, sollten Sie sich überlegen, es dem CPAN zur Verfügung zu stellen. Der Prozeß der Modulspende ist sehr einfach – das ist gut, weil wir Programmierer Situationen hassen, in denen der Papierkram mehr Zeit in Anspruch nimmt als die konstruktive Arbeit, die er unterstützt.[47]

Stellen Sie Ihr Modul zur Diskussion

Als möglicher neuer Mitarbeiter am CPAN sollten Sie zuerst Ihr(e) neues/n Modul(e) mit einigen potentiellen Benutzern besprechen. In den meisten Fällen schickt man einen »Diskussionsaufruf« (engl. *request for discussion*) an comp.lang.perl.modules. Darin sollte ein Vorschlag für den Namen des Moduls, seine Schlüsselmerkmale und wenn möglich ein Verweis auf eine Manualseite und/oder eine Beispielimplementation enthalten sein. Nehmen Sie sich nicht alle Reaktionen zu Herzen, Sie sollten sie aber zumindest lesen und darüber nachdenken. Einige Leute sind natürlich nur Miesmacher, während andere sehr interessiert und hilfreich sind – das USENET bietet von allem etwas.

Bevor Sie weitermachen, sollten folgende Fragen beantwortet sein:

▶ Existiert schon eine Anwendung mit diesen Merkmalen?

▶ Ist der für das Modul gewählte Name angemessen? (Dies ist sehr wichtig.)

▶ Ist die Schnittstelle zum Modul angemessen?

▶ Besitze ich die Ressourcen und das technische Wissen, das Modul korrekt zu implementieren?

Wenn Sie weitermachen wollen, besteht der nächste Schritt in der Registrierung bei PAUSE.

---

[47]. Dieser Artikel beruht auf der PAUSE-Dokumentation, die zur Zeit der Drucklegung erhältlich war. Die aktuelle Version findet sich unter modules/04pause.html im CPAN. Konsultieren Sie dieses Dokument, bevor Sie sich registrieren oder zum ersten Mal Module einreichen, da sich die Prozedur geändert haben könnte, seitdem dieses Buch geschrieben wurde.

Registrierung bei PAUSE

Als neuer Entwickler müssen Sie sich bei PAUSE – dem Perl Authors Upload Server – registrieren lassen. Wählen Sie einen Benutzernamen oder eine »Kennung« für sich – meine ist JNH, meine Initialen. Sie können Ihren Vornamen, Ihr Lieblingslogin, Initialen oder was auch immer verwenden, solange das recht kurz ausfällt und noch nicht vergeben ist. Eine Liste der aktuellen Benutzernamen und der entsprechenden Namen der Verfasser finden Sie unter authors/00whois.html Ihres Lieblings-CPAN-Spiegels.

Im nächsten Schritt schicken Sie eine Nachricht an die Mailingliste der Perl-Modulverwalter – zur Zeit modules@perl.org. Die Adressen von Mailinglisten ändern sich ab und zu; konsultieren Sie vorher das aktuelle PAUSE-Dokument im CPAN, um sie zu überprüfen. Diese Nachricht sollte Folgendes enthalten:

- Ihren Namen
- Den von Ihnen gewählten Benutzernamen
- Ihre E-Mail-Adresse und Homepage, sofern Sie eine besitzen
- Eine Beschreibung Ihres Projekts
- Eine Beschreibung jedes Moduls im Modullisten-Format[48]
- Verweise auf die öffentliche Diskussion Ihres Moduls

Bald darauf sollten Sie eine E-Mail erhalten, in der Sie nach einem Paßwort gefragt werden. Darauf sollten Sie mit einem verschlüsselten Paßwort oder einer Nachricht antworten. Unterstützt Ihr System crypt, können Sie dies am kürzesten mit einem Perlskript erledigen. Das PAUSE-Dokument schlägt die folgende Kommandozeile vor (ersetzen Sie mysecret mit dem von Ihnen gewählten Paßwort):

```
perl -MHTTPD::UserAdmin \
   -le 'print HTTPD::UserAdmin->new->encrypt(shift);' mysecret
```

Sie könnten es auch auf diese Art tun:

```
$salt = pack "CC", time % 26 + 65, (time >> 8) % 26 + 65;
$pass = crypt "mysecret", $salt;
print "Verschlüsselt: $pass\n";
```

(Oder wählen Sie zufällig jeweils zwei Buchstaben aus der $salt-Variablen.)

Läuft crypt auf Ihrem System nicht, finden Sie im PAUSE-Dokument weitere Alternativen. Ist Ihr Paßwort erst einmal angekommen und angenommen worden, können Sie Ihr Modul hochladen und sich in der Ruhmeshalle der CPAN-Autoren verewigen.

---

48. Die Modulliste unter modules/00modlist.long.html bietet eine Beschreibung von DSLI und das korrekte Modullisten-Format.

Hochladen und Pflege von Modulen

Die einfachste Möglichkeit, Module für das CPAN hochzuladen, besteht darin, sie über ein sicheres CGI-Skript mit einer direkten Verbindung zu PAUSE einzureichen. Momentan ist das die URL:

```
http://franz.ww.TU-Berlin.DE/perl/user/add_uri
```

Ich hasse es, mich zu wiederholen, aber solche Dinge neigen dazu sich zu ändern; Sie sollten also diese URL im PAUSE-Dokument überprüfen.

Sie können eine Datei auf mehrere Arten einreichen. Sie können sie in einen Speicherbereich des PAUSE-Servers hochladen und sie dann mit dem CGISkript identifizieren. Sie können auch eine URL angeben, unter der sich der Server die Dateien abholen kann. Oder Sie können die Dateien direkt aus Ihrem Browser hochladen.

Am besten reichen Sie ein komprimiertes, mit `tar` gepacktes Modul ein, das von `make tardist` generiert wurde (siehe Artikel 45). Es gibt automatische Skripte, die sich um das Auspacken von README-Dateien und dergleichen und das Einfügen in das CPAN kümmern. Andere CGI-Skripte ermöglichen Ihnen die Änderung Ihrer Autoreninformationen, das Löschen von Dateien und führen dringende Anforderungen zum Spiegeln durch (im allgemeinen, um Notfall-Fehlerkorrekturen vorzunehmen).

PAUSE und das CPAN stellen zwei der besten Beispiele »sozialer Anarchie« dar, die zur Besserung der Menschheit beitragen – oder zumindest ihres Programmierer-Anteils. Die Spende eines nützlichen Moduls an das CPAN stellt eine der besten Möglichkeiten dar, um wiederum Ihren Dank für die Bemühungen hunderter Programmierer zum Ausdruck zu bringen, die Perl und das CPAN zu einer solch bestechend praktischen Einrichtung gemacht haben.

Objektorientierte Programmierung

Was ist objektorientierte Programmierung? Eine ganze Reihe von Büchern hat sich diesem Thema ganz gewidmet und viele andere, wie dieses, behandeln es teilweise.

Obwohl es nicht schwierig ist, recht knapp zu beschreiben, was objektorientierte Programmierung *ist*, glaube ich, daß man objektorientierte Programmierung im wesentlichen durch Erfahrung und Notwendigkeit lernt. Dies ist ein langer, schwieriger und interessanter Prozeß – dementsprechend habe ich in diesem Abschnitt nicht den Platz, um ganz von vorne anzufangen und Sie von null auf hundert zu bringen. Dieser Abschnitt richtet sich hauptsächlich an Leser, die schon Erfahrungen mit anderen objektorientierten Programmiersprachen wie C++ oder Smalltalk haben. Dennoch sollten Sie auch als blutiger Anfänger ein Gefühl für das Ganze bekommen, wenn Sie die Beispiele hier durcharbeiten und nebenbei noch ein wenig herumexperimentieren.

Das Wesentliche der objektorientierten Programmierung ist, daß ein objektorientiertes Programm um typenbehaftete Daten herum strukturiert ist. Objektorientierte Programmiersprachen besitzen Merkmale, die Ihnen die Erzeugung von *Objekten* (Datenstrukturen) einer oder mehrerer *Klassen* (Typen) ermöglicht, und dann die Typen der Objekte automatisch entscheiden zu lassen, welche Funktionen bei der Ausführung eines Programms aufgerufen werden. Solche Funktionen heißen *Methoden*.

In der guten alten Zeit haben Sie vielleicht Code wie diesen geschrieben:

```
$a{'type'} = 'LogMsg';
$a{'data'} = 'Irgendein Text';

# ... irgendwas dazwischen...

if ($a{'type'} eq 'LogMsg') {
  write_to_log($a{'data'});
} elsif ($a{'type'} eq 'ConsoleMsg') {
  write_to_console($a{'data'});
}
```

Das ist nicht objektorientiert, da es eine explizite Logik zur Typüberprüfung und sogenannte »Typenfelder« enthält, die Todfeinde guten objektorientierten Stils sind. Das primäre Unterscheidungsmerkmal objektorientierter Programmiersprachen ist, daß sie es Programmierern ermöglichen, Code wie den obigen auszuschließen und der Programmiersprache die Verantwortung dafür zu überlassen, Funktionen basierend auf Datentypen auszuwählen. In Perl 5 könnte man das obige Beispiel so schreiben:

```
package LogMsg;
sub new { my ($pkg, $data) = @_; bless { data => $data } };
sub Write { my $self = shift; print LOG "$self->{data}\n" };

package ConsoleMsg;
sub new { my ($pkg, $data) = @_; bless { data => $data } };
sub Write { my $self = shift; print "$self->data\n" };

package main;
$a = new LogMsg('Irgendein Text');
$a->Write();
```

Hier haben wir `LogMsg`- und `ConsoleMsg`-Klassen definiert und dann ein Objekt $a der Klasse `LogMsg` erzeugt. Perl aktiviert automatisch die Subroutine `LogMsg::Write`, wenn wir die `Write`-Methode für ein Objekt der Klasse `LogMsg` aufrufen.

Die Vorteile dieses Programmierstils sind jedem unmittelbar klar, der jemals ein Programm, das lange Codepassagen ähnlich dem ersten Beispiel enthält, geschrieben oder gepflegt hat. Die Verbesserung betrifft hauptsächlich die Struktur. Möchte man ein anderes Objekt hinzufügen (z. B. eine `FlashingLightMsg`), muß man nur den Quelltext dazusetzen, der das Objekt und sein Verhalten definiert. Im nicht-objektorientierten Programmierstil müssen Sie Ihren Quelltext nach all jenen Stellen durchsuchen, an denen Sie den Typ Ihrer Daten testen und dann den Quelltext entsprechend ändern.

Die Nachteile sind offensichtlich – der Quelltext ist länger und verwendet Konventionen, die Anfänger verwirren. Diese Probleme sind nicht trivial. Objektorientierte Programmierung ist nicht für jedes Problem die beste Lösung.

Der Begriff »objektorientiert« umfaßt mittlerweile nicht mehr nur die einfachen Merkmale der Objekte, Klassen und Methoden. Man hört z. B. von Konstruktoren, Destruktoren, Vererbung, Mehrfachvererbung, Polymorphismus, Überladen und natürlich von einigen C++-ismen wie Templates und innerhalb einer Klassendefinition definierten Attributfunktionen (engl. *inlining*). Haben Sie noch keine Erfahrung mit objektorientierter Programmierung, kann das verwirrend wirken, besonders wenn Sie prompt eine ganze Breitseite abkriegen. Merken Sie sich bei Ihren Bemühungen, objektorientierte Programmierung zu erlernen, zuallererst Objekte, Klassen und Methoden – das sind die Kernbegriffe objektorientierter Programmierung.

Artikel 49

Prüfen Sie die Verwendung der objektorientierten Programmierung in Perl

Perl enthält alle Merkmale, die man zur Unterstützung objektorientierter Programmierung benötigt, einschließlich der folgenden:

- **Klassen** – In Perl sind Pakete Klassen.

- **Objekte** – In Perl sind Objekte gewöhnliche Datentypen wie Hashes und Arrays, die mit einem Paket »gesegnet« (engl. *blessed*) wurden.

- **Methoden** – Methoden sind in Perl gewöhnliche Subroutinen, die mittels einer besonderen Syntax zum Methodenaufruf aufgerufen werden.

- **Konstruktoren** – Dies sind Subroutinen, die eine Referenz auf ein neu erzeugtes und initialisiertes Objekt zurückgeben.

- **Destruktoren** – Dies sind Subroutinen, die aufgerufen werden, wenn ein Objekt den Gültigkeitsbereich verläßt oder nicht mehr von einem anderen Objekt referenziert wird.

- **Vererbung** – Perl unterstützt Klassenvererbung sowohl einzelner Klassen als auch Mehrfachvererbung. Perl unterstützt allerdings keine Vererbung von Daten, aber das ist keine schwerwiegende Beschränkung (siehe Artikel 51).

- **Überladen** – Methoden können in Perl auf sehr einfache Weise überladen werden, und ein `overload`-Pragmamodul ermöglicht das Überladen von Operatoren, ähnlich wie in C++.

Darüber hinaus ist es möglich, quasi-objektorientierte Merkmale – wie Templates – in Perl selbst entsprechend nachzubauen.

Ein Beispiel für Objektorientierung

Die einfachste Möglichkeit, sich objektorientierter Programmierung in Perl zu nähern, besteht darin, sich ein Beispiel dazu anzuschauen. Hier nun eine minimalistische Perl-Klasse namens `Timer`:

- **Schreiben einer einfachen Klasse in Perl**

Diese Klasse implementiert ein `Timer`-Objekt, das die Zahl der Sekunden seit seiner Erzeugung meldet.

Setze als erstes das Defaultpaket auf `Timer`:

package Timer;

Dann kommt der Konstruktor für `Timer`-Objekte.

- **Schreiben einer einfachen Klasse in Perl (Forts.)**

`sub new {`	*new wird per Konvention kleingeschrieben.*
`  my $pkg = shift;`	*Erstes Argument ist der Name des Pakets.*
`  bless { created => time }, $pkg;`	*Gib die gesegnete Hashreferenz mit der aktuellen Zeit zurück.*
`}`	

Nun eine Methode, welche die seit der Erzeugung vergangene Zeit zurückgibt:

`sub Elapsed {`	
`  my $self = shift;`	*Das erste Argument ist das Objekt (siehe unten).*
`  return time - $self->{created};`	*Gib die Differenz zwischen »jetzt« und »damals« zurück.*
`}`	

Ein Beispiel, wie die `Timer`-Klasse verwendet werden könnte:

- **Benutzung einer Klasse in Perl**

`package main;`	
`$timer = new Timer;`	*Erzeuge ein `Timer`-Objekt.*
`sleep 5;`	*Lasse einige Zeit verstreichen.*
`print "Vergangen: ", $timer->Elapsed(), "\n";`	*Verwende die `Elapsed`-Methode, um zu sehen, wie lange es gedauert hat.*

Obwohl dies ein sehr kurzes Beispiel ist, behandelt es alle wichtigen Aspekte objektorientierter Programmierung in Perl (außer der in Artikel 50 erläuterten Vererbung). Behalten Sie dieses Beispiel im Hinterkopf, da ich mich gleich in eine ziemlich ausführliche Besprechung stürzen werde.

Eine Klasse in Perl ist ein Paket (siehe Artikel 42). Das Konzept einer Klasse gleicht insofern dem anderer objektorientierter Sprachen, als ein separater Namensraum eine der wichtigsten Einrichtungen einer Klasse darstellt.

Ein Perl-Objekt sind Daten, die mit einem Paket »gesegnet« (engl. *blessed*) wurden. Der `bless`-Operator fordert eine Referenz (für gewöhnlich, aber nicht notwendigerweise, eine Hashreferenz) und einen Paketnamen als Argumente. Der Paketname ist optional – fehlt er, wird das aktuelle Paket verwendet. Sind Daten gesegnet, »wissen« sie, zu welchem Paket sie gehören. In PEGS werden gesegnete Daten als Rechtecke mit abgerundeten Kanten, die den Paketnamen enthalten, dargestellt:

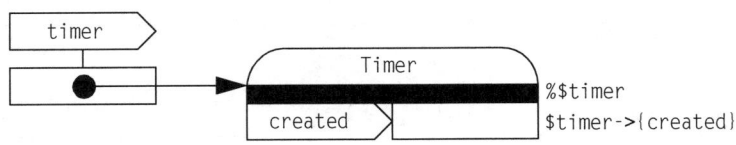

Der ref-Operator (siehe Artikel 30) gibt bei Anwendung auf eine gesegnete Referenz anstatt des Datentyps den Paketnamen zurück:[49]

■ **Der ref-Operator gibt den Paketnamen eines gesegneten Objekts zurück.**

Fortsetzung von oben:
```
print "Der Zeitmesser ist ein: ", ref $timer, "\n";    $timer ist ein Timer.
```

Das kann eine nützliche Information sein, sollte aber nicht zu oft verwendet werden, weil es ein Hauptziel der objektorientierten Programmierung ist, die explizite Typüberprüfung eines Objekts zu *vermeiden*.

Es ist wichtig zu erkennen, daß obwohl der bless-Operator eine Referenz als Argument braucht, er die Referenz nicht segnet. Er segnet *die Daten, auf die die Referenz zeigt*:

■ **Der bless-Operator segnet Daten, keine Referenzen.**

Fortsetzung von oben:
```
my $timer2 = $timer;                                    Mache eine Kopie von $timer.
print "Der Zeitmesser2 ist ein: ", ref $timer2, "\n";   $timer2 ist immer noch ein
                                                        Timer.
```

In PEGS sieht das so aus:

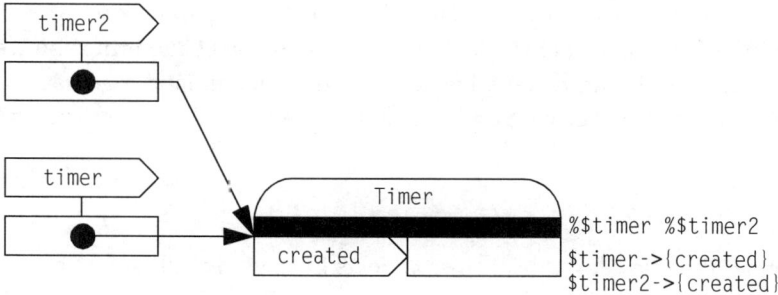

Kehren wir zum Beispiel zurück: Die erste von uns definierte Subroutine ist ein Konstruktor. Ein Konstruktor ist eine Subroutine, die ein neues Objekt erzeugt und initialisiert. Im allgemeinen geben Perl-Konstruktoren Referenzen auf anonyme Hashes zurück. Dies ist eine Konvention, und dazu noch eine nützliche, denn Hashes stellen eine natürliche Möglichkeit zur Realisierung von »Structs« oder »Records« in Perl dar (siehe Artikel 33).

---

49. Für den schlagwortkompatiblen Benutzer ist dies eine RTTI (*run-time type identification*, dt. Typidentifizierung zur Laufzeit).

Eine weitere Konvention besteht darin, daß Konstruktoren für gewöhnlich mit new bezeichnet werden. Anders als einige andere objektorientierte Sprachen besitzt Perl keinen besonderen Operator zur Objekterzeugung oder Speicherbelegung. Ein Konstruktor könnte völlig anders benannt werden, z. B. gimme_a_new, und würde trotzdem noch auf dieselbe Weise funktionieren. Durch die Benennung eines Konstruktors als new sieht objektorientiertes Perl für jene Programmierer vertrauter aus, die schon mit anderen objektorientierten Sprachen gearbeitet haben.

Konstruktoren sind Methoden. Sie werden sich aus der obigen Diskussion von objektorientiertem Perl erinnern, daß Methoden gewöhnliche Subroutinen sind, die mit einer besonderen Syntax zum Methodenaufruf aktiviert werden. Die Zeile

```
$timer = new Timer;
```

ist ein Beispiel für eine Syntax zum Methodenaufruf »indirekter Objekte«. Perl interpretiert einen Namen einer Subroutine, dem unmittelbar ein Paketname folgt, auf eine besondere Art – als Aufruf einer Subroutine in diesem Paket, mit dem Paketnamen als erstem Argument. Also ist die obige Zeile äquivalent zu:

```
$timer = Timer::new('Timer');
```

Durch Paketnamen aufgerufene Methoden werden als »statische«, »Klassen-« oder »Paketmethoden« bezeichnet, je nach der von Ihnen bevorzugten Nomenklatur.

Die zweite Subroutine Elapsed ist auch eine Methode. Im Gegensatz zum Konstruktor wurde sie entworfen, um über ein Objekt anstatt über ein Paket aufgerufen zu werden. Obwohl man die Syntax indirekter Objekte verwenden kann, ist die gebräuchlichere Technik ein Aufruf unter Verwendung der anderen Art der Methodenaufrufsyntax, dem »Pfeil«:

```
$elapsed = $timer->Elapsed();
```

Hier verwendet Perl die Klasse des $timer-Objekts links vom Pfeil, um zu bestimmen, in welchem Paket es nach der Subroutine Elapsed suchen muß.[50] Weil $timer mit dem Paket Timer gesegnet wurde, ruft Perl die Subroutine Timer::Elapsed auf. Perl verwendet auch automatisch den Wert links vom Pfeil als erstes Argument für die Subroutine, d. h.:

```
$elapsed = Timer::Elapsed($timer);
```

---

50. Perl akzeptiert eine überraschend große Menge unterschiedlicher Dinge sowohl auf der linken (und sogar auf der rechten) Seite des Pfeils zum Methodenaufruf als auch an der Stelle für indirekte Objekte. Dieses Verhalten ist zur Zeit nicht überall richtig dokumentiert, aber experimentieren Sie ruhig mit Konstrukten wie 'Foo'->Bar(), um das Gefühl für dieses Mehr an »Intelligenz« zu bekommen.

Methoden, die durch einen Objektnamen anstatt eines Paketnamens aufgerufen werden, bezeichnet man als Objekt- oder dynamische Methoden.

Schauen wir uns schließlich die Elapsed-Methode selbst ein wenig genauer an. Die meisten objektorientierten Sprachen besitzen eine automatisch erzeugte Variable mit der Bezeichnung this oder self, die Sie innerhalb von Methoden verwenden können. Diese self-Variable enthält einen Zeiger auf das Objekt, das für den Methodenaufruf verwendet wurde. Perl erzeugt keine $self-Variable automatisch für Sie. Dennoch stellt Perl, wie Sie schon unserer Erläuterung von new und Elapsed entnehmen konnten, einen Objekt- oder Paketnamen als erstes Argument für eine Methode bereit. Im Fall einer Objektmethode wie Elapsed ist es üblich, diesen Wert aus der Argumentenliste zu schieben (engl. *shift*) und ihn $self zu nennen. Genau dies passiert hinter den Kulissen anderer objektorientierter Sprachen. Im Fall der Elapsed-Methode ist $self eine Referenz auf ein Timer-Objekt. Dieses Objekt ist ein anonymer Hash, der vom Timer-Konstruktor erzeugt wird; dementsprechend ist $self eine Referenz auf einen Hash (siehe Artikel 30).

Destruktoren

Ist die letzte Referenz auf ein Objekt aufgelöst oder verläßt das Objekt den Gültigkeitsbereich, wird das Objekt gelöscht und sein Speicherplatz wird für die weitere Verwendung von Perl zurückgefordert. Für gewöhnliche, nicht gesegnete Daten war es das. Gesegnete Objekte können allerdings mit ein wenig mehr Brimborium von dannen gehen. Enthält ein Paket eine Subroutine namens DESTROY, wird diese als *Destruktor* bezeichnete Subroutine aufgerufen, kurz bevor das gesegnete Objekt, das zu dem Paket gehört, gelöscht wird:

```
package Foo;                         Klasse Foo ...
sub new {                            Definiere einen Konstruktor.
  my $pkg = shift;
  bless { name => shift }, $pkg
}
sub DESTROY {                        Definiere einen Destruktor.
  my $self = shift;
  print "nuke '$self->{name}'\n";
}
package main;
$a = new Foo('Bar');
{
  my $b = new Foo('Bletch');
}                                    nuke 'Bletch' (außerhalb des Gültigkeitsbereichs)
                                     nuke 'Bar' (keine weiteren Referenzen)
$a = new Foo('Baz');                 nuke 'Baz' (beim Beenden)
```

Das Löschen (engl. *destruction*) erfolgt, wenn ein Objekt nicht mehr referenziert wird – entweder weil die letzte Referenz auf dieses Objekt überschrieben wurde (wie es im obigen Beispiel mit der zweiten Anweisung an `$a` der Fall ist) oder die letzte Referenz auf dieses Objekt den Gültigkeitsbereich verlassen hat (wie es im Fall von `$b` ist). Objekte, die zu Programmende immer noch existieren, werden in einem letzten Durchgang der Mark-Sweep-Speicherbereinigung (engl. *garbage collection*) gelöscht, wie es mit dem letzten Inhalt von `$a` der Fall ist. (In Artikel 34 erfahren Sie mehr über die Belegung und Bereinigung von Speicher.)

Destruktoren sind nützlich, um sicherzustellen, daß gemeinsam benutzbare Ressourcen wie Semaphore, Sperren und Dateien korrekt freigegeben werden, wenn das Leben eines Objekts, das sie verwendet, vorüber ist. Ein Beispiel:

■ Benutzen Sie Destruktoren zum Aufräumen

Hier wird gezeigt, wie Sie einen Destruktor verwenden, um sicherzustellen, daß eine temporäre Ressource, in diesem Fall eine Datei, zum Programmende freigegeben wird.

`use FileHandle;`	*Verwende das objektorientierte Dateipaket* `FileHandle`.
`package TmpFile;`	
`sub new {`	*Erzeuge ein* `TmpFile`.
`my $pkg = shift;`	
`$uniq++;`	
`my $prog = (split m!/!, $0)[-1];`	*Hole einen Programmnamen aus* `$0`.
`my $name = "/tmp/$prog.$$.$uniq";`	*Erzeuge einen eindeutigen Dateinamen.*
`my $fh = new FileHandle $name, "w+";`	*Öffne die Datei.*
`die $! unless $fh;`	
`bless { name => $name, fh => $fh }`	
`}`	*Speichere den Namen und* `FileHandle`.
`sub DESTROY {`	*Lösche ein* `TmpFile`.
`my $self = shift;`	
`close $self->{fh} or die $!;`	*Schließe die Datei.*
`unlink $self->{name} or die $!;`	*Lösche die Datei.*
`}`	
`sub FH {`	*Eine Methode, um die* `FileHandle` *eines* `TmpFile` *zurückzugeben.*
`my $self = shift;`	
`$self->{fh};`	
`}`	

■ Benutzen Sie Destruktoren zum Aufräumen (Forts.)

```
package main;

$temp = new TmpFile;                    Erzeuge ein TmpFile.
$fh = $temp->FH;
print $fh "temp data\n";                Schreibe einige Daten dort hinein und lies sie wieder
$fh->seek(0, 0);                        aus. Die Datei wird zum Programmende gelöscht.
print $fh->getline();
```

Artikel 50

Vererbung von Methoden in Perl

Vererbung wird, wie viele andere Dinge in Perl, auf ihre knappsten Grundlagen beschränkt. Perl unterstützt nur die Vererbung von Methoden auf direktem Wege. Es stellt keinen eingebauten Mechanismus für die Vererbung von Daten zur Verfügung – siehe Artikel 51.

Vererbung von Methoden

Um Klasse B aus Klasse A abzuleiten, fügt man der @ISA-Variablen der Klasse B den Namen 'A' hinzu. Zum Beispiel:

```
package B;

@ISA = qw(A);
```

Für jede Klasse definiert die Paketvariable @ISA eine Liste von Oberklassen, die vererbte Methoden bereitstellen. Vererbte Methoden werden aufgerufen, wenn Perl eine Methode nicht an der ersten Stelle finden kann, an der es nachschaut. Denken Sie daran, daß Methodenaufrufe wie der folgende:

```
$foo = Method Class('arg1', 'arg2');
```

nach

```
$foo = Class::Method('Class', 'arg1', 'arg2');
```

übersetzt werden.

Was passiert, wenn es keine Class::Method gibt? Wenn @ISA leer ist, führt das zu einem fatalen Laufzeitfehler. Enthält @ISA allerdings einen oder mehrere Klassennamen, dann sucht Perl auch in diesen Klassen nach einer Subroutine namens Method und, falls nötig, in den Oberklassen dieser Klassen und so weiter, was erst zu einem fatalen Fehler führt, nachdem es den Vererbungsbaum vollständig durchsucht hat.

Schauen wir uns an, wie das tatsächlich funktioniert. Hier haben wir eine Klassenhierarchie:

```
package A;
sub new { bless {}, shift };
sub A_Method {
  print "A_Methode\n";
}
```
Definiere eine oberste Klasse A und einen minimalen Allzweck-Konstruktor.

```
package B;                              Definiere eine Klasse B, die sich aus A ableitet.
@ISA = qw(A);
sub B_Method {
  print "B_Methode\n";
}
sub Method {
  print "Methode (in B)\n";
}
package C;                              Definiere eine Klasse C, die sich aus B ableitet. Sie lei-
@ISA = qw(B);                           tet sich auch indirekt aus A ab.
sub C_Method {
  print "C_Methode\n";
}
sub Method {
  print "Methode (in C)\n";
}
```

Und hier einige Beispiele zur Benutzung der Klassen A, B und C:

```
package main;                           Alle unsere Beispiele sind in main.
$a = new A;                             Erzeuge ein neues Objekt der Klasse A.
$b = new B;                             B hat keine new-Methode, daher ruft dies
                                        A::new('B') auf und erzeugt ein neues Objekt, das
                                        mit der Klasse B gesegnet wird.
$c = new C;                             Sucht nach new in B, dann in A, ruft A::new('C')
                                        auf und erzeugt ein neues Objekt, das mit der Klasse C
                                        gesegnet wird.
$c->C_Method();                         Gibt C_Methode aus.
$c->Method();                           Gibt Methode (in C) aus.
$c->B_Method();                         Gibt B_Methode aus.
$c->A_Method();                         Gibt A_Methode aus.
$b->Method();                           Gibt Methode (in B) aus.
$a->Method();                           Fataler Laufzeitfehler.
```

Vererbung gehört in Perl zu den Laufzeitmechanismen. Man kann @ISA zur Laufzeit modifizieren und dadurch die Vererbungshierarchie eines Programms »mal eben« verändern. In den meisten Fällen ist das aber eine schlechte oder zumindest eine sehr merkwürdige Idee; dennoch könnte es nützlich sein, um eine Art Template oder dynamischen Lademechanismus zu implementieren.

Mehrfachvererbung

Mehrfachvererbung wird in vielen Progammiersprachen als unheimlich angesehen[51], aber in Perl ist es ein einfaches und weitverbreitetes Merkmal. Das Fehlen von Datenvererbung läßt Mehrfachvererbung weniger verwirrend erscheinen.

Um Methoden direkt aus mehr als einer Klasse zu erben, fügt man an @ISA mehr als einen Klassennamen an:

```
package A1;                          Definiere eine oberste Klasse A1.
sub A1_Method {
  print "A1_Methode\n";
}
sub Method {
  print "Methode (in A1)\n";
}
package A2;                          Definiere eine oberste Klasse A2.
sub A2_Method {
  print "A2_Methode\n";
}
sub Method {
  print "Methode (in A2)\n";
}
package B;                           Definiere eine Klasse B, die sich sowohl aus A1 als
@ISA = qw(A1 A2);                    auch aus A2 ableitet.
sub new { bless {} }
```

Perl durchsucht Oberklassen in der Reihenfolge, in der sie in @ISA auftauchen. Dies ist eine Tiefensuche (engl. *depth-first search*), d.h., Perl durchsucht die erste in @ISA aufgeführte Klasse genauso wie ihre Oberklassen, bevor es die zweite Klasse in @ISA sucht.

Hier nun einige Beispiele zur Benutzung der Klassen A1, A2 und B:

```
package main;                        Alle unsere Beispiele sind in main.
$b = new B;                          Erzeugt ein neues Objekt der Klasse B.
$b->A1_Method();                     Gibt A1_Methode aus.
$b->A2_Method();                     Gibt A2_Methode aus.
$b->Method();                        Gibt Methode (in A1) aus – A1 ist die erste in
                                     @B::ISA.
@B::ISA = qw(A2 A1);                 Suche zuerst A2.
$b->Method();                        Gibt nun Methode (in A2) aus.
```

---

51. Ein schwacher Versuch, den Titel von Edsger W. Dijkstras berühmtem Brief «Goto Statement Considered Harmful" vom März 1968 an die *Communications of the ACM* zu paraphrasieren. In Diskussionen über Mehrfachvererbung kommen oft ähnlich ideologische Argumente auf.

```
A1::Method('A1');
```
Rufe A1::Method *explizit auf – Man beachte, daß das Klassennamenargument den Konventionen des Methodenaufrufs entsprechen muß.*

Möchte man nicht die gesamte Vererbungshierarchie nach einer Methode absuchen, kann man den Methodennamen mit dem Namen des Pakets näher bezeichnen, in dem die Suche beginnen soll:

Fortsetzung von oben:
```
$b->A1::Method();
```
Durchsuche A1 *und ihre Oberklassen (wenn es diese gibt).*
Gib Methode (in A1) *aus.*
```
$b->A2::Method();
```
Gib Methode (in A2) *aus.*

Man kann den besonderen Pseudo-Paketnamen SUPER:: verwenden, um sich auf die @ISA-Liste des *aktuellen Pakets* zu beziehen:

Fortsetzung von oben:
```
package B;
```
SUPER:: *bezieht sich auf das aktuelle Paket, nicht auf die Klasse des Objekts links vom Pfeil.*

```
$b->SUPER::Method();
```
Durchsuche @B::ISA *nach* Method *und lasse* B *selbst dabei aus.*

Am häufigsten trifft man Mehrfachvererbung bei der Erzeugung von Modulen an (siehe Artikel 45). Das oberste Paket für die meisten Perl-Module ist im allgemeinen eine Unterklasse von Exporter und oft auch eine Unterklasse von AutoLoader oder SelfLoader.

Weiterführendes zur Mehrfachvererbung – AUTOLOAD und UNIVERSAL

Nachdem es @ISA nach Methoden durchsucht hat, versucht es Perl noch an zwei anderen besonderen Stellen: einer AUTOLOAD-Subroutine im Suchpfad und der UNIVERSAL-Klasse.

Perl ruft die AUTOLOAD-Subroutine (sofern es eine gibt) eines Pakets immer dann auf, wenn versucht wird, eine nichtexistente Subroutine in diesem Paket aufzurufen. Perl sucht auch in allen Paketen der Klassenhierarchie nach einer AUTOLOAD-Subroutine, wenn das ursprüngliche Paket der Subroutine eine oder mehrere Oberklassen in @ISA aufführt und wenn die Subroutine unter Verwendung der Syntax zum Methodenaufruf aktiviert wurde.[52]

Eine AUTOLOAD-Subroutine ist leicht zu erstellen. Die Variable $AUTOLOAD enthält den vollständig qualifizierten Namen der aufgerufenen Subroutine, und die Argumente der Subroutine sind die des ursprünglichen Subroutinenaufrufs:

```perl
package A;
sub new { bless {}, shift }
sub AUTOLOAD {
  print "auto $AUTOLOAD\n";
  print "@_\n";
}
package B;
@ISA = qw(A);
package main;
$b = new B;
$b->foo('bar', 'baz');
```

Definiere eine Oberklasse A mit einer AUTOLOAD-Subroutine.

Definiere eine leere Klasse B, die von A erbt.

Ausgabe:
```
auto B::foo
B=HASH(0x116098) bar baz
```

Wenn Sie diesen Code ausprobieren, werden Sie etwas Interessantes feststellen. Zusätzlich zum automatischen Laden von B::foo, lädt dieses Beispiel auch automatisch B::DESTROY! Das mag zuerst überraschend erscheinen, vergessen Sie aber nicht, daß gesegnete Objekte wie $b automatisch gelöscht werden, wenn sie den Gültigkeitsbereich verlassen oder das Programm beendet wird. Wenn Perl versucht, den Destruktor für $b aufzurufen, verwendet es denselben Suchpfad wie für jede andere Methode und lädt somit automatisch den Destruktor.

Wenn Perl schließlich seine Suche nach einer fehlenden Methode oder Subroutine durch AUTOLOAD abschließen kann, überprüft es »den letzten Strohhalm« – das UNIVERSAL-Paket. Man sollte sogar UNIVERSAL mit AUTOLOAD kombinieren, um eine *wirklich* universelle Subroutine zu erstellen:

```perl
package UNIVERSAL;
sub AUTOLOAD {
  print "auto $AUTOLOAD\n";
}
```

Jede Subroutine oder jeder Methodenaufruf, der nicht aufgelöst werden kann, wird hier enden.

---

52. In früheren Versionen von Perl 5 wurde der Vererbungsbaum nach AUTOLOAD-Subroutinen durchsucht, *egal ob* eine nichtexistente Subroutine unter Verwendung der Syntax zum Methodenaufruf aktiviert wurde *oder nicht*. Als dies den Perl-Verantwortlichen bekannt wurde, erklärte man dieses Verhalten zu einem Fehler. In einer zukünftigen Version soll dies geändert werden, so daß der Vererbungsbaum nur im Falle von Methodenaufrufen und nicht bei gewöhnlichen Subroutinenaufrufen nach AUTOLOAD-Subroutinen durchsucht wird.

Vermeiden Sie den Aufruf von Methoden als Subroutinen

Die Syntax zum Methodenaufruf stellt nicht *nur* eine schicke Möglichkeit dar, um auf eine Subroutine in einem anderen Paket zu verweisen. Methodenaufrufe unterstützen Vererbung, was bedeutet, daß Oberklassen durchsucht werden, wenn eine nichtexistente Methode aufgerufen wird. Das gleiche Verhalten erzielen Sie nicht mit einem gewöhnlichen Subroutinenaufruf:

`@Student::ISA = qw(Person);`	
`$aStudent->drive($aCar);`	*Hier haben wir einen Methodenaufruf.*
`Student::drive($aStudent, $aCar);`	*Ein äquivalenter Aufruf, wenn* `drive` *in* `Student` *ist.*
`Person::drive($aStudent, $aCar);`	*Aber dies ist das Äquivalent, wenn* `drive` *nicht in* `Student`, *aber seiner Oberklasse* `Person` *gefunden wird.*

Wenn Sie die Subroutine `Student::drive` direkt aufrufen und diese nicht existiert, erhalten Sie einen Fehler. Der Methodenaufruf hätte sowohl `Student` als auch `Person` durchsucht, und es in `Person` gefunden. Insbesondere sollten Sie keine Methode direkt aufrufen ohne den initialen Klassen- oder Instanzparameter zu übergeben, da dies die Methode sehr wahrscheinlich verwirren würde.

Artikel 51

Vererben Sie Daten explizit

Wie schon erwähnt, besitzt Perl keine eingebauten Möglichkeiten zur Datenvererbung. Im großen und ganzen ist das überhaupt kein Problem. Bedenken Sie Folgendes:

- Perl-Objekte besitzen keine vorher deklarierten Attribute oder Größen. Üblicherweise werden Perl-Objekte unter Verwendung von Referenzen auf anonyme Hashes repräsentiert. Die Attribute eines Objekts sind Schlüssel-Wert-Paare in einem Hash. Ein Attribut muß nicht deklariert werden, und dementsprechend muß eine Unterklasse keine Deklarationen aus ihrer Oberklasse erben.

- Perl-Konstruktoren sind vererbbar und können sehr »dünn« und allgemein gehalten sein. Ein einzelner Konstruktor einer Oberklasse kann die Bedürfnisse einer ganzen Familie abgeleiteter Klassen befriedigen. (Schauen Sie sich den »generischen, vererbbaren« Konstruktor direkt im Anschluß an.)

Schauen wir uns eine einfache Klassenhierarchie an:

```
package Person;
sub new {                          Der grundlegende generische, vererbbare Konstruktor.
  my $pkg = shift;
  bless { @_ }, $pkg;
}
package Student;                   Eine Unterklasse von Person, die Persons Konstruk-
@ISA = qw(Person);                 tor erbt.
$joseph = new Person(              Erzeuge ein neues Person.
  first => 'Joseph',
  last => 'Hall'
);
$merlyn = new Student(             Erzeuge ein neues Student, das von Person::new
  first => 'Randal',               erbt.
  last => 'Schwartz',
  id => 7777
);
```

Durch die Funktionsweise von Perl besteht in vielen Fällen gar kein Bedarf an jeglicher Art von Datenvererbung. Objekte besitzen die ihnen zugewiesenen Attribute. Ihre Klasse ist irrelevant.

Datenvererbung und komplexe Konstruktoren

Wenn Konstruktoren allerdings komplexer werden, wird vielleicht eine Form der Datenvererbung notwendig. Das Hinzufügen von Defaultwerten für einige Attribute durch Konstruktoren von Unterklassen stellt dafür ein gutes Beispiel dar. Betrachten wir eine Klassenhierarchie von Objekten, die Formen in einem Graphikfenster repräsentieren – Kreise, Rechtecke, Polygone, Text und so weiter. Im allgemeinen leitet sich solch eine Hierarchie aus einer einzigen Oberklasse ab – nennen wir sie Graphic. Angenommen, der Graphic-Konstruktor setzt einige Defaultwerte für die Linienbreite und die Farbe:

- **Die Klasse** Graphic

```
package Graphic;

sub new {                        Ein generischer Konstruktor für
  my $pkg = shift;               Graphic-Objekte.
  bless {
    pen => 1,                    Stelle einige Defaultwerte für
    color => 'schwarz',          Attribute bereit, falls diese nicht in @_ geliefert
    @_                           werden.
  }, $pkg;
}
```

Nehmen wir nun an, daß wir eine Klasse Text aus Graphic ableiten wollen. Unser Konstruktor für Text wird auch einige Defaultwerte setzen müssen, aber diese werden sich ausschließlich auf Text-Objekte beziehen. Wir werden einen Konstruktor für Text-Objekte so erstellen müssen, daß er den Graphic-Konstruktor aufruft. Dennoch müssen wir auch aufpassen, daß wir ihn so schreiben, daß das erzeugte Objekt die Defaultwerte von Text erhält. Letztendlich muß es auch mit der Klasse Text gesegnet werden:

- **Die Klasse** Text

Dieses Beispiel definiert einen Konstruktor für Text, *eine Unterklasse von* Graphic. *Der Konstruktor würde so aufgerufen:*

```
$text = new Text (color => 'blau', font => 'courier');
```

```
package Text;

@ISA = qw(Graphic);              Unterklasse von Graphic.
```

- **Die Klasse** Text (Forts.)

```
sub new {
  my $pkg = shift;
  SUPER::new $pkg (
    font => 'times',
    size => 12,
    @_ );
}
```
Rufe den Konstruktor der Oberklasse auf und übergib ihm unsere eigenen Defaultwerte.

Der verzwickte Teil dieses Beispiels ist die Art, in der der Graphic-Konstruktor aufgerufen wird. SUPER::new $pkg () ruft den ererbten Konstruktor auf (Artikel 50 enthält weitere Informationen über SUPER), übergibt aber als Klassenargument des Konstruktors 'Text', nicht 'Graphic'. Sie mögen versucht sein, einen etwas einfacheren Text-Konstruktor zu erstellen, um das schicke Schlüsselwort SUPER zu vermeiden:

▼ **Die Klasse** Text **– auf die falsche Art**

```
package Text;

@ISA = qw(Graphic);
sub new {
  my $pkg = shift;
  new Graphic (
    font => 'times',
    size => 12,
    @_ );
}
```
Rufe den Graphic-Konstruktor auf – aber aus welcher Klasse ist das Objekt?

Dies funktioniert korrekt, da es den Konstruktor der Oberklasse aufruft, aber leider erzeugt dieser Text-Konstruktor Graphic-Objekte und gibt diese zurück. Sie müssen sie erneut nach Text am Ende des Konstruktors segnen:

```
sub new {
  my $pkg = shift;
  bless new Graphic (
    font => 'times',
    size => 12,
    @_ ), $pkg;
}
```
Rufe den Graphic-Konstruktor auf – aber welche Klasse ist nun $self?

OK, mache es zu einem Text (oder was auch immer).

Das ist in Ordnung, aber Sie sind besser dran, wenn Sie SUPER verwenden. Unter anderem bedeutet die Verwendung von SUPER::new, daß Sie den Konstruktor der Unterklasse nicht modifizieren müssen, wenn sich der Name der Oberklasse ändert.

Artikel 52

Erzeugen Sie unsichtbare Schnittstellen mit gebundenen Variablen

Beenden wir unsere Erläuterung objektorientierter Programmierung mit einem Beispiel. In Perl ist eine *gebundene Variable* (engl. *tied variable*) eine Variable, der durch den `tie`-Operator magische Eigenschaften verliehen wurden. Eine gebundene Variable ist an ein Perl-Objekt gebunden. Alle Operationen, die auf dieser Variablen ausgeführt werden, wie z. B. eine Zuweisung, das Auslesen ihres Wertes (oder ihrer Werte), Iteration über ihre Werte und so weiter, werden in Methodenaufrufe für dieses Objekt übersetzt. Perl unterstützt die Bindung folgender Variablentypen:

- **Skalare** – Gebundene Skalare erlauben die Erzeugung eigener magischer Variablen ähnlich `$!`.

- **Arrays** – Die Implementation für Arrays ist zu diesem Zeitpunkt noch unvollständig, aber dennoch in ihrer derzeitigen Form halbwegs verwendbar.

- **Hashes** – Die Implementation für Hashes ist vollständig und robust, größtenteils weil die ersten gebundenen Variablen Perl 4 DBM-Hashes waren.

- **Dateizugriffskennungen** – Neue Versionen von Perl unterstützen gebundene Dateizugriffskennungen.

Tauchen wir gleich einfach ein, und schauen uns ein Beispiel an. Ich habe versucht, es auf die Schnelle halbwegs gründlich zu erklären, dies soll aber keine vollständige Beschreibung sein, wie man eine gebundene Klasse erstellt. Dazu sollte man die `perltie` Manualseite studieren.

Ein gebundener Hash

Wir werden eine Klasse namens `FileProp` erstellen, die Ihnen den Zugriff auf bestimmte Eigenschaften einer Datei erlaubt, indem Sie auf die Elemente eines Hashes zugreifen. Um das Beispiel einfach zu halten, wollen wir die folgenden Dinge einfach vorgeben:

- `name` (lesen/schreiben) – Name der Datei

- `contents` (lesen/schreiben) – Inhalt der Datei

- `size` (nur lesen) – Größe der Datei

- `mtime` (lesen/schreiben) – Modifikationszeitpunkt der Datei in Unix – in Sekunden seit dem 1.1.1970 (»the epoch«).

- `ctime` (nur lesen) – Änderungszeitpunkt der Datei

Es gibt neun Methoden, die man für einen gebundenen Hash erstellen kann: TIEHASH, FETCH, STORE, DELETE, CLEAR, EXISTS, FIRSTKEY, NEXTKEY und DESTROY. Wenn Sie nicht die gesamte Funktionalität eines Hashes nutzen wollen, müssen Sie nicht alle schreiben (in Artikel 58 sehen Sie ein Beispiel dafür), Sie sollten sich aber auf die ganze Schose stürzen, wenn Sie eine gebundene Hashklasse zur allgemeinen Verwendung erstellen.

Im ersten Schritt erzeugen Sie einen Konstruktor – die TIEHASH-Methode – für die FileProp-Klasse:

- **Prolog und Konstruktor von FileProp**

```#!/usr/local/bin/perl -w```
```package FileProp;```
```use Carp;```
 	
```my %PROPS = (```
``` name => 1, size => 0, mtime => 1,```
``` contents => 1, ctime => 0```
```);```
```my @KEYS = keys %PROPS;```
```sub TIEHASH {```
``` my ($pkg, $name) = @_;```
``` unless (-e $name) {```
```   local *FH;```
```   open FH, ">$name" or```
```   croak "Kann $name nicht erzeugen";```
```   close FH;```
``` }```
``` bless {```
```   NAME => $name, INDEX => 0```
``` }, $pkg;```
```}```
	Aus praktischen Gründen stecken wir alles in eine Datei.
	Das Carp-*Modul fügt die* croak-*Funktion hinzu, die Fehler meldet, wenn unser Paket aufgerufen wurde, anstatt aus dem Paket heraus Fehler zu melden.*
	
	Der PROPS-*Hash enthält Eigenschaftsnamen und ein Kennzeichen, das anzeigt, ob sie auf Lesen/Schreiben gesetzt sind.*
	KEYS *hilft beim Iterieren.*
	
	Die TIEHASH-*Methode erzeugt ein neues «Hintergrundobjekt", das der gebundenen Variable zugrundeliegt.*
	
	Unser Hintergrundobjekt ist ein Hash, der den Dateinamen und einen numerischen Index zu Iteration enthält.

Sie binden Variablen mittels des tie-Operators an die FileProp-Klasse:

```
tie %data, FileProp, "new.data";
```

Dann führt tie einen Klassenmethodenaufruf auf TIEHASH aus:

```
FileProp::TIEHASH "FileProp", "new.data";
```

TIEHASH gibt ein Perl-Objekt (in diesem Fall eine gesegnete Hashreferenz) zurück, die tie magisch an die gebundene Variable (oben %data) bindet. Nun rufen alle Zugriffe auf die Variable %data die FileProp-Methoden auf. Erstellen wir einige dieser Methoden.

Die FETCH-Methode wird aufgerufen, wenn ein Wert aus der gebundenen Variable ermittelt wird:

- **Die Methode** FETCH **von** FileProp

| ```perl
sub FETCH {
  my ($self, $key) = @_;

  my $name = $self->{NAME};
  unless (exists $PROPS{$key}) {
    croak "Keine Eigenschaft $key für $name";
  }
  if ($key eq 'size') {
    -s $name
  } elsif ($key eq 'name' ) {
    $name
  } elsif ($key eq 'mtime') {
    (stat $name)[9]
  } elsif ($key eq 'ctime') {
    (stat $name)[10]
  } elsif ($key eq 'contents') {
    local $/, *FH;
    open FH, $name;
    my $contents = <FH>;
    close FH;
    $contents;
  }
}
``` | *FETCH wird aufgerufen, wenn ein Wert aus dem gebundenen Hash gelesen wird.*<br>*Hole den Dateinamen.*<br>*Haben wir diese Eigenschaft?*<br><br><br><br>*Dateigröße in Bytes.*<br><br>*Dateiname.*<br><br>*Modifikationszeitpunkt in Sekunden seit dem 1.1.1970.*<br>*Änderungszeitpunkt in Sekunden seit dem 1.1.1970.*<br>*Inhalt der Datei. Öffne sie und lies Inhalt ein.* |

Da sich die FETCH-Methode nun an der richtigen Stelle befindet, können Sie

```perl
print "size of data = $data{size}\n";
```

eintippen, und die Größe der Datei "new.data" wird angezeigt. Als nächstes kommt die STORE-Methode dran. Die STORE-Methode wird aufgerufen, wenn einer gebundenen Variable ein Wert zugewiesen wird:

Da nun die STORE-Methode funktioniert, können Sie

```perl
$data{contents} = "Test eins zwei drei\n";
```

eintippen, und der Inhalt der Datei wird mit der Zeichenkette "Test eins zwei drei\n" überschrieben. Vielleicht möchten Sie lieber den Modifikationszeitpunkt auf zwei Minuten vorher ändern:

```perl
$data{mtime} = time - 120;
```
```

- **Die Methode** STORE **von** FileProp

| ```perl
sub STORE {
  my ($self, $key, $value) = @_;

  my $name = $self->{NAME};
  unless ($PROPS{$key} and -w $name) {
    croak "Kann Eigenschaft $key für $name nicht setzen";
  }
  if ($key eq 'name') {
    croak "Datei $key existiert" if -e $key;
    rename $name => $key;
    $self->{NAME} = $key;

  } elsif ($key eq 'mtime') {
    utime((stat $name)[8], $value, $name);
  } elsif ($key eq 'contents') {
    local *FH;
    open FH, ">$name" or die;
    print FH $value;
    close FH;
  }
}
``` | *Wird immer dann aufgerufen, wenn ein Wert in den gebundenen Hash gespeichert wird.*<br><br>*Können wir diese Eigenschaft schreiben (und zwar in diese Datei)?*<br><br><br>*Ändere den Dateinamen.*<br>*Sicherheitsmerkmal.*<br>*Benenne die Datei um.*<br>*Aktualisiere internen Dateinamen.*<br><br>*Ändere Modifikationszeitpunkt.*<br>*Ändere nur mtime.*<br>*Ändere den Inhalt.* |

Von nun an wird es einfacher. Definieren wir die Methoden, die wir zum Iterieren über die Schlüssel und zum Überprüfen verwenden:

- **Die Methoden** EXISTS, FIRSTKEY **und** NEXTKEY **von** FileProp

| ```perl
sub EXISTS {
  my ($self, $key) = @_;
  exists $PROPS{$key};
}
sub FIRSTKEY {
  my $self = shift;
  $self->{INDEX} = 0;
  $KEYS[$self->{INDEX}++];
}
sub NEXTKEY {
  my $self = shift;
  my $key = $KEYS[$self->{INDEX}++];
  $self->{INDEX} = 0 unless defined $key;
  $key;
}
``` | *Wird aufgerufen, wenn* exists *auf einen Schlüssel des gebundenen Hashes angewendet wird.*<br><br>*Von* keys *und* each *aufgerufen, um den ersten Schlüssel des gebundenen Hashes zu erhalten. Wir müssen eine Art Index der Position des jeweiligen Objekts anlegen, daher das* INDEX*-Attribut.*<br><br>*Von* keys *und* each *aufgerufen, um die aufeinanderfolgenden Schlüssel des Hashes zu erhalten.* |

Jetzt können wir herausfinden, welche Eigenschaften von FileProp unterstützt werden:

```
print "properties: ", join(" ", keys %data), "\n";
```

Das liefert Ihnen:

```
name ctime size mtime contents
```

Obwohl es für unsere Anwendung wenig Sinn ergibt, müssen wir zuletzt Methoden für das Löschen und Bereinigen des gebundenen Hashes erstellen. Wir lassen sie einfach Fehler hervorrufen:

- **Die Methoden** DELETE **und** CLEAR **von FileProp**

`sub DELETE {`
`  croak "Kann Eigenschaften nicht löschen"`
`}`
	Wird aufgerufen, wenn delete auf einen Schlüssel des gebundenen Hashes angewendet wird.

`sub CLEAR {`
`  croak "Kann Eigenschaften nicht bereinigen"`
`}`
	Wird aufgerufen, wenn der Hash bereinigt wird, z. B. wenn eine leere Liste zugewiesen wird.

Ein Destruktor (die DESTROY-Methode) ist für dieses Beispiel nicht notwendig.

Führen wir die komplette Klasse vor. Zuerst etwas Treibercode (hängen Sie ihn einfach an das Ende der Datei an):

```
package main;

tie %data, FileProp, "new.data";
$data{contents} = "Demo data";

foreach (sort keys %data) {
  print "$_: $data{$_}\n";
}
```

Wenn dies ausgeführt wird, sollte es ungefähr das Folgende ausgeben:

```
% tryme
contents: Demo data
ctime: 873187477
mtime: 873187477
name: new.data
size: 9
Das war alles!
```

Ein weiteres Beispiel einer gebundenen Variable finden Sie in Artikel 58.

Vermischtes

Artikel 53

Benutzen Sie pack und unpack zur Datenschieberei

Die in Perl eingebauten Operatoren pack und unpack sind zwei der größeren, schärferen Klingen an der »Schweizer Kettensäge«.[53] Vielleicht waren sie ursprünglich als routinemäßige Hilfsmittel zur Übersetzung binärer Daten in und aus Perl-Datentypen wie Zeichenketten und Integer gedacht, aber pack und unpack können auf interessantere und ungewöhnlichere Arten benutzt werden.

Der pack-Operator arbeitet mehr oder weniger wie sprintf. Er hat die Form einer Zeichenkette, gefolgt von einer Liste zu formatierender Werte, und gibt eine Zeichenkette zurück:

pack("CCCC", 80, 101, 114, 108)   "Perl" – *packe 4 vorzeichenlose Zeichen.*

Der unpack-Operator arbeitet umgekehrt:

unpack("CCCC", "Perl")   (80, 101, 114, 108)

Die Format-Zeichenkette ist eine Liste mit ein Zeichen langen Angaben, die den zu packenden oder auszupackenden Datentyp angeben.

---

53. Einer der vielen indirekt schmeichelhaften Namen, die Perl gegeben wurden.

Hier ist eine aktuelle Liste der Angaben:

Format	Beschreibung	Beispiel	Ergebnis
A	ASCII-Zeichenkette, mit Leerzeichen aufgefüllt	pack "A2A3", "Pea", "rl"	"Perl "
a	ASCII-Zeichenkette, mit Nullzeichen aufgefüllt	pack "a2a3", "Pea", "rl"	"Perl\0 "
B	Bitkette, absteigende Ordnung	pack "B8", "00110000"	"0"
b	Bitkette, aufsteigende Ordnung	pack "b8", "00001100"	"0"
H	Hexkette, hohes Halbbyte zuerst	pack "H*", "5065726c"	"Perl"
h	Hexkette, niedriges Halbbyte zuerst	pack "h2h2h2h2", "05", "56", "27", "c6"	"Perl"
C	Vorzeichenloses Zeichen	unpack "C*", "\377\1\2\376"	255, 1, 2, 254
c	Vorzeichenbehaftetes Zeichen	unpack "C*", "\377\1\2\376"	-1, 1, 2, -2
S	16 Bit Integer ohne Vorzeichen	unpack "S2", "\377\1\2\376"	65281, 766†
s	16 Bit Integer mit Vorzeichen	unpack "s2", "\377\1\2\376"	-255, 766†
L	32 Bit Integer ohne Vorzeichen	unpack "L", "\377\1\2\376"	4278256382†
l	32 Bit Integer mit Vorzeichen	unpack "l", "\377\1\2\376"	-16710914†
I	»Nativer« Integer ohne Vorzeichen, mindestens 32 Bit	unpack "I", "\377\1\2\376"	4278256382†
i	»Nativer« Integer mit Vorzeichen, mindestens 32 Bit	unpack "i", "\377\1\2\376"	-16710914†

Tabelle 6: Formatangaben für pack und unpack

Format	Beschreibung	Beispiel	Ergebnis
N	32 Bit Integer in »Netzwerkordnung« (Big Endian)	unpack "N", "\377\1\2\376"	4278256382
n	16 Bit Integer in Netzwerkordnung	unpack "n2", "\377\1\2\376"	65281, 766
V	32 Bit Integer in »VAX-Ordnung« (Little Endian)	unpack "V*", "\377\1\2\376"	4261544447
v	16 Bit Integer in VAX-Ordnung	unpack "v2", "\377\1\2\376"	511, 65026
u	UU-kodierte Zeichenkette	unpack "u*", '$4&5R;```'	"Perl"
w	BER-kodierter Integer (Basic Encoding Rules)	unpack "ww", "\177\377\177"	127, 16383
X	1 Byte sichern	pack "A4XXA2", "Peat", "rl"	"Perl"
x	Null-Byte	unpack "L", pack("Cxxx", 1)	16777216†
@	Mit Null-Bytes bis absolute Position auffüllen	unpack "H*", pack('@3C', 1)	"00000001"

† *Abhängig von der »Endianheit« der Plattform – diese Tabelle wurde auf einer Big Endian-Maschine konstruiert.*

Tabelle 6: *Formatangaben für* pack *und* unpack (Forts.)

Jeder Angabe darf eine Wiederholungsanzahl folgen, die festlegt, wie viele Werte aus der Liste formatiert werden sollen. Für die Zeichenkettenangaben (A, a, B, b, H und h) gibt es besondere Wiederholungsanzahlen – sie geben an, wie viele Bytes/Bits/Halbbytes an die Ausgabezeichenkette anzufügen sind. Ein Stern als Wiederholungsanzahl bedeutet, die dem Stern vorangehende Angabe für alle restlichen Elemente zu benutzen.

Der unpack-Operator kann auch *Prüfsummen* (engl. *checksums*) berechnen. Man stellt der Angabe ein Prozentzeichen und eine Zahl voran, die die gewünschte Bitlänge der Prüfsumme anzeigt. Die ausgepackten Elemente werden dann zusammen in eine Prüfsumme gebracht:

```
unpack "c4", "\1\2\3\4";           1, 2, 3, 4
unpack "%16c4", "\1\2\3\4";        10
unpack "%3c4", "\1\2\3\4";         2
```

Sortieren mit `pack`

Nehmen wir an, wir hätten eine Liste numerischer Internetadressen (als Zeichenketten) zu sortieren, etwa:

```
11.22.33.44
1.3.5.7
23.34.45.56
```

Wir hätten sie gerne in »numerischer« Reihenfolge, d.h. die Liste sollte nach der ersten Zahl numerisch sortiert werden, dann untergeordnet nach der zweiten, dann nach der dritten und schließlich nach der vierten. Versucht man die Liste ASCIIbetisch zu sortieren (siehe Artikel 14), ist das Ergebnis wie üblich in der falschen Reihenfolge. Eine numerische Ordnung funktioniert auch nicht, weil in jeder Zeichenkette nur nach der ersten Zahl sortiert würde. Die Benutzung von `pack` bietet eine ziemlich gute Lösung:

```
@sorted_addr =
  sort { pack('C*', split /\./, $a) cmp
         pack('C*', split /\./, $b) } @addr;
```

Aus Effizienzgründen sollte dies unbedingt als Schwartzsche Transformation umgeschrieben werden (siehe Artikel 14):

```
@sorted_addr =
  map { $_->[0] }
  sort { $a->[1] cmp $b->[1] }
  map { [$_, pack('C*', split /\./)] }
  @addr;
```

Man beachte, daß der im Aufruf von `sort` benutzte Vergleichsoperator `cmp` und nicht `<=>` ist. Die `pack`-Funktion wandelt eine Liste von Zahlen (z. B. 11, 22, 33, 44) in eine 4 Byte lange Zeichenkette (`"\x0b\x16\x21\x2c"`) um. Ein ASCIIbetischer Vergleich dieser Zeichenketten ASCIIbetisch erzeugt die richtige Sortierreihenfolge. Natürlich könnte man auch das `Socket`-Modul benutzen und schreiben:

```
@sorted_addr =
  map { $_->[0] }
  sort { $a->[1] cmp $b->[1] }
  map { [$_, inet_aton($_)] }
  @addr;
```

aber `pack` bietet offensichtlich allgemeinere Fähigkeiten.

Manipulation hexadezimaler Maskierungszeichen

Da pack und unpack Hexadezimalketten verstehen, können sie zur Manipulation von Zeichenketten mit hexadezimalen Maskierungszeichen (engl. *hex escapes*) u. ä. nützlich sein.

Nehmen wir beispielsweise an, wir würden für das World Wide Web programmieren und gerne unsichere Zeichen einer Zeichenkette ohne URI-Maskierung schreiben. Dazu müssen wir jedes Vorkommen eines Maskierungszeichens – ein Prozentzeichen, gefolgt von zwei Hexziffern – durch das entsprechende Zeichen ersetzen. Beispielsweise würde die Dekodierung von "a%5eb" gerade "a^b" ergeben. Man kann dafür eine Perl-Ersetzung als Einzeiler schreiben:

```
$_ = "a%5eb";
s/%([0-9a-fA-F]{2})/pack("c",hex($1))/ge;
```

Dieses besondere Stückchen Code ist in einigen älteren, handgedrehten CGISkripten weit verbreitet. Allerdings sieht es etwas obskur aus, und, wie es mit vielen häufig durchgeführten Aufgaben in Perl ist, gibt es ein speziell für diese Aufgabe entworfenes Modul:

```
use URI::Escape;
$_ = uri_unescape "a%5eb";
```

UU-Kodierung/-Dekodierung

Haben Sie jemals versucht, ein Programm zur UU-Dekodierung einer Datei zu schreiben? In Perl ist es einfach, dank der in pack und unpack eingebauten Unterstützung zur UU-Kodierung/Dekodierung (uuencode/uudecode):

■ Ein Programm zur UU-Dekodierung

```
while (<>) {
  last if ($mode, $filename) =
    /^begin\s+(\d+)\s+(\S+)/i;
}
```
Überspringe alles bis zum Start der UU-kodierten Daten.

```
if ($mode) {
  open F, ">$filename" or
    die "Kann $filename nicht öffnen: $!\n";
```
Angenommen, wir hätten begonnen: Erzeuge Ausgabedatei.

```
  chmod oct($mode), $filename or
    die "Kann Rechte nicht setzen: $!\n";
```
Setze Rechte (perm modes).

```
  print "$mode $filename\n";
  while (<>) {
    last if (/^(`|end)/i);
    print F unpack('u*', $_);
  }
}
```
Lese eine Zeile Daten, UU-dekodiere sie, gib sie aus, bis wir fertig sind.

Artikel 54

Lernen Sie, wie und wann man `eval`, `require` und `do` benutzt

Einer der Vorteile, die Perl mit bestimmten anderen interpretierten Sprachen teilt, ist die Fähigkeit zur Übersetzung und Ausführung von Code zur Laufzeit. Der grundlegende Mechanismus für die Übersetzung zur Laufzeit ist die Zeichenkettenform des `eval`-Operators, der ein Zeichenkettenargument mit Quelltext annimmt. Ein Beispiel:

```
$varname = 'some_var';              $val bekommt, was immer $some_var enthält.
$val = eval " \$$varname ";
```

Der Inhalt der Zeichenkette wird übersetzt und läuft dann im Kontext des Aufrufers – im aktuellen Paket mit den darin verfügbaren Paket- und lokalen Variablen (selbst `my`-Variablen). Die Zeichenkette wird bei *jeder* Ausführung von `eval` übersetzt. Das Ergebnis von `eval` ist der Wert des zuletzt innerhalb von `eval` ausgewerteten Ausdrucks, ähnelt somit der Funktionsweise von Subroutinen. Sollte die Übersetzung des Codes scheitern oder eine Ausnahme zur Laufzeit auftreten (wie durch `die`, Division durch Null etc.), endet die Ausführung des durch `eval` ausgewerteten Codes und eine Fehlermeldung wird an den Kontext des Aufrufers in der speziellen Variablen `$@` zurückgegeben:

■ **(Ineffiziente) Behandlung mit der Zeichenkettenform von `eval`**

```
eval q{                             Einfache Anführungszeichen mit q{}.
  open F1, $fname1 or die "$!";     Versuche, einige Dateien zu öffnen.
  open F2, $fname2 or die "$!";
  # anderer Code...
};                                  Man beachte schließendes Semikolon!
if ($@ ne '') {                     Ausnahmen stehen hier.
  warn "Fehler in eval: $@\n";
  # aufräumen ...
}
```

Die Fähigkeiten von `eval` zur Fehlerbehandlung sind sehr praktisch. Will man allerdings nur einem unveränderlichen Stück Code die Ausnahmebehandlung hinzufügen, sollte man nicht die Zeichenkettenform von `eval` verwenden, sondern die Blockform.

Ausnahmebehandlung mit `eval`

Die Blockform von `eval` erhält einen Block als Argument. Die Blockform wird nur zur Ausnahmebehandlung benutzt, da der Block *nur einmal* übersetzt wird, und zwar zur selben Zeit wie der ihn umgebende Code:

■ Behandeln Sie Ausnahmen mit der Blockform von eval (bevorzugter Weg)

``
eval {
  open F1, $fname1 or die "$!";
  open F2, $fname2 or die "$!";
  # anderer Code...
};
if ($@ ne '') {
  warn "Fehler in eval: $@\n";
  # aufräumen ...
}
``
	Ein Block anstelle einer Zeichenkette.
	Jetzt mit umgebendem Code übersetzt statt dann,
	wenn eval zur Laufzeit angetroffen wird.
	
	Ausnahmen stehen hier – wie bei der
	Zeichenkettenform.

Es stellt sich heraus, daß die Blockform von eval nützlicher als die Zeichenkettenform ist. Gelegenheiten zur Nutzung der Zeichenkettenform sind selten (wir sehen aber an anderer Stelle in diesem Artikel ein Beispiel dafür). Obwohl beide Formen von eval Ausnahmen abfangen, fängt keine von ihnen Signale, Panikmeldungen oder andere Arten »wirklich fataler« Fehler ab. Sie können einen auch von einem exec oder ähnlichem »zurückholen«. Dennoch kann man davon profitieren, wenn man eval-Blöcken Signalbehandlungen hinzufügt:

■ Benutzen Sie eval zur Signalbehandlung

``
eval {
  local $SIG{INT} = sub {
    die "Interrupt abgefangen"
  };
  my $foo = <>;
};
if ($@) {
  print "Fehler in eval: $@\n";
}
``
	Installiere Signalbehandlung, um Control-C (oder
	was auch immer) abzufangen.
	
	Warte auf eine Eingabe.
	
	Kontrolle wird hierhin übergeben, falls der Benutzer
	Control-C tippt, während das Programm auf obige
	Eingabe wartet.

Einbinden von Quelldateien zur Laufzeit mit require

Obwohl die Zeichenkettenform von eval selten verwendet wird, bildet sie die Grundlage für eine sehr wichtige »Dateiform« der Übersetzung zur Laufzeit, nämlich require.

Die require-Direktive erhält ein numerisches oder ein Zeichenkettenargument. Die numerische Form von require verursacht einen fatalen Fehler, falls die aktuelle Perl-Version nicht gleich oder größer dem numerischen Argument ist:

`require 5;`	*Fataler Fehler, sofern nicht mindestens Version 5.000 läuft.*
`require 5.004;`	*Fataler Fehler, sofern nicht mindestens Version 5.004 läuft.*

Die in dieser Erläuterung relevantere Zeichenkettenversion liest zur Laufzeit Perl-Quelltext ein und führt ihn aus. Mit anderen Worten, sie wertet (mit `eval`) den Inhalt einer Datei aus:

■ **Laden und führen Sie Quelltext zur Laufzeit mit `require` aus.**

Datei foo.pl	
`print "Lade foo!\n";`	*Wird bei Bedarf ausgeführt (require-d).*
	Definiere eine Subroutine.
`sub bar { print "sub bar\n" }`	
	Zeige erfolgreiches Laden an.
`1;`	
Hauptprogramm	
`#!/usr/local/bin/perl`	*Wo immer Perl auch ist.*
`require "foo.pl";`	*Gibt* Lade foo! *aus.*
`&bar();`	*Gibt* sub bar *aus.*

Anders als `eval` benutzt `require` den letzten in der eingebundenen Quelldatei enthaltenen Ausdruck, um zu bestimmen, ob diese Einbindung erfolgreich war. Ist der Wert *false*, dann wird das Laden als fehlgeschlagen eingestuft und `require` erzeugt eine fatale Ausnahme. Darum enden Module und Quelldateien von Bibliotheken in Perl oft mit `1;` auf einer eigenen Zeile.

In der guten alten Zeit von Perl 4 war `require` der Hauptmechanismus zur Unterstützung von Perl-Bibliotheken. Quelldateien von Bibliotheken definierten üblicherweise Subroutinen und führten (eventuell) einigen Initialisierungscode aus, ziemlich genau so wie im obigen Beispiel. Die use-Direktive hat `require` zum großen Teil ersetzt, obwohl `use` auf `require` aufgebaut ist (siehe Artikel 42).

Was `require` nun tut, ist eigentlich etwas anspruchsvoller als Quelltext einzulesen und (mit `eval`) auszuwerten. (Im nächsten Abschnitt besprechen wir `do`, die abgespeckte Version.) Erstens lädt `require` eine Datei nur einmal. Versuche, eine Datei mit `require` mehrmals anzufordern, scheitern. Zweitens sucht `require` den Modulsuchpfad nach dem angegebenen Dateinamen ab. (Dieser Pfad enthielte normalerweise das aktuelle Verzeichnis.) Artikel 43 enthält mehr über den Modulsuchpfad. Ist schließlich das Argument für `require` ein Bareword (ein nicht in Anführungszeichen gesetzter Bezeichner), fügt `require` automatisch die Endung .pm (»Perl Module«) an das Argument an und sucht nach einer Datei dieses Namens. Insofern unterstützt `require` die use-Direktive.

Dinge tun mit do

Wir haben gesehen, daß sowohl eval zwei durchaus unterschiedliche Bedeutungen hat (Zeichenketten- und Blockform) – als auch require (Perl-Version und Einbindung von Quelldateien). Wir gehen nun die Besprechung des Perl-Operators do an; Sie mögen sich nun fragen, ob auch er mehr als eine Bedeutung hat.

Aber natürlich.

Die Dateiform von do ähnelt require, hat aber weniger Gimmicks. Sie gibt den Wert der zuletzt in der eingebundenen Datei ausgewerteten Anweisung aus, wobei es keinen Unterschied macht, ob dieser Wert nun *true* oder *false* ist. Auch nimmt sie im Falle eines Bareword-Arguments kein .pm-Suffix an. Die Dateiform von do verwendet allerdings den Modulsuchpfad. Dies kann manchmal durchaus nützlich sein; sie bietet eine bequeme Möglichkeit zum Laden einer Daten-»Konfigurationsdatei«, wenn die Daten als Perl-Quelltext geschrieben werden können:

■ **Laden Sie Konfigurationsdateien mit** require.

Datei config.dat	
`$ROWS = 25;` `$COLS = 80;`	*Einige Konfigurationswerte.*

Hauptprogramm	

`#!/usr/local/bin/perl`
`die "Wo ist config.dat? "`
`  unless -e "config.dat";`
	Schau nach, ob unsere Datei da ist.

`do "config.dat";`	*Lies einige Daten ein.*

Darüber hinaus ist es in Kombination mit Data::Dumper (siehe Artikel 37) und anderen Modulen nützlich, die Perl-Code generieren.

Die andere Form von do, die Blockform, hat weder etwas mit Dateien noch mit eval zu tun, aber wir können sie trotzdem hier behandeln. Die Blockform gibt den Wert der zuletzt in seinem Argumentblock ausgewerteten Anweisung zurück:

```
$max = do {                     Gibt den größeren Wert $a
  if ($a > $b) {                oder $b zurück.
    $a
  } else {
    $b
  }
};
```

Die Blockform ist so geschrieben, daß sie in ihrer Verwendung als Ausdrucksargument für einen Anweisungsmodifikator immer einmal vor der Überprüfung der Bedingung des Modifikators ausgewertet wird. Dies erlaubt einem das Schreiben von do {...} while-Schleifen in Perl:

```
do { $i *= 2 } while $i <= 1024;
```
Multipliziere mindestens einmal $i mit 2.

Kreative Verwendungen für die Zeichenkettenform von eval

Die Benutzung der Zeichenkettenform von eval lohnt sich wirklich nur, wenn Perl-Code *on the fly* gelesen oder erzeugt und dann ausgeführt werden soll. Man könnte z.B. einem Benutzer die Eingabe einer Funktion erlauben und sie dann übersetzen, so daß sie geplottet oder bezüglich Nullstellen, Minima, Maxima oder was auch immer analysiert werden kann. Hoffentlich ist das ein vertrauenswürdiger Benutzer, der sich beim Eintippen an mathematische Funktionen hält; ansonsten sollte man sich das Safe-Modul zu Gemüte führen.

Man kann die Zeichenkettenform von eval auch zur automatischen Erzeugung von Rumpffunktionen nutzen. Hier ist ein entsprechendes, etwas konstruiertes Beispiel. Der folgende Code erzeugt automatisch get- und set-Methoden für Perl-Objekte:

■ **Erzeugen Sie Rumpffunktionen für Klassen mit der Zeichenkettenform von** eval.

Der folgende Code ermöglicht die Deklaration einer Perl-Klasse und ihrer Attributvariablen anhand einer class-*Funktion unter Verwendung einer Syntax wie:*

```
class MyClass qw(Member1 Member2 Member3);
```

Die class-*Funktion definiert automatisch sowohl einen Konstruktor für* MyClass *als auch Methoden, um Werte für jedes Attribut zu setzen und zu holen; beispielsweise:*

```
$myObj = new MyClass;
$myObj->Member1($some_val);
$val = $myObj->Member2();
```

```
package UNIVERSAL;
sub AUTOLOAD {
  my ($pkg, $func) =
    ($AUTOLOAD =~ /^(.*)::(.*)$/);
  return if ($func eq 'DESTROY');
  if ($func ne 'class') {
    die "Keine Function $AUTOLOAD";
  }
```
Damit die unten stehende hübsche Deklarationssyntax funktioniert, müssen wir eine Funktion UNIVERSAL AUTOLOAD *definieren (siehe Artikel 50). Sie fängt Aufrufe an Funktionen namens* class *in jedem Paket ab.*

Lernen Sie, wie und wann man eval, require und do benutzt

■ **Erzeugen Sie Rumpffunktionen für Klassen mit der Zeichenkettenform von** `eval`.

`my $class = shift;` `my @members = @_;`	*Bei Aufruf mit indirekter Objektsyntax (siehe Artikel 50) sind* `$class` *und der Paketname (von* `$AUTOLOAD`*) gleich, also ignorieren wir* `class` *unten einfach.*

`eval qq{`
  `package $pkg;`
  `sub new {`
    `my \$self = { };`
    `bless \$self, '$pkg';`
  `}`
`};`
	Doppelte Anführungszeichen mit `qq{}`.
	Das richtige Paket muß gesetzt werden.
	Dieses `eval` *erzeugt für die Klasse einen Konstruktor.*
	Man beachte die Backslashes vor `$self`*, zu Ehren von* `qq{}`.

`foreach $member (@members) {`
  `eval qq{`
    `package $pkg;`
    `sub $member {`
      `my \$self = shift;`
      `if (\@_) {`
        `\$self->{$member} = shift;`
      `} else {`
        `\$self->{$member};`
      `}`
    `}`
  `}`
`}`
`}`
	Für jedes der aufgeführten Attribute:
	
	Setze wieder das Paket.
	
	Dieses `eval` *erzeugt eine Funktion, die den Wert des Attributs zurückgibt, wenn keine Argumente übergeben werden oder den Wert des Attributs mit dem ersten Argument belegt.*

`package main;`	*Zurück zu* `main`.
`class Student qw(firstname lastname id);`	*Hier ist unsere Deklarationssyntax an der Arbeit – dies erzeugt sowohl einen Konstruktor für die Klasse* Student *als auch get/set-Funktionen dafür.*

`$student = new Student;`
`$student->firstname('Joseph');`
`$student->lastname('Hall');`
`$student->id('7777');`
	Benutzen wir den Konstruktor.
	Setze nun den Vornamen, Nachnamen und die ID ein.

`print "Name = ", $student->first-`
`name(),`
`" ", $student->lastname(), "\n";`
`print "Id = ", $student->id(),`
`"\n";`
	`Name = Joseph Hall`
	
	`Id = 7777`

Es mag so erscheinen, als erfordere diese Art der Anwendung unbedingt die Benutzung der Zeichenkettenform von `eval`, aber dem ist nicht so. Man kann denselben Effekt durch die Verwendung von Abschlüssen in Verbindung mit Zuweisungen an Typeglobs erzielen, um ihnen global sichtbare Namen zu verleihen (siehe Artikel 29). Abschlüsse sind für die meisten Programmierer allerdings ein schwerer zu durchschauender Mechanismus, und in diesem Fall ist `eval` wahrscheinlich der beste Lösungsansatz.

Führen Sie sich `Class::Template` zu Gemüte: Dies ist ein echtes Modul, das diese Funktionalität anbietet.

Artikel 55

Lernen Sie, wann man Netzwerkcode schreibt und wann nicht

Eines der vielen Merkmale, die Perl zu einer attraktiven Programmiersprache machen, ist die eingebaute Unterstützung der TCP/IP-Programmierung. Perl und TCP/IP lassen sich besonders gut kombinieren, weil die mächtigen Fähigkeiten der Textbearbeitung in Perl sehr hilfreich bei der Behandlung textbasierter Internet-Protokolle wie SMTP, NNTP oder HTTP sind.

In Perl wird die Netzwerkprogrammierung dermaßen vollständig unterstützt, daß man damit jede denkbare Art von Internetanwendung schreiben kann. Alles, was man in C ausdrücken kann, läßt sich auch in Perl ausdrücken. Wenn man möchte, kann man einen Web-Server oder einen News-Client komplett neu schreiben. Man kann einen DNS-Server schreiben. Man kann sogar *sendmail* neu schreiben. Die notwendigen Einrichtungen sind alle vorhanden.

Schreiben Sie keinen Low-Level-Code, wenn Sie statt dessen Module verwenden können

Obwohl es natürlich möglich ist, Netzwerkanwendungen komplett neu zu schreiben, sollte man zur Unterstützung seiner Bemühungen die Benutzung bestehender Module in Betracht ziehen. Möchte man beispielsweise eine Web-Seite holen, reicht Folgendes aus:

```
use LWP::Simple;
$page = get 'http://www.effectiveperl.com/';
```

(Ja richtig – zwei Zeilen!)

Natürlich kann man immer mit Aufrufen an `socket`, `bind`, `connect` anfangen, HTTP pauken usw., aber ich denke, Sie stimmen zu, daß dies einfacher ist. HTTP wird besonders gut von Perl-Modulen unterstützt, aber es gibt auch Module, um mit FTP, NNTP, SMTP und vielen anderen Internetprotokollen und -standards zu arbeiten. Wenn Sie mehr über Perls Internet-Module erfahren möchten, sollten Sie sich zuerst `libwww-perl` (die World Wide Web-Bibliothek, auch `LWP` genannt) und `libnet` (eine Sammlung von Modulen zu Internetprotokollen) anschauen.

Benutzen Sie keine Anachronismen, wenn Sie Low-Level-Netzwerkcode schreiben

Natürlich könnte Ihre Anwendung zu jenen gehören, bei denen Sie zum Schreiben von Low-Level-Netzwerkcode gezwungen werden. Sie könnten beispielsweise an einem CGI-Skript arbeiten, das über TCP/IP Verbindungen zu einer (eventuell auch in Perl geschriebenen) Serveranwendung aufnimmt und mit ihr Daten austauscht.

Netzwerk- oder »Socket«-Code ist bei der ersten Begegnung nicht einfach zu verstehen. Man ist versucht, nach einem Beispiel als Ausgangspunkt zu suchen, um einen kompletten Neubeginn aus dem Nichts zu vermeiden. Das ist eine gute Idee, aber man sollte darauf achten, dabei von einem aktuellen Beispiel auszugehen. Viele der älteren Beispiele mit Socket-Code, die im Netz herumliegen, haben verschiedene Beschränkungen, sind ineffizient und/oder fehlerhaft. Erläutern wir einige dieser Probleme und wie man sie vermeidet.

Zunächst sollte man immer das Modul Socket oder vielleicht IO::Socket[54] benutzen. Das Socket-Modul definiert unter anderem die für die eigene Umgebung korrekten Konstanten für Protokollnummern und ähnliches. Älterer Code könnte so etwas enthalten:

```
$pf_inet = 2;
$sock_stream = 1;
$tcp_proto = 6;
```

Diese fest verdrahteten Werte haben für viele Programmierer lange Zeit funktioniert, aber nachdem eine größere Zahl von Leuten angefangen hat, Perl auf Solaris-Rechnern (System V) zu benutzen, stürzten so geschriebene Programme mit mysteriösen »protocol not supported«-Meldungen ab. Diese Werte funktionieren nicht auf allen Betriebssystemen. Um diesen Code richtig zu schreiben, verwendet man die durch das Socket-Modul definierten Funktionen:

```
my $proto = getprotobyname 'tcp';
socket SERVER, PF_INET,   SOCK_STREAM, $proto
   or die "Socket: $!";
```
Baue einen Socket mit der Dateizugriffskennung SERVER *auf.*

So erhalten wir von der Konstantenfunktion PF_INET die Konstante für die inet-Domäne, von der Funktion SOCK_STREAM die Konstante für den Typ stream und von der Funktion getprotobyname die Protokollnummer. In älterem Code kann man auch noch

---

54. IO::Socket bietet eine objektorientierte Schnittstelle sowohl zu den eingebauten Socketfunktionen als auch zu einigen Funktionen aus dem Socket-Modul. Man könnte dieses Beispiel für die Benutzung von IO::Socket umschreiben, es würde aber nicht dramatisch anders aussehen. IO::Socket war zu der Zeit, als dieses Beispiel geschrieben wurde, noch recht neu, so daß ich beim guten alten Socket geblieben bin.

die Benutzung des `pack`-Operators sehen, um die für die verschiedenen Socketfunktionen erforderlichen binären Adressen zu erzeugen:

Die alte Methode:

```
$port = 2345;
$addr = pack 'S n a4 x8', $pf_inet, $port,
  "\0\0\0\0";
bind SERVER, $addr or
  die "Bind: $!\n";
```
Das ist nicht gerade leicht zu lesen oder zu behalten.

Das `Socket`-Modul definiert Funktionen, die das in einer besser lesbaren Weise erledigen und bessere Pflege ermöglichen:

Die neue Methode:

```
$port = 2345;
bind SERVER,
  sockaddr_in($port, INADDR_ANY)
  or die "Bind: $!";
```
Keine rätselhaften `pack`-Formate mehr.

Serveranwendungen werden oft so geschrieben, daß sie Sohnprozesse zur Behandlung ankommender Verbindungen erzeugen. Jedesmal, wenn man Sohnprozesse erzeugt, muß man etwas tun, um sicherzustellen, daß sie keine »Zombies« werden. Man kann dies unter anderem so machen, daß man im Vaterprozeß eine Signalbehandlung für SIGCHLD (Sohnprozeß gestorben, von engl. *child died*) einrichtet. Wann immer ein Sohnprozeß stirbt (*exit*), wird die Kontrolle an den Signalbehandler übergeben, der dann wait aufrufen sollte, um den Zombie loszuwerden. Sie haben diesen Code vielleicht in unterschiedlichen Versionen gesehen, aber eine angemessen sichere Version sieht etwa so aus:

Ein etwas hochtrabender Signalbehandler:

```
sub REAPER {
  $SIG{CHLD} = \&REAPER;
  wait;
}
$SIG{CHLD} = \&REAPER;
```
Falls System V, nochmal installieren.

Installiere Behandler.

Es ist nicht notwendig (oder empfehlenswert), den Behandler innerhalb der Behandlersubroutine selbst noch einmal zu installieren, solange man sich auf einem BSD-System oder einem POSIX-konformen System befindet. Heutzutage stehen die Chancen hierfür recht gut. Probieren Sie Folgendes aus:

```
use Config;
print "Behandler bleiben wie gehabt\n" if
  $Config{d_sigaction} eq "define";
```

Man sollte die nochmalige Installation eines Behandlers überspringen, wenn man glaubt, daß die eigenen Skripten nur auf Systemen mit POSIX-Signalen laufen (im allgemeinen eine sichere Bank):

```
sub REAPER { wait }
$SIG{CHLD} = \&REAPER;
```

Oder sogar noch kürzer:

```
$SIG{CHLD} = sub { wait };                    Eine wirklich kurze Version!
```

Der Grund, die Zuweisung an %SIG innerhalb des Behandlers zu vermeiden, liegt darin, daß Perl noch keine »sicheren« Interrupts hat und auch wohl für einige Zeit keine haben wird. Solange dies so ist, gilt: Je weniger der Signalbehandler macht, desto besser.[55] Sie könnten Folgendes erwogen haben:

```
$SIG{CHLD} = 'IGNORE';                        Schlecht, schlecht, SCHLECHT!
```

Bitte nicht. Es funktioniert auf manchen System V-Rechnern, aber auf anderen Plattformen erlebt man die »Nacht der lebenden <defunct>s«.

Ein Beispiel

Entwickeln wir ein Paar einfacher TCP/IP-Anwendungen. Wir erstellen einen Server namens psd, der lokal den Befehl ps absetzt. Das Ergebnis wird an einen Client namens rps zurückgegeben. Muß man sowohl einen Client als auch einen Server schreiben, ist es für gewöhnlich am einfachsten, zuerst den Server zu schreiben, da man ihn wahrscheinlich mit telnet als Client testen kann. Hier ist ein abgespeckter, leicht fehlerhafter erster Ansatz von psd:

- psd: **Ein ps-Dämon**

```
use strict;
use Socket;
my $port = 2001;
my $proto = getprotobyname 'tcp';
my $ps = '/usr/ucb/ps';                       Oder wo auch immer.
```

---

55. Vielleicht zu früh gesagt. Bei Drucklegung dieses Buches wurde gerade eine Perl-Version mit einem Thread zur sicheren Ausnahmebehandlung getestet. Das sind »ausnahmslos« gute Nachrichten!

- psd: **Ein ps-Dämon** (Forts.)

`socket SERVER, PF_INET, SOCK_STREAM, $proto` `  or die "Socket: $!";`	*Erzeuge einen Socket mit der Dateizugriffskennung* SERVER, *Familie* INET, *Typ* STREAM, *Protokoll* TCP.
`bind SERVER, sockaddr_in($port, INADDR_ANY)` `  or die "Bind: $!";`	*Binde Socket an Port* 2001 *und erlaube Verbindungen auf jeder Schnittstelle.*
`listen SERVER, 1 or die 'listen: $!";` `print "$0 listening to port $port\n";`	*Beginne Verbindungen in die Warteschlange zu stellen.*
`for (;;) {` `  accept CLIENT, SERVER;`	*Nimm eine Verbindung aus der Warteschlange. Sie wird zur bidirektionalen Dateizugriffskennung* CLIENT.
`  print CLIENT `$ps`;`	*Lasse* ps *laufen und schicke die Ausgabe an den Client.*
`  close CLIENT;` `}`	*Beende Verbindung und nimm die nächste.*

Man kann diese Version von psd testen, indem man sie von der Kommandozeile aus im Hintergrund laufen läßt und dann eine telnet-Verbindung zum zugewiesenen Port aufbaut:

```
% psd &
[1] 29321
psd listening to port 2001
% telnet localhost 2001
Trying 127.0.0.1...
Connected to localhost.
Escape character is '^]'.
  PID TT       S  TIME COMMAND
10582 pts/7    S  0:01 -tcsh
   ...Blah Blah Blah...
Connection closed by foreign host.
%
```

Es gibt mit diesem Code eine Reihe von Problemen, die wir lösen sollten. Wenn man diese Version von psd startet, mindestens einmal eine Verbindung mit ihr aufnimmt, sie dann (mit Control-C) beendet und anschließend sofort versucht, wieder zu starten, könnte sie mit einer Fehlermeldung wie »address already in use« abbrechen. Wartet man aber eine Weile, wird sie problemlos laufen. Es passiert Folgendes: Eine oder mehr geschlossene Verbindungen im Zustand TIME_WAIT (eine absolut normale Bedingung) verhindern den erfolgreichen Aufruf von bind, da bind als Default nicht mehr als einen Socket mit demselben Namen (Adresse und Portnummer) zur selben Zeit erlaubt. Nach einigen Minuten fallen die geschlossenen Verbindungen ganz aus dem Zeitlimit und der Name ist zur erneuten Benutzung freigegeben.

Ein anderes Problem besteht darin, daß der Server nur eine einzige Verbindung zur gleichen Zeit akzeptiert. Der einfache und übliche Weg, damit ein Server mehrere Verbindungen gleichzeitig akzeptiert, besteht in der Erzeugung eines neuen Sohnprozesses, um jede ankommende Verbindung zu behandeln.

Wir kommen bald zum Server zurück. Schauen wir uns unseren Client rps an:

- rps: Ein entfernter ps-Client

```
use strict;
use Socket;
my $remote_host = shift or
    die "$0: Kein Hostname\n";
my $port = 2001;
my $ip = inet_aton $remote_host              Übersetze Rechnernamen in numeri-
    or die "Unbekannter Host: $remote_host"; sche Adresse.
my $proto = getprotobyname 'tcp';            Hole Nummer des TCP-Protokolls.
socket PSD, PF_INET, SOCK_STREAM, $proto     Erzeuge einen Socket mit der Datei-
    or die "Socket: $!";                     zugriffskennung PSD, Familie INET,
                                             Typ STREAM, Protokoll TCP.
connect PSD, sockaddr_in($port, $ip)         Baue eine Verbindung zum angegebe-
    or die "Verbindung: $!";                 nen Port und der Adresse unter
                                             Verwendung des Sockets PSD auf.
print while <PSD>;                           Lies vom entfernten psd.
close PSD or die "Schließe: $!";             Alles fertig.
```

Nun kann man rps anstelle von telnet verwenden, um mit psd zu reden (ganz schön viel UNIX, nicht wahr?):

```
% psd &
[2] 29678
psd1 listening to port 2001

% rps localhost
  PID TT       S  TIME COMMAND
10582 pts/7    S  0:01 -tcsh
    ...Blah Blah Blah...
%
```

Zusätzliche Merkmale sind bis zu einem gewissen Punkt ganz nett, also fügen wir eins hinzu. Erlauben wir dem Benutzer die Angabe einer ps-Option als Argument auf der Kommandozeile, das rps an psd übergeben wird. Zuerst fügen wir am Anfang der Datei etwas hinzu:

```
use FileHandle;
```

Dann fügen wir vor $remote_host... ein:

```
my $option = shift if @ARGV[0] =~ /^-/;
```

Danach müssen wir die Option an den Server schicken. Dies erfordert Änderungen sowohl an rps als auch an psd. Die Änderung an rps ist einfach. Vor print while <PSD> fügen wir ein:

```
PSD->autoflush(1);   # hübscher als SELECT(PSD) und $| = 1
print PSD "$option\n";
```

Wir möchten sicherstellen, daß die Optionszeichenkette, die wir senden, auch verschickt wird; ansonsten hängt der Server. Der umgeschriebene psd, der eine von rps geschickte Option einsetzt und mehrere Verbindungen unterstützt sieht folgendermaßen aus:

- **Überarbeitete Fassung des ps-Dämons**

```
use strict;
use Socket;
my $port = 2001;
my $proto = getprotobyname 'tcp';
my $ps = '/usr/ucb/ps';
$SIG{CHLD} = sub { wait };                              Zombies loswerden.
socket SERVER, PF_INET, SOCK_STREAM, $proto             Erzeuge einen Socket mit der Dateizugriffs-
    or die "Socket: $!";                                kennung SERVER, Familie INET, Typ
                                                        STREAM, Protokoll TCP.
setsockopt SERVER, SOL_SOCKET,                          Setze SO_REUSEADDR, so daß
    SO_REUSEADDR, 1 or die "Setsockopt: $!";            wir auf diesem Socket mehrere Verbindun-
                                                        gen aufbauen können.
bind SERVER, sockaddr_in($port, INADDR_ANY)             Binde Socket an Port 2001 und erlaube Ver-
    or die "Bind: $!";                                  bindungen auf jeder Schnittstelle.

                                                        Beginne Verbindungen in die Warte-
listen SERVER, 5 or die "listen: $!";                   schlange zu stellen
print "$0 warte auf Port $port\n";
for (;;) {
    my $addr = accept CLIENT, SERVER;                   Hole eine Verbindung aus der Schlange
    my $client_host = gethostbyaddr(                    nach CLIENT.
        (unpack_sockaddr_in $addr)[1],
        AF_INET);
    print "Verbindung von $client_host\n";
```

- **Überarbeitete Fassung des ps-Dämons** (Forts.)

`die "Kann nicht aufspalten: $!"`
`  unless defined (my $kid = fork());`
`if (not $kid) {`
`  my $option = <CLIENT>;`
`  $option =~ tr/a-zA-Z//cd;`
`  $option = "-$option" if $option;`
`  print CLIENT `$ps $option`;`
`  exit;`
 	
`} else {`
`  close CLIENT;`
`}`
`}`
	Nach Akzeptieren neuen Sohnprozeß aufspalten.
	Hier ist der Sohnprozeß.
	Lese Option und führe dann darin enthaltene unsichere Sachen aus.
	
	Exit, damit der Sohnprozeß nicht mit `accept` *akzeptiert.*
	Hier steht der Vaterprozeß. Wir wollen keinen Ärger mit `CLIENT`.

Wir haben einen Aufruf an `setsockopt` hinzugefügt, was uns den Aufbau mehrerer Verbindungen auf demselben Socket gestattet. Dies setzt auch dem vorher beobachteten TIME_WAIT-Verhalten ein Ende. Der zweite Parameter von `listen` ist auf 5 erhöht worden, was uns erlaubt, gleichzeitig bis zu fünf Verbindungen in der Warteschlange zu haben, d. h. fünf Verbindungen, die noch nicht durch `accept` beantwortet wurden.[56]

Wir geben nun den Hostnamen der verbindenden Maschine aus und spalten dann einen Sohnprozeß ab. Dieser Sohnprozeß, der den Code innerhalb des ersten Blocks der `if`-Anweisung ausführt, liest die vom Client gesendete Option und räumt auf, so daß nichts Schlimmes passiert, wenn jemand eine Option wie '; rm *' schickt. Es gibt außerdem einen `SIGCHLD`-Behandler, so daß wir keine Zombies erzeugen.

Offensichtlich kann man in der Netzwerkprogrammierung sehr viel weiter gehen als in diesem einfachen Beispiel. Perl unterstützt alle Merkmale des Netzwerkbetriebs unter UNIX, die von C aus erreichbar sind, einschließlich anderer TCP/IP-Merkmale (z. B. UDP) und Unix-Domänen. Wie ich vorher bereits erwähnt habe, ist Perl wegen seiner Zeichenkettenbehandlung und seines Mustervergleichs zur Behandlung textbasierter Protokolle besonders geeignet. In jedem Fall sollte man beim nächsten Programmierprojekt mit Netzwerken daran denken, im CPAN nachzuschauen, ob das Benötigte nicht bereits geschrieben worden ist. Der nötige Code könnte bereits vorhanden sein; wenn dem so ist, ist es wahrscheinlich, daß er gut durchdacht und implementiert ist.

---

56. In manchen Betriebssystemen ist 5 der maximale Wert. Es ist der »übliche« Wert für das zweite Argument von `listen`.

Artikel 56

Denken Sie an die Dateitestoperatoren

Eine der häufiger von frischgebackenen Perl-Programmierern gestellten Fragen ist: »Wie finde ich die Größe einer Datei heraus?« Wird diese Frage in der PerlNewsgruppe comp.lang.perl.misc gestellt, gibt es fast immer eine Antwort wie die folgende:

```
($dev,$ino,$mode,$nlink,$uid,
  $gid,$rdev,$size,$atime,$mtime,
  $ctime,$blksize,$blocks) =
    stat($filename);
```
Der Verfasser muß die Manualseite von stat gelesen haben.

Oder vielleicht:

```
($size) = (stat $filename)[7];
```
Der Schreiber hat die Manualseite gelesen und »optimiert«.

Aber die kurze Antwort ist:

```
$size = -s $filename;
```

Ich weiß nicht genau warum, aber viele Leute übersehen die Dateitestoperatoren in Perl. Das ist bedauerlich, da sie knapp und effizient sind und eigentlich besser lesbar sind als mit dem stat-Operator geschriebene äquivalente Konstrukte.

Dateitests lassen sich sehr gut in Schleifen und Bedingungen unterbringen. Hier ist z.B. eine Liste von Textdateien in einem Verzeichnis:

```
@textfiles =
  grep { -T } glob "$dir_name/*";
```
Tests nutzen als Default $_.

Es ist viel einfacher, die Rechte an einer Datei mittels Dateitestoperatoren zu überprüfen als die Rechtewerte von stat zu maskieren:

```
print "$f ist: ";
print "schreibbar " if -w $f;
print "lesbar " if -r _;
print "ausführbar " if -x _;
```
Die spezielle Pseudo-Dateizugriffskennung _ bezieht sich auf das Ergebnis des letzten stat oder lstat.

Dieses Beispiel verwendet die spezielle Pseudo-Dateizugriffskennung _, die Dateitestoperatoren benutzen können, um sich auf das Ergebnis des letzten durchgeführten stats zu beziehen, ob durch einen expliziten Aufruf oder als Ergebnis der kürzlichen Verwendung eines Dateitestoperators. Da stat langsam ist (erfordert im allgemeinen einen Plattenzugriff), lohnt sich diese Optimierung.

Artikel 57

Greifen Sie mit Typeglobs auf die Symboltabelle zu

In der jetzigen Implementierung von Perl (und wahrscheinlich – aber man weiß nie – in allen zukünftigen Implementierungen) gibt es für jeden eindeutigen Bezeichner in einem Paket einen Eintrag in der Symboltabelle. Dieser Eintrag enthält einen Platz für jeden der möglichen Variablentypen – Skalare, Arrays, Hashes, Dateizugriffskennungen usw. Den Inhalt der Symboltabelle kann man in einem gewissen Umfang direkt manipulieren. Zum einen kann man dies mit einem Konstrukt namens *Typeglob* tun. Ein Typeglob ist ein Bezeichner, dem ein Stern vorangestellt ist, etwa *a. Er repräsentiert den Eintrag in der Symboltabelle, der *alle* verschiedenen unter diesem Bezeichner gespeicherten Typen von Werten enthält.

Eine Warnung an die Nichteingeweihten: Typeglobs werden allgemein als obskures Merkmal angesehen. Aus diesem Grund sollte man deren unnötige Benutzung vermeiden. Außerdem sollte man Typeglobs nicht für Aufgaben nutzen, die mit Referenzen (siehe Artikel 30) erledigt werden könnten, da Referenzen bei weitem effizienter sind.

Man kann Typeglobs benutzen, um Aliase auf Namen zu setzen:

```
*ren = *stimpy;                      Mache $ren zum Alias für $stimpy, @ren zum Alias
                                     für @stimpy und so weiter.
*main::ren = *main::stimpy;          Dasselbe, mit explizitem Paketnamen.
```

Typeglobs können in einem lokalen Gültigkeitsbereich benutzt werden:

```
local *ren = *stimpy;                $ren, @ren etc. sind lokal.
```

Ein ähnlicher Effekt kann durch direkte Benutzung des Hashes der Symboltabelle erzielt werden, aber mit Nachschlagen der Symboltabelle zur Laufzeit. Hier ist ein Beispiel, in dem die Symboltabelle des main-Pakets manipuliert wird:

```
$::{'ren'} = $::{'stimpy'};          %:: ist die Symboltabelle des main-Pakets.
local $::{'ren'} = $::{'stimpy'};    Können in lokaler Umgebung benutzt werden.
```

Man kann Typeglobs als Argumente an Subroutinen übergeben oder sie wie skalare Werte speichern:

```
@g = (*a, *b);                       Speicherung von Typeglobs in einem Array.
($a, $b) = ("ren", "stimpy");
*s = $g[0];                          Ihre Verwendung.
*t = $g[1];                          Oder einfach (*s, *t) = @g.
print "$s und $t\n";                 Gibt ren und stimpy aus.
```

Durch Zuweisung einer Referenz entsprechenden Typs an einen Typeglob kann man auch ein Alias auf eine einzelne Variablenart setzen, etwa nur auf eine Array oder eine Subroutine:

```
sub world { "Welt\n" }           Setze einen Alias auf die Subroutine &world mit
*hello = \&world;                Namen &hello.
$hello = "Hallo";
print $hello . ", " . &hello;    Gibt Hallo, Welt aus.
```

Man kann Typeglobs benutzen, um Zugriffskennungen von Dateien und Verzeichnissen in einen lokalen Gültigkeitsbereich zu setzen (siehe Artikel 26):

```
sub some_file_thing {
  local *FH;                     FH ist bezüglich dieser Subroutine lokal.
  open FH, "foo";
  ...
}
```

Man kann Typeglobs auch an Stellen benutzen, an denen man normalerweise Referenzen benutzen würde (dies sollte man aber vermeiden, wenn nicht unbedingt nötig):

```
sub yo { print "Yo, Welt\n" };
&{*yo}();                        Gibt Yo, Welt aus.
```

Kürzlich ist der Sprache die Syntax *FOO{BAR} oder Typeglob-Index-Syntax hinzugefügt worden, die das Extrahieren individueller Referenzen aus einem Typeglob erlaubt:

```
$a = "Test";
@a = 1..3;
$sref = *a{SCALAR};
$aref = *a{ARRAY};
print "$$sref @$aref\n";         Gibt Test 1 2 3 aus.
```

Viele der Dinge, für die Typeglobs einst benutzt wurden, können nun etwas passender mit Referenzen (siehe Artikel 30), Paketen und/oder objektorientierter Programmierung gemacht werden. Allerdings wird man ihnen von Zeit zu Zeit in älteren Perl-Programmen begegnen, so daß man wissen sollte, wie sie aussehen und was sie tun.

Artikel 58

Benutzen Sie @{[...]} oder einen gebundenen Hash zur Auswertung von Ausdrücken in Zeichenketten

Interpolation mit doppelten Anführungszeichen funktioniert auch bei Variablen, Slices und ähnlichem ganz gut:

```
$name = "Bingo";                        Ausgabe:
print "$name war sein Name-o\n";        Bingo war sein Name-o

@n = 0..10;                             Ausgabe:
print "Fahrenheit @n[5, 6, 2]\n";       Fahrenheit 4 5 1
```

Es funktioniert sogar für Referenzsyntax und referenzierte Objekte:

```
$who->{f} = 'Tiger';
$who->{l} = 'Woods';                    Ausgabe:
print "Ich bin $who->{f} $who->{l}\n";  Ich bin Tiger Woods
```

Allerdings funktioniert die Interpolation mit doppelten Anführungszeichen nicht für Aufrufe von Subroutinen und andere Typen von Ausdrücken. Sieht man etwa, wie das Obige funktioniert, könnte man probieren:

```
package golf;
sub new { bless {} };
sub name { 'Tiger Woods' };
package main;
$golfer = new golf;
$name = $golfer->name;                  Ausgabe:
print "Ich bin $name\n";                Ich bin Tiger Woods
print "Ich bin $golfer->name\n";        Ich bin golf=HASH(0xabc50)->name
```

Hier wird nur der skalare Variablenteil $golfer von $golfer->name in die Zeichenkette mit doppelten Anführungszeichen interpoliert und das Ergebnis ist nicht das Gewünschte. Man kann dies mit einer etwas seltsamen Perl-Syntax umgehen, indem man einfach den Konstruktor für anonyme Arrays [...] mit der dereferenzierenden Syntax für Arrays kombiniert:

Fortsetzung von oben:
```
print "Ich bin @{[$golfer->name]}\n";   Ich bin Tiger Woods
```

Das ist H.A.E.: Häßlich, Aber Effektiv.

Selbst wenn die Syntax häßlich ist – dieses Konstrukt kann sehr hilfreich sein, wenn man versucht, ein langes Here-Dokument zusammenzustellen, aber entdeckt, daß mittendrin irgendein Ausdruck interpoliert werden muß:

```
$a = 2; $b = 3;
print <<EOT;
Hier sind die Antworten:
$a + $b is @{[$a + $b]}
$a * $b is @{[$a * $b]}
EOT
```

Dies ist kein besonders geistreiches Beispiel, aber wer je in CGI-Skripten ein Here-Dokument zur Erzeugung von HTML verwendet hat, hat wahrscheinlich schon eine zwingendere Situation erlebt.

Es gibt eine Alternative, die einfacher erscheinen mag (oder auch nicht), jedoch einiges an Syntax eliminiert. Man kann einen gebundenen Hash benutzen (siehe Artikel 52):

```
sub Print::TIEHASH
  { bless \ my $thingy, shift() }
sub Print::FETCH
  { $_[1] }
tie %print, Print;

$a = 2; $b = 3;
print <<EOT;
Hier sind die Antworten:
$a + $b is $print{$a + $b}
$a * $b is $print{$a * $b}
EOT
```

Man beachte, daß in diesem Fall der Bereich in $print{} ein skalarer Kontext ist. Man kann auch in @print{} eine Liste verwenden, so daß in diesem Fall die Ausgabe wie üblich durch Leerzeichen getrennt wird. Was passiert also, wenn man eine Liste auszugeben hat, man aber keine Leerzeichen zwischen den Elementen haben möchte? Eine Möglichkeit ist, den Wert der speziellen Variable $" zu ändern. Ich empfehle dies nicht, aber wenn man sich sowieso für diesen Weg entscheidet, sollte man den Schaden, ähm, die Änderung auf einen lokalen Bereich begrenzen:

```
@digits = (1, 2, 3);
{
  local $" = "";                   "" ist jetzt Begrenzungszeichen der Ausgabe.
  print "Teste @digits\n";         Teste 123 – keine Leerzeichen.
}
```

Wenn die kompliziertere Syntax nicht stört, kann man zur gebundenen Variable zurückkehren. Ändern wir das Beispiel, so daß wir eine Verbindungs-Zeichenkette angeben können. Damit dies funktioniert, müssen wir eine Referenz auf einen Array als Index benutzen, so daß wir wieder beim Konstruktor für anonyme Arrays sind:

```
sub SepPrint::TIEHASH {
  my $class = shift;
  bless {sep => shift}, $class
}
sub SepPrint::FETCH {
  my $self = shift;
  join $self->{sep}, @{shift()}
}

tie %comma, SepPrint, ", ";
tie %colon, SepPrint, ":";
print <<EOT;
Hier sind die Antworten:
Teste $comma{[1, 2, 3]}          Teste 1, 2, 3
Teste $colon{[1, 2, 3]}          Teste 1:2:3
EOT
```

Artikel 59

Mit BEGIN initialisieren, mit END abschließen

Oft sollen Subroutinen und/oder Pakete vor ihrer ersten Benutzung initialisiert werden. Perl bietet einen Mechanismus (BEGIN-Blöcke), der die Ausführung von Initialisierungscode zum Programmstart gestattet. Perl bietet auch einen komplementären Mechanismus (END), der die Ausführung von Code kurz vor Beendigung des Programmes erlaubt.

BEGIN

Ein BEGIN-Block schließt Code ein, der unmittelbar nach dessen Übersetzung ausgeführt werden soll – bevor der folgende Code übersetzt wird. Beispielsweise kann man BEGIN zur Initialisierung einer Variablen nutzen, die eine Subroutine später benutzen wird:

■ **Benutzen Sie BEGIN-Blöcke, um Initalisierungscode einzuklammern.**

```
BEGIN {
  @dow = qw(Son Mon Die Mit Don Fre Sam);          Initialisiere @dow zum Programmstart.
}
sub dow {
  $dow[ $_[0] % 7 ];
}
```

Da der Inhalt von BEGIN-Blöcken vor dem normalen Code übersetzt und ausgeführt wird, ist es im allgemeinen egal, wo ein BEGIN-Block steht. In vielen Fällen ist der beste Platz für einen BEGIN-Block innerhalb der Subroutine oder anderem Code, von dem er benötigt wird:

■ **Plazieren Sie BEGIN-Code dort, wo er am sinnvollsten erscheint.**

```
sub dow {                                           Es ist egal, wo der BEGIN-Block steht – er
  BEGIN {                                           wird trotzdem zuerst (genau einmal) aus-
    @dow = qw(Son Mon Die Mit Don Fre Sam);         geführt. Nun kann man die Subroutine
  }                                                 ausschneiden und einsetzen, ohne die
  $dow[ $_[0] % 7 ];                                Fehlplazierung des BEGIN-Blocks fürchten
}                                                   zu müssen.
```

BEGIN-Blöcke können auch in Kombination mit my benutzt werden, um private statische Variablen wie in C zu erzeugen (siehe auch Artikel 29):

■ Benutzen Sie my und BEGIN-Blöcke zur Erzeugung statischer Variablen

```
BEGIN {
  my @dow =
    qw(Son Mon Die Mit Don Fre Sam);
  sub dow {
    $dow[ $_[0] % 7 ];
  }
}
```

@dow ist in diesem Block lokal – und wird zur Übersetzungszeit initialisiert.

Nur die Subroutine dow hat Zugriff auf @dow – @dow ist für den Rest des Programms nicht sichtbar.

Man kann sogar geteilte statische Variablen erzeugen:

■ Erzeugen Sie mit my und BEGIN-Blöcken geteilte statische Variablen.

```
BEGIN {
  my $static = 10;
  sub inc_static {
    ++$static;
  }
  sub dec_static {
    --$static;
  }
}
print "inc_static = ", inc_static, "\n";
print "dec_static = ", dec_static, "\n";
```

$static wird zwischen inc_static und dec_static geteilt. Sie ist für keinen anderen Teil des Programms sichtbar.

`inc_static = 11`
`dec_static = 10`

Da Code in einem BEGIN-Block unmittelbar, nachdem er während der Übersetzungsphase angetroffen wurde, übersetzt und ausgeführt wird, kann er die Semantik zur Übersetzungszeit ändern. Insbesondere kann ein BEGIN-Block Funktionen erzeugen und definieren, die als Listenoperatoren fungieren – so, als ob sie im Programmtext deklariert worden wären (siehe auch Artikel 10):

```
eval q{
  sub func_1 {print "f1: @_\n"}
};
BEGIN {
  eval q{
    sub func_2 {print "f2: @_\n"}
  };
};
func_1(1..4);

func_2 1..4;
```

Definiere func_1 zur Laufzeit.

Definiere func_2 – in einem eval-Block, aber während der Code übersetzt wird.

Syntax mit runden Klammern ist okay (auch &func_1() ist in Ordnung).
Listenoperator ist okay, da func_2 vor der Übersetzung dieser Zeile definiert wurde.

Mit BEGIN initialisieren, mit END abschließen

`func_1 1..4;`	*Listenoperator ist nicht okay, da* `func_1` *vor der Übersetzung dieser Zeile **nicht** definiert war.*

Weil `require` (siehe Artikel 54) in Wirklichkeit eine Form von `eval` darstellt, können wir BEGIN-Blöcke zum Import von Funktionen aus Dateien mit Perl-Quellcode nutzen:

■ **Kombination von** `BEGIN` **und** `require`

Datei `func1.pl`

`sub func_1 {`
`  print "func_1\n"`
`}`
`1;`
	Wie im Beispiel oben, aber jetzt ist die Subroutine in einer separaten Datei definiert.

Hauptprogramm

`#!/usr/local/bin/perl`	*Oder wo immer sich Perl befindet.*

`BEGIN {`
`  require "func1.pl";`
`}`
	Werte mit `eval` *den Inhalt von* `func1.pl` *aus, aber zur Übersetzungszeit.*

`func_1;`	*Weil wir* `require` *in* `BEGIN` *gesetzt haben, ist die Syntax mit Listenoperatoren okay.*

Tatsächlich ist das der von der `use`-Direktive eingesetzte Mechanismus und bildet die Basis zum Schreiben von Modulen in Perl 5:

`BEGIN {`
`  require "Module.pm";`
`  import Module;`
`}`
	Dasselbe wie `use Module`.

Artikel 42 enthält mehr über Module in Perl.

END

END-Blöcke umschließen Code, der gerade zur Beendigung eines Perl-Programms ausgeführt wird. END-Blöcke sind beim Aufräumen sinnvoll: Sperrdateien loswerden, Semaphore freigeben und so weiter:

■ **Benutzen Sie** `END`**-Blöcke für Code zum Aufräumen in einem Programm**

`END {`
`  unlink glob "/tmp/$prog_name.*";`
`}`
	Entferne temporäre Dateien.

END-Blöcke werden zu jeder geplanten Beendigung durchgeführt – das Skriptende, `exit`, `die` und so weiter. Mehrfache END-Blöcke werden in der umgekehrten Reihenfolge ihres Antreffens während der Übersetzung ausgeführt.

In anderen Fällen werden END-Blöcke nicht ausgeführt – nicht abgefangene Signale, Panikmeldungen von Perl, vor einem `exec` usw.

Artikel 60

Einige interessante Perl-Einzeiler

Man kann in eine einzige Perl-Zeile sehr viel Bedeutung hinpacken. In diesem Artikel habe ich einige interessante Perl-Einzeiler für Sie ausgesucht und erläutert. Schauen Sie sich diese Beispiele an, um ein Gefühl für komplizierte und/oder ungewöhnliche Dinge zu bekommen, die man mit einer einzigen Zeile in Perl anstellen kann.

```
select((select(SOCK), $|=1)[0])
```

Wie kann man bequem die Pufferung von Dateizugriffskennungen abschalten?

Dies ist ein alter Weggefährte, wahrscheinlich dank Randal, der ziemlich gut demonstriert, wozu Perl-Programmierer fähig sind, um die Erzeugung temporärer Variablen zu vermeiden. Dieses Codestückchen ist wirklich nützlich und taucht von Zeit zu Zeit in Produktionscode auf. Eine lange, langweilige Version dieses Einzeilers sähe ungefähr so aus:

```
{
  my $old = select SOCK;          Sichere die aktuelle Dateizugriffskennung, wähle SOCK
                                  aus.
  $| = 1;                         Schalte Pufferung ab.
  select ($old);                  Wähle wieder vorherige Dateizugriffskennung aus.
}
```

```
[ $a => $b ] -> [ $b <= $a ]
```

Dieser wunderbare, symmetrische Einzeiler – ein Beitrag von Phil Abercrombie – gibt den kleineren Wert von $a und $b zurück.

Er kann auch mit weniger verschwenderischen Konstrukten geschrieben werden, ist dann aber bei weitem nicht so schön:

```
($a, $b)[$b <= $a]
```

```
s/\G0/ /g
```

Es war einmal 1996, als jemand in `comp.lang.perl.misc` fragte, ob es eine Möglichkeit gebe, mit der man in einer Zeichenkette führende Nullen in Leerzeichen umwandelt. Dies war Randals Antwort.

Diese Ersetzung benutzt den \G-Anker, der mit der Kennzeichnung /g beim Mustervergleich arbeitet. Der \G-Anker bezieht sich entweder auf den Anfang der Zeichenkette oder das Ende der vorherigen \g-Übereinstimmung mit diesem Muster. Zu Beginn des Mustervergleichs paßt /\G0/ auf eine 0 am Anfang der Zeichenkette. Glückt dieser Vergleich, paßt /\G0/ auf eine andere 0, wenn sie unmittelbar auf die erste folgt. Das Muster paßt so lange, bis ein Zeichen ungleich 0 angetroffen wird. Während dieses Vorgangs werden die 0en durch Leerzeichen ersetzt.

`/^(?=.*?dies)(?=.*?das)/`

Diese Frage taucht oft auf: »Wie kann ich eine Sache *und* eine andere mit einem regulären Ausdruck beschreiben?« Unter der Annahme, daß die fragende Person nicht zu verwirrt ist, sieht die richtige Antwort gewöhnlich so aus:

`/dies/ and /das/`

Mit anderen Worten, man muß *zwei* Vergleichsoperatoren benutzen. Kurz nach Einführung des positiven Lookaheads (?=...) kam Randal mit dieser bombastischen Alternative.

Der positive Lookahead-Operator (?=foo) mit Nullweite paßt, wenn der durch den Operator eingeschlossene Inhalt (in diesem Falle foo) unmittelbar rechts neben der aktuellen Position im Mustervergleich auftritt. Der Inhalt wird aber nicht Teil des Vergleichs selbst. Nun ist es offensichtlich so (offensichtlich?), daß wenn der Beginn der Zeichenkette von etwas gefolgt wird, das auf .*?dies paßt, und etwas, das auf .*?das paßt, dann muß die Zeichenkette sowohl dies als auch das enthalten.

`[^\D5]`

Hier ist die Antwort auf die Frage »Wie mache ich einen Vergleich, der auf jede Ziffer außer 5 paßt«? Die Zeichenmenge [\D5] ist die Ziffer 5 plus alles, was keine Ziffer ist. Ihr Komplement (^) ist jede Ziffer ungleich 5.

Dasselbe Prinzip ist nützlich für die Erzeugung von Mustern wie [^\W\d] – jedes Zeichen eines Wortes, das keine Ziffer ist. Dies ist insbesondere bei Anwendung von use locale hilfreich.

`@uniq = sort keys %{ { map { $_, 1 } @list } }`

Wie entfernt man vernünftig alle Duplikate aus einer Liste? Alle guten (will sagen effizienten) Antworten auf diese Frage betreffen die Erzeugung eines Hashes. Etwas ausführlicher heißt das:

```
{
    my %h = map { $_, 1 } @list;
    @uniq = sort keys %h;
}
```
Erzeuge Hash mit Elementen von @list *als Schlüssel, dann sortiere die Schlüssel.*

Durchaus schlau (oder vielleicht nur verwirrend) ist die Verwendung des Konstruktors für anonyme Hashes { }, um das Zwischenergebnis zu speichern. Interessanterweise hat hier jedes Paar geschweifter Klammern eine andere Funktion:

`map { $_, 1 } @list`	*Eine geeignete Liste zur Initialisierung eines Hashes –* (`$list[0]`, 1, `$list[1]`, 1, ...).
`{ map { $_, 1 } @list }`	*Eine Referenz auf einen mit diesen Werten initialisierten anonymen Hash.*
`%{ { map { $_, 1 } @list } }`	*Der »Name« des dereferenzierten Hashes – geeignet als Argument für* `keys`.

`@rank[sort {$x[$a] cmp $x[$b]} 0..$#x] = 0..$#x`

Nehmen wir an, wir haben eine unsortierte Liste von Elementen. Wir würden gerne für jedes Element in der Liste wissen, an welcher Position dieses Element in der Liste stünde, wenn sie sortiert wäre – nennen wir dies den »Rang« (engl. *rank*) der Elemente. Nehmen wir als Beispiel folgende Liste an:

`qw(jane elroy george judy)`

Dann ist die gewünschte Ausgabe:

`2 0 1 3`

Dies entspricht den Positionen von `jane`, `elroy`, `george` und `judy` in einer sortierten Liste:

`elroy george jane judy`

Die Zeichenkette `jane` hat den Rang 2, weil sie an dritter Stelle kommt, die Zeichenkette `elroy` den Rang 0, weil sie zuerst einsortiert wird usw.

Es scheint, daß es zu diesem Problem eine einfache Antwort geben sollte, aber die meisten Leute verfallen in ernsthaftes Grübeln, nachdem sie sich an die Arbeit gemacht haben. (Das schließt mich ein – darüber mußte ich einige Stunden nachdenken.) Beginnen wir die Erarbeitung einer Lösung durch einfaches Sortieren der Liste:

```
@x = qw(jane elroy george judy);
@x_sorted = sort @x;            elroy george jane judy
```

In Ordnung, aber was wir eigentlich sortieren müssen, ist eine Liste der Indexpositionen der Elemente:

```
@i_sorted =                          1 2 0 3
  sort {$x[$a] cmp $x[$b]} 0..$#x;   Zuerst wird $x[1] = elroy einsortiert, als zweites
                                     $x[2] = george etc.
```

Der mit jedem der Elemente in der sortierten Liste assoziierte Wert ist der Index des Elements in der ursprünglichen, unsortierten Liste. Die Zeichenkette "elroy" ist in der ursprünglichen Liste Element 1, die Zeichenkette "george" Element 2 und so weiter. Wir können diese Indexpositionen zur Konstruktion der Rangliste nutzen. Die Zeichenkette "elroy" war Element 1, und da sie das erste Element im sortierten Ergebnis ist, hat sie den Rang 0. Wir können sagen:

```
$rank[1] = 0;                Der Rang von elroy (Element 1 in der ursprüngli-
                             chen Liste) ist 0.
```

Für "george", das Element 2 mit Rang 1 war, haben wir:

```
$rank[2] = 1;                Der Rang von george (Element 1 in der ursprüngli-
                             chen Liste) ist 1.
```

Oder wir können den ganzen Prozeß als Slice schreiben:

```
@rank[1, 2, 0, 3] = 0..3;
```

Die Ersetzung der Konstanten durch die von ihnen abgeleiteten Ausdrücke führt uns zur endgültigen Antwort:

```
@rank[sort {$x[$a] cmp $x[$b]} 0..$#x] = 0..$#x;
```

Wie gerissen!

Diesen verdanken wir Randal (wem sonst).

"$_ is string\n" if (~$_ & $_) ne '0'

Perl-Werte können entweder Zeichenketten oder Zahlen enthalten (siehe Artikel 6). Nehmen wir an, wir wollten herausfinden, ob ein Wert in $_ eine Zeichenkette sei. Obwohl Module wie Devel::Peek (siehe Artikel 37) die interne Struktur eines Wertes offenlegen, kann man auch ganz ohne spezielle Module einen Blick in die Innereien von Perl werfen.

Die bitweise arbeitenden Operatoren ~ und & operieren unterschiedlich auf Zahlen und Zeichenketten – auf Zeichenketten angewendet byteweise, und auf Zahlen angewendet, auf den Bits der Integers. Man kann dies zur Unterscheidung zwischen numerischen und Zeichenkettenwerten ausnutzen, da der Ausdruck ~$_ & $_ eine

Zeichenkette mit null oder mehr Nullen erzeugt, wenn `$_` einen Zeichenkettenwert enthält. Enthält `$_` andererseits eine Zahl, liefert sie die Zahl 0. Die Unterscheidung zwischen der Zahl 0 und einer möglicherweise leeren Zeichenkette ist etwas knifflig – ein Zeichenkettenvergleich mit `'0'` ist das Einfachste.

```
perl -pe 's/\n/" " . <>/e' data
```

Randal antwortete damit in den News auf die Anfrage nach einem Programm, das Zeilen aus einer Datei liest und sie paarweise zusammenfügt. Hier ist z. B. eine Eingabedatei:

```
Test
eins
zwei
drei
```

Dieser Einzeiler wandelt die Eingabe in Folgendes um:

Test eins zwei drei	*Jede Zeile ist aus zwei alten Zeilen zusammengesetzt, die durch Leerzeichen getrennt sind.*

Die oben genutzte Kommandozeilenoption `-pe` (eine Kombination aus `-p` and `-e`) ergibt ein Programm, das wie das Folgende wirkt:

```
while (<>) {
  s/\n/" " . <>/e;
  print;
}
```

Ich stotterte ein bißchen, als ich diesen Einzeiler das erste Mal sah, da ich nie daran gedacht hatte, `<>` in einer Ersetzung zu verwenden. Aber sonst ist es ziemlich einfach. Man beachte, daß man `\n` ersetzen muß. Nichts anderes – wie etwa der Anker `$` – funktioniert.

Anhang A: sprintf

Aus welchen Gründen auch immer dokumentieren die meisten Perl-Bücher die Operatoren `sprintf` und `printf` nicht. Statt dessen liest man dort: »Lesen Sie die Manualseite über `sprintf(3)`«. Ich dachte immer, daß es dennoch praktisch wäre, wenn zumindest ein Perl-Buch auf meinem Regal einen kurzen Exkurs zu `sprintf` enthielte – hier ist er also.

Die Argumente für Perls `sprintf`-Operator sind eine Formatzeichenkette und eine zu formatierende Werteliste. Die Formatzeichenkette enthält Spezifikatoren zur Umwandlung, die mit dem Prozentzeichen % anfangen und mit einem von mehreren Zeichen wie `d`, `f` oder `x` enden. Die Spezifikatoren werden durch ihre entsprechend formatierten Werte ersetzt, so daß wir als Ergebnis eine Zeichenkette erhalten:

```
$str = sprintf '%d', 3.1416;                3.1416 formatiert als dezimaler Integer: "3".
$str =                                      49.95 in einem sieben Zeichen großen Feld,
   sprintf 'SUMME: $%7.2f', 49.95;          rechtsbündig:
                                            "SUMME: $  49.95"
$str = sprintf '0%o 0x%x', 15, 15;          Hexadezimale und oktale Integerwerte:
                                            "017 0xf"
```

Der `printf`-Operator funktioniert wie `sprintf`, mit der Ausnahme, daß er die formatierte Zeichenkette an die Standardausgabe oder an eine andere Dateizugriffskennung schickt, wenn diese angegeben wurde:

```
printf 'SUMME: $%7.2f', 49.95;              Gibt an der Standardausgabe aus:
                                            "SUMME: $  49.95"
printf STDERR                               Hinweis: wie immer kein Komma nach der
   'Vergangen: %.1f min', $time/60;         Dateizugriffskennung.
```

Das ist alles, außer einer Beschreibung von `sprintf`s Spezifikatoren zur Umwandlung. Der Rest dieses Anhangs ist eine Zusammenfassung der Spezifikatoren zur Umwandlung und ihrer Merkmale.

Spezifikatoren zur Umwandlung für `sprintf`

Teile eines Spezifikators

Ein Spezifikator zur Umwandlung besteht aus den folgenden Teilen, in dieser Reihenfolge:

- Ein Prozentzeichen %.
- Ein oder mehrere Kennzeichen (optional).
- Ein numerischer Wert für die Mindestgröße des Feldes (optional).
- Ein numerischer Wert für die Genauigkeit (optional). Die Genauigkeit, so sie denn angegeben wird, fängt mit einem Punkt an.
- Ein Umwandlungszeichen, das sowohl den Typ der vorzunehmenden Umwandlung bestimmt, als auch die Interpretation der anderen Spezifikatorteile.

Das Minus-Kennzeichen (–) legt linksbündige Ausgabe fest. Per Default sind umgewandelte Werte rechtsbündig ausgerichtet.

Wird ein numerisches Feld (Größe oder Genauigkeit) durch ein Sternchen (`*`) ersetzt, wird der Wert des Feldes aus dem nächsten Argument der Argumentliste genommen.

Integer-Spezifikatoren

Spezifikator	Beschreibung	Hinweise
d, i	Dezimalwert mit Vorzeichen	Plus-Kennzeichen (+) stellt positiven Werten ein + voran. Leerzeichen-Kennzeichen (' ') stellt ein Leerzeichen voran, wenn das erste Zeichen des umgewandelten Wertes kein + oder - ist.
u	Dezimalwert ohne Vorzeichen	
o	Oktalwert ohne Vorzeichen	Doppelkreuz (`#`) erzwingt eine vorangestellte 0.
x, X	Hexadezimalwert ohne Vorzeichen	x-Spezifikator gibt a-f aus; X gibt A-F aus. Doppelkreuz (`#`) erzwingt vorangestelltes 0x.

Für alle Integer-Spezifikatoren werden Zahlen bis zur durch die Genauigkeit spezifizierten Länge mit führenden 0en aufgefüllt. Das Null-Kennzeichen (0) füllt bis zur Feldgröße mit 0en auf.

Das Kennzeichen l vor einem Integer-Spezifikator zeigt an, daß der Wert zu einem `long`- oder `unsigned long`-Datentyp in C umgewandelt werden soll. Das Kennzeichen h vor einem Integer-Spezifikator zeigt an, daß der Wert zu einem `short` oder `unsigned short`-Datentyp in C umgewandelt werden soll. Das Kennzeichen V zeigt an, daß der Wert als Perl-Integer Datentyp umgewandelt werden soll.

Zeichenketten-Spezifikatoren

Spezifikator	Beschreibung	Hinweise
s	Zeichenkette	Die Genauigkeit spezifiziert die maximale Anzahl an auszugebenden Zeichen; es wird davon ausgegangen, daß sie unendlich ist, wenn sie nicht weiter spezifiziert wird.
c	Zeichen	Der Wert wird zu einem Dezimalwert ohne Vorzeichen umgewandelt und dann als Zeichen ausgegeben.

Fließkomma-Spezifikatoren

Spezifikator	Beschreibung	Hinweise
f	Festgelegter Dezimalpunkt	Die Genauigkeit legt für alle Fließkomma-Spezifikatoren die Anzahl der Ziffern rechts vom Dezimalpunkt fest (6 per Default). Das #-Kennzeichen erzwingt einen Dezimalpunkt.
e, E	Exponentielle Notation	Der Wert wird in exponentielle Notation umgewandelt, z. B. 1.234e-03. E-Spezifikator liefert großgeschriebenes E.
g, G	Festgelegter Dezimalpunkt oder exponentiell	Der Wert wird wie bei f oder e umgewandelt (E im Fall von G). e wird verwendet, wenn der aus der Umwandlung resultierende Exponent kleiner als -4 oder größer als oder gleich der Genauigkeit ist. Dem Dezimalpunkt folgende Nullen werden verworfen.

Die Regel für die g (oder G)-Spezifikatoren mag kompliziert erscheinen, im Grunde genommen bedeutet es aber nur, daß man denjenigen Vertreter von f oder e (oder E) verwendet, der besser aussieht.

Andere Spezifikatoren

Spezifikator	Beschreibung	Hinweise
%	Prozentzeichen	Gibt ein % aus.
p	Zeiger	Speicheradresse eines Perl-Wertes wird hexadezimal ausgegeben.
n	Zähler	Gibt einen Zähler der Anzahl der bisher in der Ausgabe generierten Zeichen *in* die nächste Variable in der Argumentliste aus.

Die Kommandozeilenoption -w kann hilfreich beim Debugging von sprintf- oder printf-Formaten sein, die nicht funktionieren.

Anhang B: Informationsquellen zu Perl

Die wichtigste Informationsquelle für Perl-Programmierer ist das *Comprehensive Perl Archive Network* oder einfach *CPAN*. Das CPAN ist ein gespiegeltes Archiv von Perl-Modulen, Dokumentation, Skripten, Portierungen, Entwicklungsversionen und so ziemlich allem anderen, was man sich in Zusammenhang mit Perl vorstellen kann. Das CPAN findet sich in vielen großen FTP-Archiven. Man kann aber auch über das World Wide Web darauf zugreifen.

Darüber hinaus gibt es noch viele andere beachtenswerte Informationsquellen zu Perl. Die *Effektiv Perl programmieren*-Seite unter www.effectiveperl.com enthält Dokumentationen, Beispiele und Skripten genauso wie Errata und andere Informationen zu diesem Buch. Randals Homepage, http://www.stonehenge.com/merlyn/, enthält Verweise auf viele Artikel und Quelltextbeispiele. O'Reillys www.perl.com-Seite enthält ein Abbild vom CPAN und Verweise auf eine Vielzahl anderer Perl-Ressourcen. Sie sollten sich auch die Homepage des Perl-Instituts unter www.perl.org anschauen.

Über Perl sind viele Bücher geschrieben worden, von denen sich viele auf seine Verwendung als Sprache zur Erstellung von CGI-Skripten für das World Wide Web konzentrieren. Die Qualität ist unterschiedlich; allerdings ist die offizielle Sprachreferenz, *Programmieren mit Perl*, von Larry Wall, Tom Christiansen und Randal Schwartz gut fundiert. Randals *Einführung in Perl* ist eine ausgezeichnete Einführung in die Sprache und hat sich als solides Grundgerüst für unsere Kurse erwiesen. Jeffrey Friedls *Reguläre Ausdrücke* ist eine Pflichtlektüre für jeden, der sich ernsthaft für reguläre Ausdrücke interessiert, in Perl oder einer anderen Sprache.

Perl-Kurse werden von verschiedenen Quellen angeboten, unter anderem Randals Stonehenge Consulting Services, online unter www.perltraining.com.

Antworten auf Ihre Fragen zu Perl erhalten Sie, indem Sie sie an die entsprechende Perl-Gruppe im USENET schicken – im allgemeinen comp.lang.perl.misc. Berichte über Fehler können anhand des perlbug-Programmms mitgeteilt werden (Bestandteil jeder Standard-Perlinstallation). Technische Fragen, welche die Portierung oder den Entwurf betreffen, sollten an die Perl 5-Portierer Liste adressiert werden.

Stichwortverzeichnis

Symbole

#!-Zeile
   -I verwenden in   200
$ *siehe* Regulärer Ausdruck: $-Atom
$! *siehe* Systemfehlervariable-Variable
$" *siehe* Liste
   Trennzeichen(Variable)
$# *siehe* Ausgabeformat für
   Zahlenausgabe
$# *siehe* letztes Element eines Arrays
$& *siehe* Mustervergleichsvariable
$' *siehe* Variable nach Vergleich
$/ *siehe* Variable zur Trennung der
   Eingabe
$@ *siehe* eval-Fehlervariable
$^D *siehe* Debugging-Schaltervariable
$^W *siehe* Warnungsvariable
$_ *siehe* Defaultvariable, die
$` *siehe* Variable vor Vergleich
$1, $2, $3 *siehe* Speichervariablen
$AUTOLOAD *siehe* Autoload-Subroutine
   Namensvariable
%SIG *siehe* Hash zur Signalbehandlung
( ) *siehe* leere Liste
(?:…) *siehe* speicherfreie runde Klammern
(?=…) *siehe* positiver Lookahead-
   Operator   284
(…)[…] *siehe* Literal
   Slice
*FOO{BAR} *siehe* typeglob-Indizierung
, *siehe* Komma-Operator
. *siehe* Regulärer Ausdruck: .-Atom
.. *siehe* Bereichsoperator
<< *siehe* Here-Dokument
<=> *siehe* Raumschiffoperator

<> *siehe* Diamantoperator
<*Dateizugriffskennung*> *siehe*
   Zeileneingabe-Operator
=> *siehe* Pfeil (=>)-Operator
-> *siehe* Pfeil (->)-Operator
@_ *siehe* Argumentlistenvariable
@ARGV *siehe*
   Kommandozeilenargumentvariable
@EXPORT *siehe* Modulexportliste
@INC *siehe* Modulsuchpfad
@ISA *siehe* Vererbungslistenvariable
[…] *siehe* anonymer Array-Konstruktor
\ *siehe* Referenzoperator
\A *siehe* Regulärer Ausdruck: \A-Anker
\b *siehe* Regulärer Ausdruck: \b-Anker
\G *siehe* Regulärer Ausdruck: \G-Anker
\Q *siehe* Quotemeta-Maskierung
\s *siehe* Regulärer Ausdruck: \s-Atom
\w *siehe* Regulärer Ausdruck: \w-Atom
\Z *siehe* Regulärer Ausdruck: \Z-Anker
^ *siehe* Regulärer Ausdruck: ^-Anker
_ *siehe* Unterstrich-Pseudo-
   Dateizugriffskennung
||= *siehe* or-equals-Operator

A

Abkürzungen und merkwürdige
   Syntax   34–39
Abschluß   129–132
   Erzeugung   129
   in eval   132
   Mustervergleich mit   132
   my-Operator und   108, 129
   Teilen von Variablen   130

vs. eval 264
vs. Objektorientierte
 Programmierung 130
address already in use
 Fehlermeldung 269
Alias
 einzelne Variablenart 275
 Elemente von @_ 111
 erzeugen mit Symboltabelle 195
 erzeugen mit Typeglob 274
alles-auf-einmal-Eingabe 42
Alternation
 in in regulärem Ausdruck 63
 in regulärem Ausdruck 97
 zähle linke runde Klammern-Regel
  und 67
 anstatt einer Zeichenklasse 96
and-Operator
 Weglassen runder Klammern bei 40
ankommende Verbindung
 neuen Sohnprozeß erzeugen für 270
anonyme Subroutine. *siehe* Codereferenz
anonymer Array-Konstruktor
 Ausdrücke interpolieren mit 276
 erzeugt Referenz auf unbenanntes
  Array 135
 als Index verwenden 278
 Kopieren einer Liste mit 39
 Listenkontext erzwingen mit 35
 vs. runde Klammern 145
 Zuweisung des Ergebnisses an eine
  Arrayvariable 145
anonymer Hash
 Referenz auf einen als Objekt 244
 Übergabe benannter Parameter
  an 123
anonymer Hash-Konstruktor
 erzeugt Referenz auf unbenannten
  Hash 136
 in Objekt-Konstruktor 233
 Übergabe an Subroutine 149
 Verwechslung mit einem Block 38
 Zuweisung des Ergebnisses an eine
  Hashvariable 146
 für Zwischenergebnis 285
anonymer Subroutinen-Konstruktor
 Erzeugung einer Codereferenz
  mit 128, 136

Anweisungsmodifikator
 Eliminieren runder und geschweifter
  Klammern mit 41
Argumentlistenvariable 110–112
 als Default 32
 Argumente auslesen aus 110
 Elemente sind Aliasnamen 111
 Kopieren eines Arrays oder Hashes
  in 115
 von der aufrufenden Subroutine
  geerbt 112
Array 4
 anonymes erzeugen 135
 assoziatives. *siehe* Hash
 ein Element mit local in einen lokalen
  Gültigkeitsbereich setzen 108
 Kürzen eines 19
 nicht initialisiertes 18
 in PEGS 6
 als Subroutinenargument 115
 Übergabe durch Referenz 115
Array von Arrays 143
Arrayslice
 beim Sortieren 56
Arrayvariable
 gebunden 247
 Löschen einer 18
 Zuweisung eines anonymen Array-
  Konstruktors 145
 Zuweisung von undef an eine 18
ASCIIbetisches Sortieren 52
assoziatives Array. *siehe* Hash
atof() 25
Atom
 Prototyp. *siehe* Prototypenatom
 regulärer Ausdruck. *siehe* Atom eines
  regulären Ausdrucks
Atom eines regulären Ausdrucks 62
 interpolierte Variable ist kein 64
 Null-Weite 62
aufgefüllter Text
 in POD 214
aus einem Datenstrom einlesen 42–44
ausführliche Version-
  Kommandozeilenoption 198
Ausgabeformat für Zahlenausgabe 25
Ausnahmebehandlung
 mit eval 258, 259

autoflush-Methode
  FileHandle-Modul 271
AutoLoader-Modul 241
AUTOLOAD-Subroutine
  anstelle einer nicht existierenden Subroutine aufgerufen 241
  DESTROY und 242
  Namensvariable 242
  UNIVERSAL-Paket und 242
  writing 242
automatische Belebung 140, 143

B

Babysprache 1
Backslash
  in regulärem Ausdruck 92
  Vorprototypenatom 125
Backtracking
  in regulärem Ausdruck 96, 98
Bareword
  auf der linken Seite von -> 123
  potentielle Fehlerquelle 163
  vorangestelltes Minuszeichen 122
BEGIN-Block
  Ändern von @INC in 199
  Code direkt nach der Übersetzung ausführen 279
  Initialisieren mit 279–281
  Listenoperatoren und 280
  require und 281
  Semantik zur Laufzeit ändern mit 280
  statische Variablen erzeugen mit 279
  innerhalb einer Subroutine oder anderem Code 279
Begrenzungszeichen
  Gier regulärer Ausdrücke und 76
  Rückverweise und 63
  vergleichbar, in Anführungszeichen 50
Beispiele
  Punkte in 8
  Tastatureingaben in 8
benannte Parameter 36, 121–124
Benchmark-Modul
  Reguläre Ausdrücke 99

Geschwindigkeit von Code bewerten mit 111, 171
  beim XS-Modul 224
Bereichsoperator
  in skalarem Kontext 147
Bezeichner 5
  alleine innerhalb geschweifter Klammern 38
  als Zeichenkette behandelt 163
  innerhalb eines Hashindexes 148
  als linksseitiges Argument zu => 36
  in Variablensyntax 12
Bildung von Tokenfolgen 72
Binärdaten
  pack und unpack 253
bind-Operator
  versagt bei TIME_WAIT 269
bitweise numerische Operatoren
  bei Zahlen vs. Zeichenketten 26, 286
bless-Operator
  segnet Daten mit einer Klasse 232
  segnet Daten, keine Referenzen 233
blib-Modul
  Modul testen mit 201, 223
Block
  Rückgabe einer Referenz 137
  Verwechslung mit anonymen Hash-Konstruktor 38
Boolescher Kontext 23
Boyer-Moore-Suche
  im index und Vergleichsoperator 88

C

C struct
  Emulation 148–149
catman-Anweisung
  whatis-Datenbank auf den neuesten Stand bringen mit 202
C-Funktion
  aus Perl aufrufen 220, 221
CGI-Skript
  Here-Dokument-Zeichenketten in 51
  Makelüberprüfung in 169
  Netzwerkprogrammierung für 266
  Übertragen von Modulen nach PAUSE 227
  URI-Maskierung aufheben 257

298   Stichwortverzeichnis

Variableninterpolation in 277
Verwendung von -t in 33
Changes-Datei
    für neu erzeugtes Modul auf den neuesten Stand bringen 210
C-Kommentare
    Verarbeitung mit split 85
    Vergleich 77
Class::Template-Modul 264
CLEAR-Methode. *siehe* gebundener Hash
cmp-Operator
    für Zeichenkettenvergleiche 21, 256
    Sortieren mit 53
CODE
    XSUB-Abschnitt 221
Codereferenz
    Dereferenzierung mit Pfeil (->)-Operator 128, 138
    Erzeugung 136
    Erzeugung mit eval 131
    Rückgabe aus einer Subroutine 128
comp.lang.perl.modules
    Newsgruppe 225
config.sh-Datei
    Modifizieren bei erneuter Übersetzung von Perl 177
Configure-Programm
    bei der Übersetzung von Perl 176, 177
    include-Pfad aus dem Installationspräfix abgeleitet 200
Coole Eulen-Buch 61, 93
    siehe auch Reguläre Ausdrücke
CPAN 3
    Autoren der Module in 226
    Erhalten einer Perl-Version vom 176
    Erhalten von Debugging-Modulen und Modulen zur Erstellung von Profilen vom 170
    Erhalten von Modulen vom 189
    Modul, das den Konventionen des CPAN folgt 211
    Module hochladen 227
    Module zur Verfügung stellen 225–227
    URL der beliebtesten Site 190
CPAN-Modul
    interaktiver Modus 190
    Module vom CPAN erhalten mit 190

CPAN-Multiplexer 190
C-Programmierung
    Perl XSUBs 218
crypt-Operator
    Paßwörter verschlüsseln mit 226

D

-D *siehe* Debugging-Kommandozeilenoption
Data::Dumper-Modul
    Ausgabe von Variableninhalten 171
    Behandlung persistenter Daten mit 165
    Debugging mit 186
    do und 261
    Dump-Methode 172
Datei
    zur Laufzeit übersetzen mit require 259
Dateitestoperatoren 273
    _ verwenden mit 273
    -M (Modifikationszeit)
        Sortieren nach 53
    vs. stat-Operator 273
    -t (isatty)
        STDIN als Default 33
Dateizugriffskennung
    gebunden 247
    im Kontext erkannt 13
    mit Typeglob in lokalen Gültigkeitsbereich setzen 275
    Übergabe 117
    Übergabe durch Referenz an Typeglob 186
    Übergabe mit FileHandle 118
    Übergabe mit IO::File 118
    Übergabe mit Typeglob 117, 119
Daten von Makeln befreien 168
Datenschieberei 253–257
Datenstrom
    Einlesen aus 42–44
Datenstrukturen 148–149
Debugger. *siehe* Perl-Debugger
Debugging
    allgemein 159
    Benchmark-Modul 171
    Code oft testen 184–185

-D Kommandozeilenoption 176, 177
das Offensichtliche übersehen 187–188
Data::Dumper-Modul 171
Devel::DProf module 174
Devel::Peek module 173
diagnostics-Modul 170
dynamische Überprüfungen 163–167
gdb oder anderer
    Quelltextdebugger 177
herausfinden, wo Fehler
    auftreten 185–187
Makelüberprüfung 167–169
Module zum 170–175
Momentaufnahmen des Stacks 179
Perl-Debugger
    als Shell 181
Perl-Debugger. *siehe* Perl-Debugger
print-Operator 183
Programme, die in ungewöhnlichen
    Umgebungen laufen 160
statische Überprüfungen 161–163
statische und
    Laufzeitüberprüfungen 161
Strategie 184
strict-Modul 161
Übersetzen einer Debug-Version von
    Perl 176–180
-w und 165
zuviel auf einmal 184–188
Debugging-Kommandozeilenoption
    geht oder geht nicht 176
    mit -DDEBUGGING aktivieren 177
    Syntaxbaum 178
    tls-Option 179
    unter die Haube schauen mit 178
    x-Option 178
Debugging-Schaltervariable
    Debugging ein- und ausschalten 180
Debug-Version von Perl
    wo zu installieren 176
Defaultargumente 32–33
Default-Paket
    ändern mit package 194
Defaultvariable, die 30–31
    Aliasname für aktuelles Element in
        map 46
    Änderungen in map 47

in lokalen Gültigkeitsbereich
    setzen 31
kann Verwirren 31
main-Paket und 30
defined-Operator
    undef von 0 und '' unterscheiden 18, 23
DELETE-Methode. *siehe* gebundener Hash
delete-Operator
    Elemente aus einem Hash entfernen
        mit 19
    auf Hashslice 181
Dereferenzierungssyntax
    kanonische 137
    Pfeil (->)-Operator 138
    skalare Variable 138
Löschen
    ein Objekt explizit 152
DESTROY-Methode
    siehe gebundener Hash
    siehe Objektorientierte Programmierung: Destruktor
Destruktor. *siehe* Objektorientierte
    Programmierung: Destruktor
deterministischer endlicher Automat 79
Devel::DProf-Modul
    Profil von Code erstellen mit 174
Devel::Peek-Modul
    Debugging mit 173
    interne Struktur von 286
DFA 79, 80
diagnostics-Modul
    ausführliche Meldungen mit 170
Diamantoperator
    bei Ersetzung 287
DirHandle-Modul
    eingeführt bei Referenzen 117
    ersetzt durch IO 118
    Übergabe von Verzeichniszugriffs-
        kennungen mit 119
do {...} while Schleife 262
Dokumentation
    einer einzelnen Perl-Funktion 203
    eingebettet 212
    perldoc sucht nach 203
    perldoc-Programm und 202
    Stub in neu erzeugtem Modul
        ersetzen 210

do-Operator
Blockform 261
Data::Dumper und 261
Dateiform 261
in Perl-Debugger 182
Laden einer Konfigurationsdatei
mit 261
wie und wann man ihn benutzt 258–264
Doppelte Zeichen
mit dem Vertauschungsoperator
entfernen 89
dprofpp-Programm
Teil des Devel::DProf-Moduls 175
Duct Tape des Internet 160
Duplikate aus einer Liste entfernen 284
dynamisches Laden
XS-Modul 218

E

effectiveperl.com
bookbugs@ 9
suggestions@ 9
Einbettung
mit map 156
eine Klasse aus einer anderen ableiten.
siehe Objektorientierte
Programmierung: Vererbung
einelementiger Slice 14
Eingabe jeweils einer Zeile 42
eingebaute Funktionen 5
Subroutinen-Prototypen und 125
eingebettete Dokumentation 212
Einzeiler 283–287
END-Block
wird bei Beendigung des Programms
ausgeführt 281
English-Modul 7
errno 26
Ersetzungs-Operator
/e-Option 70
/o-Option 95
/x-Option 70
enthält <> 287
innerhalb von map 47
Vergleichsvariablen in 69, 70

eval-Block
Kopieren einer Liste mit 39
eval-Fehlervariable
eval-Fehler zurückgegeben in 258
eval-Operator
vs. Abschlüsse 264
Abschlüsse in 132
Ausnahmebehandlung mit 258, 259
Blockform 258
Data::Dumper und 171
do-Operator und 182
als einschließender
Gültigkeitsbereich 102
Ergebnis ist der zuletzt ausgewertete
Ausdruck 258
Erzeugung einer Klassenschablone
mit 262
Erzeugung von Codereferenzen
mit 131
im Vergleich zu require 260
Quellcode zitieren für 50
Signalbehandlung und 259
Speichervariablen in 70
Übersetzung zur Laufzeit mit 258
wie und wann man ihn benutzt 258–264
Zeichenkettenform 132, 262
exec-Operator
eval und 259
EXISTS-Methode. *siehe* gebundener Hash
exists-Operator 24
Exporter-Modul
Erzeugung von Unterklassen 196, 241

F

false
defined 23
FETCH-Methode. *siehe* gebundener Hash
File::Basename-Modul 196
File::Find-Modul
Rekursion durch einen Verzeichnisbaum mit 120
FileHandle-Modul
autoflush-Methode 271
eingeführt bei Referenzen 117

Übergabe einer Dateizugriffskennung
   mit 118
im Beispiel zur
   Netzwerkprogrammierung 270
FIRSTKEY-Methode. *siehe* gebundener
   Hash
flex 79
foreach-Schleife
   @_ and 111
   Elemente einer Liste modifizieren 47
   nur lesend über eine Liste
      iterieren 45
   Sliceerstellung mit 155
   vs. grep 47
Formatname
   im Kontext erkannt 13
for-Schlüsselwort
   anstatt foreach 34
Frenkel, Chaim XVII
Friedl, Jeffrey XVII, 61
Funktion 4
Funktionszeiger
   in magischer Variable 174
Funktionszeiger. *siehe* Codereferenz

G

gdb
   Perl debuggen mit 177
gebundene Variable 247–251
gebundener Hash 247–251
   Ausdrücke interpolieren mit 277
   CLEAR-Methode 248
   DELETE-Methode 248
   DESTROY-Methode 248, 251
   EXISTS-Methode 248
   FETCH-Methode 248, 249
   FIRSTKEY-Methode 248
   NEXTKEY-Method 248
   STORE-Methode 248, 249
   TIEHASH-Methode 248
generischer Konstruktor 244
geschweifte Klammern
   Bezeichner alleine innerhalb von 38, 163
   mehrere unterschiedliche Bedeutungen von 37
   Plus-Zeichen innerhalb von 37

Geschwindigkeit
   my schneller als local 107
   Profil erstellen mit Devel::DProf 174
   speicherfreie runde Klammern 98
   split vs. Mustervergleich 84
   strict-Modul und 167
   Subroutinenargumente 111
   Übergabe von Referenzen an
      Subroutinen 149
   Vergleichsvariablen 95
   Warnungen zur Laufzeit und 167
   XSUBs schreiben zur 224
   von Zuweisung und Indizierung 219
getprotobyname-Funktion
   in Socket-Modul 266
Gier
   in regulären Ausdrücken 76–80
globale Variable 102
Globaler Gültigkeitsbereich 101
Golf XVIII, 114
grep-Operator
   @_ und 111
   in Abschlüssen 132
   Elemente aus einer Liste
      auswählen 47
   Elemente aus verschachtelten Strukturen auswählen 157
   kombinieren mit map 157
Gültigkeitsbereich
   einer my-Variablen 103
   lexikalisch 102
   Paket 101
   zur Laufzeit 105
Gültigkeitsbereiche zur Laufzeit 105
GV
   interner Datentyp 6

H

h2xs program
   -A option 206, 219
   -n option 206, 219
   -X option 206
h2xs-Programm
   Erzeugung einer XS-Schablone
      mit 218, 219
   Erzeugung eines Grundgerüsts für
      neues Modul mit 191, 205–211

Hash 4
    benannte Parameter in 122
    ein Element mit `local` in einen lokalen Gültigkeitsbereich setzen 108
    Erzeugung eines anonymen 136
    gebunden. *siehe* gebundener Hash
    in PEGS 6
    Referenz auf 149
    Rückgabe einer Referenz an 115
    Schlüssel anhand ihrer entsprechenden Werte sortieren 54
    Übergabe an eine Subroutine 115
    Übergabe durch Referenz 115
    Weglassen von Anführungszeichen im Index 148
    Zuweisen einer ungeraden Anzahl von Elementen 19, 187
Hash von Hashes 144
Hash zur Signalbehandlung
    `'IGNORE'` 268
    Zuweisung an 267, 268
Hashslice 17
    löschen 181
Hashvariable
    anonymen Hash-Konstruktor zuweisen 146
    gebundene 247
    löschen 19
Here-Dokument
    Art des Zitierens 51
    Zeichenkette 51, 277
hexadezimale Zahlen
    in Zeichenketten 26
Hexziffern-Maskierung 49
    mit `pack` und `unpack` manipulieren 257
hierarchischer Paketname 219
HTML
    POD formatieren als 212

I

-I *siehe* include-Pfad-Kommandozeilenoption
idiomatisches Perl 2, 27–29
`import`-Methode
    Argumente für `use` übergeben an 197
    durch Modul definiert 196
    `strict` 162

in lokalen Gültigkeitsbereich setzen 5
    Speichervariablen 67
include-Pfad-Kommandozeilenoption 200
index-Operator
    anstatt regulärem Ausdruck 87, 88
indirektes Objekt. *siehe* Syntax zum Methodenaufruf
Indizierung
    in Dereferenzierungssyntax 138
Installationspräfix
    in `Configure` angegeben 200
    bei der Installation von Perl 176
Internet-Protokolle 265
Interpolation innerhalb doppelter Anführungszeichen. *siehe* Variableninterpolation
`IO::Dir`-Modul
    Übergabe einer Verzeichniszugriffskennung mit 119
`IO::File`-Modul
    anderen Alternativen vorzuziehen 119
    ioref und 119
    Übergabe einer Dateizugriffskennung mit 118
`IO::Socket`-Modul 266
IO-Modul 117
ioref 119
    erzeugen mit Typeglob-Indizierung 119
    `IO::File` and 119
    Übergabe einer Verzeichniszugriffskennung mit 119
`isatty()`-Funktion 33
items
    XSUB magische Variable 222

J

`join`-Operator
    Listen von Listen mit 142

K

Kamel-Buch 61
    Siehe auch Programmieren mit Perl

Kennung
   PAUSE 226
Klasse. *siehe* Objektorientierte
   Programmierung: Klasse
Kommandozeilen-Argumentvariable
   als Default 32
Kommandozeilenoption für
   Warnungen 161, 165
   Einsatz der 166
   in Beispielen 7
   lexikalischer Gültigkeitsbereich 166
   nicht initialisierter Wert 166
   unberechtigte Warnungen 166
   verdächtiger Gebrauch von Slices 16
Kommandozeilenoption zur
   Makelüberprüfung
   explizit aktivieren 167
Komma-Operator
   => als Synonym 36
Kommata
   in qw 50
Kommentare
   in regulärem Ausdruck 91
Konfigurationsdatei
   mit do laden 261
König, Andreas XVII
Konstruktor. *siehe* Objektorientierte
   Programmierung: Konstruktor
Kontext
   Rückgabewert einer Subroutine 113

L

Laufzeitübersetzung 258
leere Liste
   als Argument für use 197
   Erzeugen eines leeren Arrays 18
   Erzeugen eines leeren Hashes 19
   Wert eines nicht initialisierten
      Arrays 18
Leerraum
   ignorieren in regulärem Ausdruck 91
   ist keine Wortgrenze 81
letztes Element eines Arrays
   Kürzen eines Arrays durch
      Verändern 19
lex 79

lexikalischer Gültigkeitsbereich 102
   für Warnungen 166
Lexikalisierung. *siehe* Bildung von
   Tokenfolgen
lib-Modul
   den include-Pfad kontrollieren
      mit 199
libnet 265
LIB-Variable
   Installation von Modulen an einer
      anderen Stelle als der
      standardmäßigen 192
libwww-perl 265
LISP-Diagramme 7
Liste 4
   Duplikate entfernen 284
   in PEGS 6
   Kopie erzeugen 39
   Mischen 218
   Trennzeichen(Variable)
      Veränderungen in einen lokalen
         Gültigkeitsbereich setzen 277
      Verbinden von Elementen aus Ar-
         rays und Slices 49
   zufällige Reihenfolge 218
Liste von Zeichenketten
   erzeugen mit qw 50
Listen von Listen 142
Listenkontext
   innerhalb eines anonymen Array-
      Konstruktors 146
   erzwingen mit [...] oder (...)[...] 35
   m//g in 71
   map-Umwandlungsausdruck 46
   rechte Seite einer Zuweisung an einen
      Slice 15
   Vergleichsoperator in 71
Listenoperator 4
   BEGIN und 280
   my und local 109
   Syntax zum Aufruf von
      Subroutinen 40
Listenzuweisung
   Subroutinenargumente auslesen
      mit 110
Literal
   Slice
      Auswahl von Elementen aus einem
         Ergebnis mit 16

Erzwingen eines Listenkontextes
   mit   35
Verwendung mit `split`   85
`local`-Operator
   `$_` und   31
   Elemente und Slices in einen lokalen
      Gültigkeitsbereich setzen   108
   Gültigkeitsbereiche zur Laufzeit
      mit   105
   Listenoperatorsyntax und   109
   vs. `my`   101–109
   speichert den Wert einer existierenden
      Variable   106
   Speichervariablen   67
   bei speziellen Variablen   108
   bei Typeglob   109, 117, 274
   bei Variablen in einem anderen
      Paket   108
   Vergleichsvariablen   69
   in geschacheltem
      Subroutinenaufruf   107
   bei Warnungsvariable   166
lokale Variable   101, 102
Löschen
   gesegnetes Objekt   235
   Referenz   152
L-Wert   5
   Verwendung von `defined` mit   18
   Slice als   14
   `substr`-Operator als   89
`LWP::Simple`-Modul   265

M

`-M` *siehe unter* Dateitestoperatoren
`m//` *siehe* Vergleichsoperator
magische Variable
   `$!`   26
   inspizieren mit `Devel::Peek`   174
main-Paket
   `$_` und   30
   per Default verwendet   194
`Makefile.PL`-Skript
   Erzeugung einer Makefile-Datei
      mit   192
   `LIB`-Variable und   192
   Makefile-Datei erzeugen mit   210, 219

Makefile-Datei
   automatisch von `MakeMaker`
      erzeugt   199
Makefile-Datei mit `Makefile.PL`   210, 219
Makelüberprüfung
   in CGI-Skript   169
   Eingabe verarbeiten mit regulärem
      Ausdruck   168
   `PATH` und   168
   für setuid-Programme   167–169
   unsichere Daten   167
`MakeMaker`-Modul
   Erzeugen von Modulen mit   191
   erzeugt automatisch Makefile-
      Datei   199
man-Anweisung
   kann Manualseiten nicht finden   202
   Online-Dokumentation und   202
`MANPATH`-Umgebungsvariable   202
Manualseiten
   für Perl   202
   in POD geschrieben   217
   Konventionen für   217
   POD formatieren als   212
map-Operator
   `@_` und   111
   Einbettung mit   156
   Erzeugen einer umgewandelten Kopie
      einer Liste   46
   Erzeugen eines Hashes mit   56
   kombinieren mit `grep`   157
   enthält Vergleichsoperator   71
   Sliceerstellung von Datenstrukturen
      mit   155
   speicherfreie runde Klammern
      und   72
   enthält Vergleichsoperator   46
mark-sweep Speicherbereinigung   151,
   153, 236
Maskierungssequenzen
   Groß-/Kleinschreibung ändern   49
   in einer Zeichenkette in doppelten
      Anführungszeichen   49
Vergleichsoperator
   in `map`   71
mehrdimensionales Array   144
   Sliceerstellung   154
mehrere gleichzeitige Verbindungen
   akzeptieren   270, 271

`setsockopt` und 272
Mehrfachvererbung. *siehe*
   Objektorientierte Programmierung:
   Mehrfachvererbung
Metazeichen
   regulärer Ausdruck. *siehe* Regulärer
      Ausdruck: Metazeichen
Methode. *siehe* Objektorientierte
   Programmierung: Methode
Methodenvererbung. *siehe*
   Objektorientierte Programmierung:
   Vererbung
Meyers, Scott 1
Minuszeichen
   Bareword mit vorangestelltem 122
   Parameternamen mit
      vorangestelltem 121
Modul 189–193, 195–197
   automatisch exportierte Symbole 196
   Autorenliste beim CPAN 226
   `Changes`-Datei 210
   dem CPAN zur Verfügung
      stellen 225–227
   Dokumentation lesen mit
      `perldoc` 203
   Dokumentations-Stub ersetzen 210
   dynamisch ladbares XS 218
   Erforschen und herunterladen mit
      dem `CPAN`-Modul 190
   Erzeugung eines Grundgerüsts mit
      `h2xs` 205–211
   folgt den Konventionen des
      CPAN 211
   `import`-Methode 196
   in eine existierende Perl-Installation
      installieren 191
   in einem anderen Verzeichnis
      installieren 192
   ins CPAN hochladen 227
   laden mit `use` 196
   Mailingliste der Verwalter 226
   Makefile-Datei für 192
   neu erzeugtem Modul Code
      hinzufügen 206
   Paket, das gewisse Voraussetzungen
      erfüllt 195
   per Default unterhalb des Präfixver-
      zeichnisses installiert 201

   `tardist` als Ziel der Make-Datei 211,
      227
   Testen mit `blib`-Modul 201, 223
   Testskript 209, 223
   Übersetzen und testen 191, 210
   verschachtelt 196
   vom CPAN erhalten 189
   XSUB 218–224
   Zugriff auf Symbole anhand qualifi-
      zierter Namen 197
   zur Diskussion stellen, bevor man es
      dem CPAN zur Verfügung
      stellt 225
   Zweck eines 196
MODULE
   XSUB-Direktive 220, 221
Modulexportliste
   Subroutinen aus XSUB
      exportieren 220
   Symbole hinzufügen 209
Modulsuchpfad 198–201
   abgeleitet aus dem `Configure`-
      Installationspräfix 200
   Ändern in BEGIN-Block 199
   kontrollieren mit `-I` 200
   kontrollieren mit `PERL5LIB` 200
   listet Verzeichnisse auf, in denen `use`
      sucht 198
   modifizieren 199
   modifizieren mit `use lib` 193
   privates Bibliotheksverzeichnis 201
   `require` und 260
   wird bei Übersetzung von Perl in das
      ausführbare Programm
      eingebaut 198
Momentaufnahmen des Stacks
   durch `-Dtls`
      Kommandozeilenoption 179
Mustervergleichsvariable 88
my-Operator
   `$_` und 31
   erzeugt Abschlüsse mit 129
   erzeugt eine andere Variable 106
   erzeugt lexikalische Gültigkeits-
      bereiche mit 102
   innerhalb von `map` 47
   Listenoperatorsyntax und 109
   vs. `local` 101–109
   Paketvariablen und 195

schneller als `local` 107
statische Variablen erzeugen mit 279
Subroutinenargumente benennen
    mit 110
Typeglobs und 187
Variablendeklaration mit 161, 162

N

Name
    Alias erzeugen mit Typeglob 274
    aus einem Paket in ein anderes
        importieren 195
    in PEGS 6
    qualifiziert 104, 194
Namen importieren 195
Namensräume 12–13
    in objektorientierter
        Programmierung 232
    Pakete 194
Netzwerkprogrammierung 265–272
`New()` 223
`NEXTKEY`-Methode. *siehe* gebundener Hash
NFA 79
nicht initialisierter Wert
    `-w` und 166
nicht-gierige Wiederholung 78
`no`-Direktive
    `strict` 165
Nullweiten-Atom 62
    `\b` und `\B` 82
numerische Vergleichsoperatoren
    sehen wie Algebra aus 21
numerischer Kontext 25

O

Objektorientierte Programmierung
    `ref`. *siehe* `ref`-Operator
Objekt. *siehe* Objektorientierte
    Programmierung: Objekt
Objektorientierte Programmierung 229–251
    vs. Abschlüsse 130
    `AUTOLOAD`. *siehe* `AUTOLOAD`-Subroutine
    `bless`. *siehe* `bless`-Operator
    Destruktor 230

automatisch geladen 242
Ressourcen freigeben mit 236
Subroutine für gelöschtes
    Objekt 231, 235
Vererbung 242
Klasse 229
    als Paket 231, 232
    Beispiel einer 231
    gebunden 247
Klassenattribut vererben 244
Konstruktor 230
    Datenvererbung 245, 246
    für gebundene Klasse 248
    generisch 244
    gibt anonymen Hash zurück 233, 235
    komplexer 245
    ist eine Methode 234
    namens `new` 234
    Subroutine gibt neues Objekt
        zurück 231, 233
    vererbbar 244
Mehrfachvererbung 230
    bei der Erzeugung von
        Modulen 241
    mehr als eine Klasse in `@ISA` 240
Methode 5, 229
    als Subroutine aufgerufen 243
    dynamisch. *siehe* Methode: Objekt
    Klasse 234
    Objekt 235
    Paket. *siehe* Methode: Klasse
    statisch. *siehe* Methode: Klasse
    Subroutine wird mit besonderer
        Syntax aufgerufen 231
    vererbt 238
    vs. nicht objektorientierte 230
Oberklassen nach Methoden
    durchsuchen 240
Objekt 229
    an gebundene Variable
        gebunden 248
    gebunden 247
    mit einem Paket gesegnete
        Daten 231, 232
    ist nicht vordeklariert 244
    wird gelöscht, wenn es nicht mehr
        referenziert wird 236
`self`-Variable 235

SUPER:: Paket
    Datenvererbung und 246
    Vererbungsliste für das aktuelle
        Paket 241
    Syntax zum Methodenaufruf. *siehe*
        Syntax zum Methodenaufruf
    this-Variable 235
    Typenfelder 230
    Überladen 230
        overload-Modul 231
    um getypte Daten herum
        strukturiert 229
    UNIVERSAL. *siehe* UNIVERSAL-Paket
    Vererbung 230, 243
        Ableiten einer Klasse 238
        AUTOLOAD und 242
        Daten 244–246
        für Klassen, aber nicht für
            Daten 231
        Konstruktor 244
        Laufzeitmechanismus 239
        Methode 238
        suchen @ISA 238
        Syntax zum Methodenaufruf 243
    vermeiden, den Typ eines Objekts zu
        testen 233
oct-Operator
    Umwandlung oktaler oder hexadezi-
        maler Zeichenketten 26
oktale Zahlen
    in Zeichenketten 26
Oktalzeichen-Maskierung 49
on-line Dokumentation. *siehe*
    Dokumentation
Opcodes. *siehe* ops
open-Operator
    immer den Rückgabewert
        überprüfen 186
Operator 4
ops
    Ausgabe der -D-
        Kommandozeilenoption 178
Orcsches Manöver 56
or-equals-Operator
    beim Sortieren 56
or-Operator
    beim Sortieren 54
    Weglassen runder Klammern bei 40
Orwant, Jon XVII

OUTPUT
    XSUB-Abschnitt 221
overload-Modul 231

P

pack-Operator
    Datenschieberei mit 253–257
    Formatangaben 253
    Hexmaskierungen manipulieren
        mit 257
    sortieren mit 256
    übersetzt Perl-Typen in binäre
        Daten 253
    UU-kodieren mit 257
Paket 194–195
    als Klasse 232
    auf Symbole außerhalb des aktuellen
        Pakets zugreifen 197
    definiert seine eigenen
        Namensräume 12
    Gültigkeitsbereich 101
    hierarchischer Name 219
    als letzter Strohhalm 242
    main 194
    Modul als 194
    my-Variablen und 195
    Name der Symboltabelle 195
    Name folgt Subroutine 234
    Namensraum 194
    verschachtelt 195
Paket-Direktive
    ändert das Default-Paket 194
Parameter
    benannt. *siehe* benannte Parameter
    formale 110, 121, 125
    positionale 121, 122
Parameternamen
    vorangestelltes Minuszeichen 121
Paßwort
    für PAUSE 226
PATH-Umgebungsvariable
    Makelüberprüfung und 168
PAUSE
    CGI-Skript zum hochladen von
        Modulen 227
    Kennung 226

Paßwort 226
  registrieren beim 226
PAUSE-Dokument 226, 227
Peephole Optimizer 179
PEGS
  gesegnetes Objekt in 232
  Webseite 7
Perl 4-Bibliotheken 260
Perl 5-Portierer XVII
Perl Authors Upload Server. *siehe* PAUSE
PErl Graphical Structures. *siehe* PEGS
perl.org
  modules@ 226
PERL5LIB-Umgebungsvariable
  den include-Pfad kontrollieren
    mit 200
Perl-Debugger
  do-Operator und 182
  Perl-Anweisung 181
  als Perl-Shell 181
  V-Anweisung 183
  X-Anweisung 183
  x-Anweisung 181
    Ausgabe einer Hashreferenz
      mit 182
perldoc-Programm
  -f-Option 203
  mit ausführbarem perl installiert 203
  muß richtig installiert sein 204
  Online-Dokumentation lesen
    mit 202–204
  sucht nach Perl-Dokumentation 203
Perl-Shell
  der Perl-Debugger als 181
Perl-Stil 7
perror() 26
persistente Daten
  Data::Dumper 165
PF_INET
  im Socket-Modul 266
Pfad für das automatische Laden
  Hinzufügen mit use lib 200
Pfeil (=>)-Operator
  Bezeichner als linksseitiges
    Argument 163
  Bezeichnerals linksseitiges
    Argument 36
  Verschönerung von Initialisierungen
    mit 36

Pfeil (->)-Operator
  Dereferenzieren einer Codereferenz
    mit 128
  Dereferenzieren mit 138
  Syntax zum Methodenaufruf 234
Phoenix, Tom XVII
Plain Old Documentation. *siehe* POD
POD 212–217
  Anweisung 213
  aufgefüllter Text in 214
  Beispiel einer übersetzten Datei 216
  Besipieldatei 215
  besondere Formatierungssequenzen
    in 214
  formatieren als HTML 212
  Formatieren als Manualseiten 212
  Manualseiten geschrieben in 217
  Perl-Quelltext kann POD
    enthalten 212
  Struktur von 213
  vom Perl-Parser ignoriert 212
  wörtlicher Text in 213
pod2man-Programm 217
pod2mif-Programm 216
Poesiemodus 163
pop-Operator
  Kürzen eines Arrays mit 19
Position eines Vergleichs 73
positionale Parameter 121
positiver Lookahead-Operator
  Mustervergleich von »dies« und
    »das« 284
POSIX-Signale 268
pos-Operator 73
PPCODE
  XSUB-Abschnitt 221, 222
Präzedenz
  in regulären Ausdrücken 62–65
PREINIT
  XSUB-Abschnitt 221
print-Operator
  Debugging mit 183
privates Bibliotheksverzeichnis
  include-Pfad und 201
Profil erstellen
  Devel::DProf 174
Programmieren mit Perl
  als Referenzwerk 8

protocol not supported
  Fehlermeldung 266
Prototyp 125–127
  Atom 125
  Überprüfen eines Arguments 126, 127
PROTOTYPES
  XSUB-Direktive 222
Prozeduraler Mustervergleich 79, 80
ps-Anweisung
  im Beispiel 268
Punkte
  in Beispielen 8

Q

q siehe Zeichenkette in einfachen Anführungszeichen
qq siehe Zeichenkette in doppelten Anführungszeichen
qsort() 53
qualifizierter Name 104, 194
  in $AUTOLOAD 242
  muß vollständig auftreten 195
  Wirkung auf die Suche nach einer Methode 241
  Zugriff auf Modulsymbole mit 197
Quotemeta-Maskierung
  in regulärem Ausdruck 65
quotemeta-Operator
  in regulärem Ausdruck 65
qw siehe Quotewords

R

Ränge
  durch Sortieren erhalten 285, 286
Raumschiffoperator 21
  sortieren mit 53, 58
read-Operator
  schnelles Einlesen einer Datei mit 44
Referenz
  als Hashschlüssel 140
  auf einen Hash 149
  auf einen Typeglob 117
  auf skalaren Wert 137
  gesegnet 233
  in PEGS 7
  in skalaren Variablen 138
  ist ein skalarer Wert 134
  Listen von Listen mit 142
  löschen 152
  Rückgabe 115
  symbolisch. siehe symbolische Referenz
  Syntax 134–141
  Typeglob mit Indizierung aus Referenz extrahieren 275
  Typeglob verwenden anstatt 275
  Übergabe 115–120
  Übergabe eines Array- oder Hasharguments mit 115, 125
  Verwendung nicht definierter Werte als 140
  vorziehen gegenüber Typeglob 274
  Zeichenkettenwert als 141
  Zeiger auf eine anderes Objekt 134
  zirkuläre 150–153
  zuweisen an Typeglob 117, 275
Referenzoperator
  Erzeugung einer Codereferenz mit 128
  Erzeugung einer Referenz mit 134
  auf ein Listenliteral angewandt 35, 135
  auf eine Variable angewandt 134
Referenzzählung
  Destruktor wird aufgerufen, wenn Null 236
  Speicherverwaltung 150
  symbolische Referenzen und 141
  zirkuläre Referenz 151
ref-Operator
  bei einfachen Referenzen 140
  bei gesegneten Daten 233
Registrierung beim PAUSE 226
Regulärer Ausdruck
  siehe auch Vergleichsoperator; Ersetzung-Operator
  $-Atom 82
  .-Atom 82
  \A-Anker 83
  \b-Anker 81
  \G-Anker 74, 284
  \s-Atom 81
  \w-Atom 81

\Z-Anker 83
^-Anker 83
Alternation in 63, 97
Backtracking in 96, 98
Backslash in 92
Effizienz 94–99
Finden von C-Kommentaren 77
Gier in 76–80
Kommentare in 91
Laufzeitfehler durch Variableninterpolation 65
Leerraum ignorieren in 91
Lesbarkeit 90–93
Makelüberprüfung und 168
Metazeichen 65
Mustervergleich von »dies« und »das« 284
nicht-gierige Wiederholung 78
nur einmal übersetzen 91
Operator 62
Präzedenz in 62–65
Rückverweise 68
runde Klammern in 62, 66
Sequenz in 63, 97
Speicher 66–75
Speichervariablen. *siehe* Speichervariablen
Testen mit Bewertungsprogrammen 99
Umstellen seiner Elemente 80
Variableninterpolation in 64, 91, 94
Vergleichsvariablen. *siehe* Vergleichsvariablen
wie arithmetischer Ausdruck geparst 62
Wiederholung in 62, 63, 76, 97
Wortgrenzen in 81–83
zu häufige Verwendung von runden Klammern in 64
zur Laufzeit spezifiziert 131
require-Direktive
BEGIN und 281
vs. do-Operator 261
eine Datei zur Laufzeit übersetzen mit 259
Modulsuchpfad und 260
numerisches Argument 259

wie und wann man sie benutzt 258–264
Zeichenkettenversion 260
RETVAL
XSUB magische Variable 221
rindex-Operator
anstatt regulärem Ausdruck 87, 88
Rückgabewert
Kontext 113
Rückverweise 68
speicherfreie runde Klammern erzeugen keine 72
Rückwärts gerichtete Bedingung. *siehe* Anweisungsmodifikator
Runde Klammern
vs. anonymer Array-Konstruktor 145
runde Klammern
in regulärem Ausdruck 62, 66
zu häufige Verwendung in regulärem Ausdruck 64

S

s/// *siehe* Ersetzungs-Operator
Salzenberg, Chip XVII
Schablone
Erzeugen mit h2xs 205
Erzeugung mit eval 262
Erzeugung mit h2xs 218, 219
Schlüsselwort 5
Schwartzsche Transformation 57, 256
Schwartzsche Transformation als Beispiel der Sliceerstellung und Einbettung 156
Schweizer Kettensäge 253
select-Operator 283
SelfLoader-Modul 241
self-Variable 235
Sequenz
in regulärem Ausdruck 63, 97
setsockopt-Funktion
mehrere gleichzeitige Verbindungen aufbauen unter Verwendung von 272
setuid
Perl-Programm läuft als 167

Stichwortverzeichnis

shift-Operator
    @_ as als Default 32
    @ARGV als Default 32
    Subroutinenargumente auslesen
        mit 110
Sicherungsmodus für
    Begrenzungszeichen 72
siehe auch Reguläre Ausdrücke 61
SIGCHLD-Signal
    behandeln, um Zombieprozesse zu
        vermeiden 267, 272
Signalbehandlung
    in eval-Block 259
    Neuinstallation 267
    mit POSIX-Signalen 268
    Zombieprozesse vermeiden
        durch 267, 272
skalare Variable
    gebunden 247
skalarer Kontext
    Bereichsoperator in 147
    grep Auswahlausdruck 48
skalarer m//g-Vergleich 73, 74
Slice 14–17
    siehe auch Hashslice; Arrayslice; Literal
        Slice
    anstelle eines Elements 14
    Auswahl von Elementen aus einem Ergebnis mit 16
    einelementiger. *siehe* einelementiger
        Slice
    ist eine Liste von Elementen 14
    mit local in einen lokalen Gültigkeitsbereich setzen 108
    beim Berechnen von Rängen 286
    Vertauschen von Elementen mit 16
    Verwalten einer Warteschlange
        mit 43
Sliceerstellung
    mehrdimensionales Array oder
        Hash 154
    mit map 155
SOCKET_STREAM
    im Socket-Modul 266
Socket-Modul
    immer verwenden 266
    Internetadressen sortieren mit 256
    konstante Funktionen im 266
Software ICs 3, 189

Sortieren 52–59
    unter Verwendung von
        Arrayindizes 56
    ASCIIbetisch 53
    anhand der
        Dateimodifikationszeit 53, 56
    Groß-/Kleinschreibung
        ignorieren 53
    mit mehreren Schlüsseln 54
    mit split 55
    mit pack 256
    um Ränge zu erhalten 285, 286
    Schlüssel eines Hashes anhand ihrer
        entsprechenden Werte 54
    Schwartzsche Transformation 57
    in umgekehrter Reihenfolge 53
sortieren
    Orcsches Manöver 56
Sortiersubroutine 52
    mehrmals für jeden Schlüssel
        aufgerufen 55
    Modifizieren von $a und $b in 54
Sortierungsblock 53
sort-Operator
    allgemeine Verwendung 52
    verwendet Zeichenkettenvergleich per
        Default 22
Spalten
    Verarbeiten mit unpack 86
Speicher
    Regulärer Ausdruck. *siehe* Regulärer
        Ausdruck: Speicher
Speicherbereinigung 134
    mark-sweep 151, 236
speicherfreie runde Klammern 64, 72
    $ innerhalb von 83
    Testen mit
        Bewertungsprogrammen 99
    zur Geschwindigkeitssteigerung 98
Speichervariablen 66
    in einer Ersetzung 70
    in lokalen Gültigkeitsbereich
        setzen 67
    Speicherfreie runde Klammern ändern
        Sie nicht 72
Speicherverwaltung
    Referenzzählung 150
spezielle Variablen
    main-Paket und 31

mit `local` in einen lokalen Gültigkeitsbereich setzen 108
spezielle Zeichen
   Vermeidung übermäßigen Gebrauchs 40–41
`splice`-Operator
   eine Liste mischen mit 219
   kürzen eines Arrays mit 19
`split`-Operator
   C-Kommentaren 85
   Listen von Listen mit 142
   im Slice eines Literals 85
   vs. Mustervergleich 84
   Sicherungsmodus für Begrenzungszeichen 72
   skalarer Kontext von Argumenten 35
   sortieren mit 55
   speicherfreie runde Klammern und 72
   vs. `unpack` 86
`sprintf()` 25
`sprintf`-Operator
   Zahlen formatieren mit 25
Stack
   in XSUB 222
statische Variable
   geteilt 280
   mit `BEGIN` und `my` erzeugen 279
`stat`-Operator
   Ergebnis in _ zwischengespeichert 273
   vs. Dateitestoperatoren 273
`STDIN`-Dateizugriffskennung
   als Default 33
`STORE`-Methode. *siehe* gebundener Hash
`strict` refs
   deaktiviert symbolische Referenzen 141, 163
`strict` subs
   Bareword zitieren und 163
   deaktiviert Poesiemodus 163
`strict` vars
   $a und $b 53, 162
   Abfangen von Schreibfehlern mit 161
`strict`-Modul
   in Beispielen 7
   Einsatz des 167
   zum Debugging empfohlen 161
Stross, Charlie XVII

`sub {...}` *siehe* anonymer Subroutinen-Konstruktor
Subroutine 5
   Arrayargumente werden verflacht 112
   benannte Parameter 121
   Berechnung der Funktionalität zur Laufzeit 128
   `DESTROY`. *siehe* Objektorientierte Programmierung: Destruktor
   enthält `BEGIN`-Block 279
   Exportieren aus XSUB 220
   gefolgt vom Paketnamen 234
   Kontext des Rückgabewertes 113
   Kopieren und Benennen von Argumenten 111
   mit vorangestelltem & 12, 40
   nicht existierende aufrufen 242
   Prototyp. *siehe* Prototypen
   Referenz auf. *siehe* Rückgabe aus einer Subroutine
   runde Klammern um Argumente von 12
   Typeglob übergeben 116, 274
   Übergabe eines anonymen Hash-Konstruktor 149
   Übergabe eines Arrays oder Hashes per Referenz 115
   Übergabe von Datei- und Verzeichniszugriffskennungen 117
   Überprüfen eines Arguments 126, 127
   Variableninterpolation und 276
   Vererbung von @_ 112
   Wirkung von `my` und `local` 107
`subs`-Module
   Deklaration von Subroutinen mit 162
`substr`-Operator
   anstatt regulärem Ausdruck 87, 88
   Bildung von Tokenfolgen von Zeichenketten mit 73
`substr`-Operator
   als L-Wert 89
Suche nach Methoden 240
Suchpfad. *siehe* Modulsuchpfad
`SUPER::` Paket
   Datenvererbung und 246

Vererbungsliste für das aktuelle
   Paket 241
SV
   C-Datentyp in XSUB 223
   interner Datentyp 6, 173
sv_mortalcopy() 223
symbolische Referenz 141
   Deaktivieren mit strict refs 163
   local-Variable und 106
   Zugriff auf die Symboltabelle mit 104
symbolische Referenz. *siehe* symbolische
   Referenz
Symboltabelle 101
   Eintrag für jeden eindeutigen
      Bezeichner 274
   manipulieren 274
   my-Variablen und 104
   Pakete implementiert mit 195
   Zugriff durch eine symbolische
      Referenz 104
   Zugriff durch einen Typeglob 105
Syntax zum Methodenaufruf 5
   AUTOLOAD-Subroutine und 242
   indirektes Objekt 234
   Pfeilform 234
   unterstützt Vererbung 243
sysread-Operator
   schnelles Einlesen einer Datei mit 44
Systemfehler-Variable
   numerischer vs.
      Zeichenkettenkontext 26

T

-T *siehe* Kommandozeilenoption zur
   Makelüberprüfung
-t *siehe unter* Dateitestoperatoren
tardist-Ziel
   für Makefile-Datei eines Moduls 211,
      227
Tastatureingaben
   Formatierung von 8
TCP/IP-Programmierung 265, 272
teilbare Bibliothek
   XS-Modul 218
telnet-Programm
   Serverapplikationen testen
      mit 268, 269

test.pl-Skript. *siehe* Modul-Testskript
   für XS-Modul 223
Testskript
   für Modul 209
this-Variable 235
Tie::RefHash-Modul 140
TIEHASH-Methode. *siehe* gebundener Hash
tie-Operator 247, 248
TMTOWTDI 160
tr/// *siehe* Vertauschungs-Operator
true
   defined 23
tryme
   in Beispielen 8
Typeglob 274–275
   Aliasnamen erzeugen mit 274
   Bezeichner, dem ein * vorangestellt
      ist 274
   Datei- und Verzeichniszugriffskenn-
      nungen in lokalen Gültigkeitsbe-
      reich setzen mit 275
   mit local in lokalen Gültigkeitsbereich
      setzen 109, 274
   my-Variablen und 187
   anstelle einer Referenz 275
   Referenz auf 117
   Rückgabe 186
   Übergabe an Subroutine 116, 274
   Übergabe durch Referenz 118, 186
   Übergabe einer Dateizugriffskennung
      mit 117, 119
   Übergabe von Verzeichniszugriffs-
      kennungen mit 119
   Zugriff auf die Symboltabelle mit 105
   Zuweisen einer Referenz an 117, 275
Typeglob-Indizierung
   Erzeugen eines iorefs mit 119
   Referenzen aus Typeglob extrahieren
      mit 275
   Übergabe von Dateizugriffs-
      kennungen mit 117
Typenfelder 230

U

Übergabe durch Referenz 111
Überladen. *siehe* Objektorientierte
   Programmierung: Überladen

übermäßiger Gebrauch spezieller Zeichen
    Vermeidung 40–41
Übersetzung-Bindung-Ausführung-
    Zyklus 159
Übersetzungszeit
    globale Variablen erzeugt zur 102
Umwandlungen zwischen Zeichenketten
    und Zahlen 25–26
undef
    als Element eines Arrays 18
    anstatt false 23
    als Element eines Hashes 24
    anstatt einer leeren Liste 18–20
    in neu erzeugten Arrays 143
    Verb. *siehe* undef-Operator
undef-Operator
    löschen einer Arrayvariablen mit 18
    löschen einer Hashvariablen mit 19
UNIVERSAL-Paket
    AUTOLOAD-Subroutine und 242
    Paket des letzten Strohhalms 241, 242
unpack-Operator
    Datenschieberei mit 253–257
    Formatangaben 253
    Hexmaskierungen manipulieren
        mit 257
    Prüfsummen berechnen mit 255
    Spalten verarbeiten mit 86
    vs. split 86
    übersetzt binäre Daten in Perl-
        Typen 253
    UU-dekodieren mit 257
unsichere Daten
    Makelüberprüfung 167
Unterstrich-Pseudo-
    Dateizugriffskennung
    in Dateitests 273
URI::Escape-Modul 257
use-Direktive
    Argumente für 197
    basiert auf BEGIN und use 281
    den include-Pfad im BEGIN-Block
        ändern 199
    durchsucht Modulsuchpfad 198
    eher Merkmal zur Übersetzungszeit
        als zur Laufzeit 199
    ersetzt require 260
    Laden eines Moduls mit 196

    leere Liste als Argument 197
    bei einem Modul im
        Aufbauverzeichnis 224
    Pfad für das automatische Laden
        und 200
USENET XVII, 3, 225
UU-Kodierung/-Dekodierung
    mit pack und unpack 257

V

-V *siehe* ausführliche Version-
    Kommandozeilenoption
Variable 5
    gebunden. *siehe* gebundene Variable
    global 102
    Inhalt ausgeben
        mit Data::Dumper 171
    lokal 101, 102
    Namensräume für unterschiedliche
        Arten von 12
    in PEGS 6
    qualifizierter Name 104
    selber Name wie eine andere 13
    Teilen zwischen Abschlüssen 130
    Zugriffe auf gebundene Variable 248
Variable zur Trennung der Eingabe
    löschen 44
Variablendeklaration 161
Variableninterpolation
    anonymer Array-Konstruktor
        und 276
    Ausdruck in einer Zeichenkette eines
        Here-Dokuments 277
    funktioniert nicht bei
        Subroutinenaufrufen 276
    gebundener Hash und 277
    in regulärem Ausdruck 64, 91, 94
vars-Modul
    Variablendeklaration mit 161
Vererbung. *siehe* Objektorientierte
    Programmierung: Vererbung
Vererbungslistenvariable
    definiert Liste der Oberklassen 238
    mehrere Klassen in 240
    Suche nach Methoden 238
    SUPER::Paket und 241

Tiefensuche für Methoden   240
wenn leer   238
zur Laufzeit verändern   239
vergleichbare Begrenzungszeichen
   in Zeichenketten in
      Anführungszeichen   50
Vergleichsoperator
   /c-Option   74
   /g-Option   71, 284
      in skalarem Kontext   73
   /m-Option   83
   /o-Option   91, 94, 95
      Abschlüsse und   132
   /s-Option   82
   /x-Option   91
   index verwenden anstelle von   88
   in Listenkontext   71
   in map   46
   Zeichenketten- vs. numerische   21
Vergleichs-Subroutine. *siehe* sort-
   Subroutine
Vergleichsvariablen   68
   in einer Ersetzung   69, 70
   Geschwindigkeitsnachteil von   69, 95
verschachteltes Paket   195
vertauschen
   Elemente mit einem Slice   16, 35
   Werte mit Listenzuweisungen   35
Vertauschungs-Operator
   anstatt regulärem Ausdruck   87, 89
   innerhalb von map   47
   Zeichen zählen mit   89
Verwendung besonderer Zeichen
   Vermeidung übermäßigen
      Gebrauchs   8
Very High Level Language   1
Verzeichnisbaum
   Rekursion mit File::Find   120
Verzeichniszugriffskennung
   im Kontext erkannt   13
   mit Typeglob in lokalen Gültigkeits-
      bereich setzen   275
   Übergabe mit DirHandle   119
   Übergabe mit IO::Dir   119
   Übergabe mit ioref   119
   Übergabe mit Typeglob   119
VHLL   1

W

-w *siehe* Kommandozeilenoption für
   Warnungen
wait-Operator
   Zombieprozeß loswerden mit   267
Wall, Larry   XVII, 1
wantarray-Operator   113, 114
Warnunsvariable
   Warnungen deaktivieren   166
whatis-Datenbank
   Index der Manualseiten   202
Wiederholung
   nicht-gierig   76
   in regulärem Ausdruck   62, 63, 97
Wortgrenzen
   in regulärem Ausdruck   81–83
wörtlicher Text
   in POD   213
Worträtsel
   lösen mit Rückverweisen   68

X

XPUSHs()   223
XS
   siehe auch XSUB
   für XS-Modul   223
   Low-Level-Schnittstellensprache für
      Perl   218
   Module schreiben mit   218–224
   xsubpp   220
XS-Module
   Debugging-Version von Perl
      und   176
XSUB
   siehe auch XS
   C-Funktion aufrufen   220, 221
   C-Funktion aus Perl aufrufbar   218
   CODE-Abschnitt   221
   C-Prolog   220
   Debugging mit Devel::Peek   173
   items magische Variable   222
   Modul   218–224
   MODULE-Direktive   220, 221
   New()-Funktion   223
   OUTPUT-Abschnitt   221
   PPCODE-Abschnitt   221, 222

PREINIT-Abschnitt 221
PROTOTYPES-Direktive 222
RETVAL magische Variable 221
Stack manipulieren in 222
Subroutinennamen exportieren
   aus 220
sv_mortalcopy()-Funktion 223
XPUSHs()-Funktion 223
xsubpp-Programm
   XS-Compiler 220

Z

zähle linke runde Klammern-Regel 67
zähle linke runde Klammern-Regel und
   Alternation and 67
Zeichen zählen
   mit dem Vertauschungs-Operator 89
Zeichenkette in doppelten
   Anführungszeichen 49
   qq 50

Zeichenkette in einfachen
   Anführungszeichen 49
   q 50
Zeichenkettenkontext 25
Zeichenkettenvergleichsoperatoren
   anstatt regulärer Ausdrücke 87
   sehen wie Wörter aus 21
Zeiger
   Referenz ist wie ein 134
Zeileneingabe-Operator 30, 42
Zeilenende
   Vergleiche am 82
Zeilenumbruch
   Reguläre Ausdrücke und 82
zirkuläre Referenz 150–153
   Data::Dumper und 172
zitieren
   Quelltext mit q oder qq 50
   Quotewords
      Kommata in 50
   qw 50
Zombieprozesse
   vermeiden 267, 272

Das will ich haben!

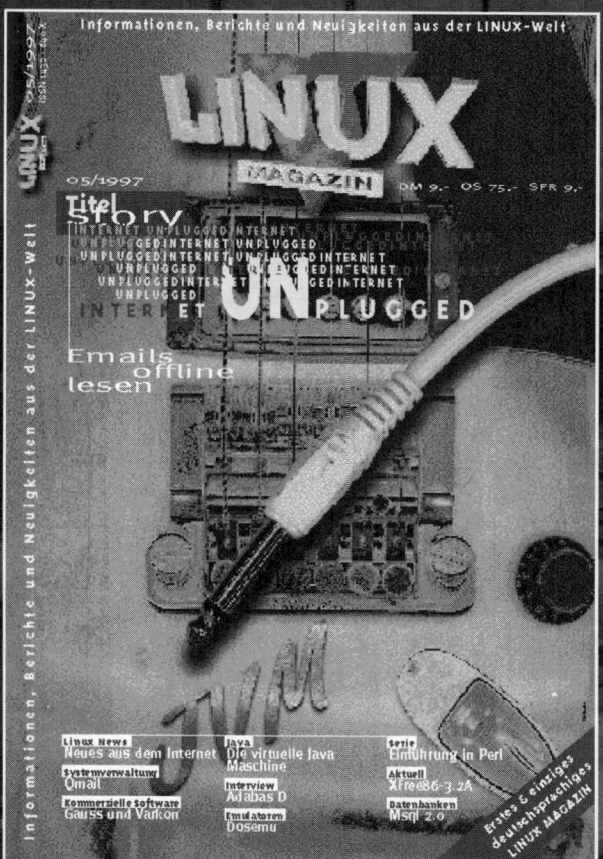

Das LINUX Magazin
Die LINUX Power von Usern für User
- Aktuelle News und Fachbeiträge
- Tips und Tricks im Umgang mit Linux
- Alles über Hardware, Software und Services

Die Deutsche LINUX User Group (DELUG)
Eine Interessengemeinschaft für alle Linux-Anwender mit unübersehbaren Vorteilen:
- Das LINUX Magazin inklusive
- Monatlich brandaktuelle Software, kostenlos
- Support und Infoforum
- 10% Rabatt auf viele Linux-Produkte

Werden auch Sie Mitglied für nur 180,- DM im Jahr!

20% Studentenrabatt auf LINUX-Magazin und DELUG Mitgliedschaft (Nachweis!)

JA, ich abonniere das LINUX Magazin! Das Abo gilt für ein Jahr und kostet 98,- DM (statt 108,- DM) inkl. Porto und Versand. Ich kann mein Abo nach Ablauf eines Jahres jederzeit schriftlich kündigen.

JA, bitte schicken Sie mir die aktuelle Ausgabe des LINUX Magazins zum Preis von 9,- DM (inkl. Porto) zu. 9,- DM in Briefmarken lege ich bei.

JA, ich will Mitglied in der Deutschen LINUX User Group werden.

Name

Straße

PLZ/Ort

Datum/Unterschrift

Linux-Magazin Verlag • Stefan-George-Ring 19 • 81929 München • Tel. 089/99 315-310
Fax 089/99 315-199 • Email: sales@linux-magazin.de •,WWW: http://www.linux-magazin.de

THE SIGN OF EXCELLENCE

Effektives Programmieren mit Perl 5

Objektorientierung,
Graphische Oberflächen,
Internet-Anwendungen

Michael Schilli

Mit Version 5 hat sich Perl gewaltig verändert. Das Buch zeigt den praxisnahen Einsatz neuer Features: wie man mit wenigen Zeilen Code eine vollständige graphische Oberfläche erzeugt oder Internet-Dienste wie das WWW und Usenet News programmierend erobert. Die objektorientierten Erweiterungen von Perl 5, auf denen der Schwerpunkt des Einführungsteils liegt, erlauben nicht nur schnelles Prototyping, sondern helfen auch bei der Entwicklung komplexer Applikationen.
360 S., 59,90 DM, geb.
ISBN 3-8273-1095-4

ADDISON-WESLEY